**PSICOLOGIA
POLÍTICA MARGINAL**

COLEÇÃO PSICOLOGIA SOCIAL
Coordenadores:
Pedrinho A. Guareschi – Pontifícia Universidade
  Católica do Rio Grande do Sul (PUCRS)
Sandra Jovchelovitch – London School of
  Economics and Political Science (LSE) – Londres

Conselho editorial:
Denise Jodelet – L'École des Hautes Études en Sciences Sociales – Paris
Ivana Marková – Universidade de Stirling – Reino Unido
Paula Castro – Instituto Superior de Ciências do Trabalho e da Empresa (Iscte) – Lisboa
Ana Maria Jacó-Vilela – Universidade do Estado do Rio de Janeiro (Uerj)
Regina Helena de Freitas Campos – Universidade Federal de Minas Gerais (UFMG)
Angela Arruda – Universidade Federal do Rio de Janeiro (UFRJ)
Neuza Maria de Fátima Guareschi – Pontifícia Universidade Católica do Rio Grande
  do Sul (PUCRS)
Leoncio Camino – Universidade Federal da Paraíba (UFPB)

Dados Internacionais de Catalogação na Publicação (CIP)
(Câmara Brasileira do Livro, SP, Brasil)

Psicologia política marginal / Aline Reis Calvo Hernandez,
  Pedrinho Guareschi, (orgs.). – Petrópolis, RJ : Vozes, 2020. –
  (Coleção Psicologia Social)

Vários autores.
Bibliografia.
ISBN 978-85-326-6461-7

1. Direitos humanos 2. Diversidade sexual 3. Movimentos sociais 4. Política 5. Políticas públicas de educação 6. Políticos 7. Psicologia política I. Hernandez, Aline Reis Calvo. II. Guareschi, Pedrinho. III. Série.

20-33737   CDD-320.19

Índices para catálogo sistemático:
1. Psicologia política   320.19

Cibele Maria Dias – Bibliotecária – CRB-8/9427

**ALINE REIS CALVO HERNANDEZ
PEDRINHO GUARESCHI
(orgs.)**

PSICOLOGIA
POLÍTICA MARGINAL

Petrópolis

© 2020, Editora Vozes Ltda.
Rua Frei Luís, 100
25689-900 Petrópolis, RJ
www.vozes.com.br
Brasil

Todos os direitos reservados. Nenhuma parte desta obra poderá ser reproduzida ou transmitida por qualquer forma e/ou quaisquer meios (eletrônico ou mecânico, incluindo fotocópia e gravação) ou arquivada em qualquer sistema ou banco de dados sem permissão escrita da editora.

CONSELHO EDITORIAL

Diretor
Gilberto Gonçalves Garcia

Editores
Aline dos Santos Carneiro
Edrian Josué Pasini
Marilac Loraine Oleniki
Welder Lancieri Marchini

Conselheiros
Francisco Morás
Ludovico Garmus
Teobaldo Heidemann
Volney J. Berkenbrock

Secretário executivo
João Batista Kreuch

Editoração: Leonardo A.R.T. dos Santos
Diagramação: Sheilandre Desenv. Gráfico
Revisão gráfica: Nilton Braz da Rocha
Capa: Editora Vozes

ISBN 978-85-326-6461-7

Editado conforme o novo acordo ortográfico.

Este livro foi composto e impresso pela Editora Vozes Ltda.

SUMÁRIO

Apresentação, 7
 Aline Reis Calvo Hernandez
 Pedrinho Guareschi

1 Desenvolvimento da psicologia política brasileira como um movimento social acadêmico, 13
 Salvador Antônio Mireles Sandoval (PUC-SP)
 Maria Aparecida Cunha Malagrino Veiga (PUC-SP)

2 Notas sobre memória política e políticas de memória – Pele, voz e rosto, 28
 Aline Reis Calvo Hernandez (UFRGS)

3 A política no entender dos políticos, 45
 Pedrinho A. Guareschi (UFRGS)
 André Guerra (UFRGS)

4 Direitos humanos e diversidade sexual nas políticas públicas educacionais na perspectiva de uma psicologia política marginal, 63
 Alessandro Soares da Silva (USP)

5 Psicologia política e o estudo das ações coletivas, 82
 Frederico Viana Machado (UFRGS)
 Frederico Alves Costa (Ufal)

6 Neoliberalismo estatal, narcocultura e industrias culturales, 97
 Sayak Valencia Triana (Colegio de la Frontera Norte, México)

7 Los movimientos comunitarios y subjetividad, 120
 Dolores S. Miranda Gierbolini (Universidad de Puerto Rico)

8 *Dissidenz*: a radicalidade ontológica da dissidência como fundamentação ética da política, 141
  André Guerra (UFRGS)
  Pedrinho A. Guareschi (UFRGS)

9 Psicologia e lutas de classes: relações possíveis?, 177
  Isabel Fernandes de Oliveira (UFRN)
  Fellipe Coelho-Lima (UFRN)

10 O contexto rural pelas narrativas de adolescentes do Sul do Brasil, 201
  Nathalia Amaral Pereira de Souza
  Ângelo Brandelli Costa (PUCRS)
  Marlene Neves Strey

11 Corpos parlamentares: corpo e arte trans, 221
  Valéria Barcellos (Cena cultural de POA-RJ)

12 Jovens universitários no Brasil hoje – Demandas, valores e lutas na construção de um lugar de ação política, 238
  Conceição Firmina Seixas Silva (Uerj)
  Lucia Rabello de Castro (Uerj)

13 Ecovilas: espiritualidade, Nova Era e política, 272
  Luciele Nardi Comunello (Faccat, UERGS)
  Isabel Cristina de Moura Carvalho (UFRGS, Unifesp, CNPq)

14 O ensino da psicologia política como prática transformadora, 300
  Alessandro Soares da Silva (USP)
  Mariana Luzia Aron (Mackenzie)

Sobre os/as autores/as, 333

APRESENTAÇÃO

O livro *Psicologia política marginal* é uma obra atual e necessária. Desde sua concepção o livro buscou atingir dois objetivos: o primeiro é reunir numa mesma publicação autores e autoras das diferentes gerações da psicologia política brasileira; e o segundo, trazer ao debate a discussão sobre a margem ou as margens, não somente sob a ótica das minorias sociais, mas para tocar em temas que, muitas vezes, se situam no contorno externo, na fronteira dos modismos epistemológicos ou no limite periférico do campo da psicologia política.

Temas pouco recorrentes em psicologia política e temas que, não raro, encontram-se à deriva dos debates psicossociológicos são tratados neste livro, a fim de promover o desassossego teórico/prático. O capítulo que inaugura o livro, "Desenvolvimento da psicologia política brasileira como um movimento social acadêmico", é assinado por Salvador Sandoval, importante precursor da primeira geração da psicologia política no Brasil, e Maria Aparecida Cunha Malagrino Veiga. Nesse capítulo compreendemos as bases históricas do campo no Brasil e o compromisso da psicologia política brasileira com a mudança social contra as hegemonias impostas pelos governos e pela própria constituição da psicologia enquanto ciência.

No segundo capítulo, Aline Hernandez apresenta "Notas sobre memória política e políticas de memória – Pele, voz e rosto", discutindo esses três elementos da memória política enquanto dimensões subjetivas e afetivas importantes para o uso político da memória. A memória política é tratada como um dispositivo de experiência política, de ação e resistência, tendo em vista que é uma dimensão situada num campo em disputas de sentidos, significações e narrativas.

Pedrinho Guareschi e André Guerra nos brindam com o terceiro capítulo, intitulado "A política no entender dos políticos", trazendo dados e discussões oriundas de uma pesquisa feita com os políticos, com personalidades das elites políticas. Trata-se do tipo de pesquisa necessária à psicologia política brasileira, tendo em vista que o grosso da produção nacional se debruça em torno de temas voltados aos movimentos sociais, ações coletivas, ativismos, militância etc., deixando de lado a urgência em pesquisar as elites políticas brasileiras.

Alessandro Soares da Silva apresenta o quarto capítulo, "Direitos humanos e diversidade sexual nas políticas públicas educacionais na perspectiva de uma psicologia política marginal", em que recupera elementos importantes advindos do que alguns chamam de psicologia política marxista, outros psicologia política crítica e outros de psicologia política latino-americana que permitem compreender as linhas e margens de uma psicologia política marginal.

Nossos queridos Freds da psicologia política, Frederico Viana Machado e Frederico Alves Costa, assinam o quinto capítulo, "Psicologia política e o estudo das ações coletivas", em que tecem uma rede argumentativa em torno de elementos psicopolíticos importantes quando estudamos os movimentos sociais e as ações coletivas, sem perder de vista que a política emerge das relações sociais, dos modos por meio dos quais as pessoas interpretam e atribuem sentido às experiências vividas.

A conceituada autora Sayak Valencia, do Colégio da Fronteira Norte, no México, apresenta um ensaio potente, atual e ousado ao campo da psicologia política, "Neoliberalismo estatal, narcocultura e industrias culturales". O debate sobre o Estado em relação ao corpo, à classe e à raça são dimensões interseccionais importantes para entender os sistemas capitalísticos atuais. O conceito de capitalismo *gore* é trazido para reinterpretar a economia hegemônica e global nos espaços (geograficamente) fronteiriços e/ou precarizados economicamente.

Outra autora estrangeira, Dolores Miranda, da Universidade de Porto Rico, escreve o sétimo capítulo, intitulado "Los movimientos comunitarios y subjetividad", em que discute o fenômeno comunitário enquanto experiência psicopolítica em que o político e a subjetividade se constituem mutuamente num contínuo devir, fazendo e desfazendo realidades. A experiência e o conhecimento que emergem dos movimentos sociais e comunitários são indicativos de novos caminhos. A perspectiva antagonista ou a fronteira da opressão/oprimido se apaga para que as subjetividades transitem entre ambas.

André Guerra e Pedrinho Guareschi lançam o instigante conceito/constructo de *Dissidenz*, em *"Dissidenz*: A radicalidade ontológica da dissidência como fundamentação ética da política", trazendo um instigante debate sobre a ética enquanto fundamento da política. A sabedoria da *Dissidenz* ensina que não podemos ser ingênuos em acreditar demasiadamente em nossas próprias convicções sobre o problema político, porém também adverte que não podemos ser ignorantes sobre o fato de que, do campo adversário, não surgirão alternativas.

Isabel Fernandes de Oliveira e Fellipe Coelho-Lima colocam em análise a questão "Psicologia e lutas de classes: relações possíveis?" e retomam um debate urgente na atual conjuntura política brasileira, onde o marxismo cultural vem sendo fortemente ameaçado e criminalizado. Os conceitos de classe, luta de classe, trabalho, precariado e alienação são a tônica do debate para pensar uma psicologia política comprometida com projetos de classe, que dispute hegemonia nos espaços sociais, políticos, culturais, na direção de processos politicamente emancipatórios.

No décimo capítulo, Nathalia Amaral Pereira de Souza, Ângelo Brandelli Costa e Marlene Neves Strey analisam "O contexto rural pelas narrativas de adolescentes do Sul do Brasil", onde discutem as novas "ruralidades" e a pluralidade da adolescência retratada nos diversos modos de vida que existem no meio rural brasileiro. O texto nos provoca a pensar nas mudanças de conceitos naturalizados e ideias cristalizadas sobre os espaços rural e urbano, nas interlocuções entre adolescência e preconceito.

A cantora e artista Valéria Barcellos assina o texto "Corpos parlamentares: corpo e arte trans", escrito a partir de um lugar de fala ativista, desde a experiência estético-política. Valéria escreve a partir da música e traz à cena a questão dos corpos políticos diversos, da *performance* trans como potência política num cenário atual de conservadorismos, retrocessos e exceções.

Conceição Firmina Seixas Silva e Lucia Rabello de Castro apresentam o décimo segundo capítulo, "Jovens universitários no Brasil hoje – Demandas, valores e lutas na construção de um lugar de ação política", trazendo a cena universitária e os ciclos de protesto, suas demandas e lutas à análise. Um texto entoado pelo calor das lutas atuais nas universidades brasileiras, lutas emergentes quando a educação pública enquanto direito social se encontra fortemente ameaçada.

Com profundidade e afeto, Luciele Nardi Comunello e Isabel Cristina de Moura Carvalho trazem o texto "Ecovilas: espiritualidade, Nova Era e política", onde analisam as ecovilas como espaços de implicação dos sujeitos com a gestão da vida na coletividade, incluindo de forma central a dimensão emocional. As ecovilas e a espiritualidade se apresentam como dimensões alternativas para uma radical transformação das relações sociais.

E para fechar a publicação, Alessandro Soares da Silva e Mariana Luzia Aron escrevem sobre "O ensino da psicologia política como prática transformadora", um tema em aberto e que carece de estudos e pesquisas. O texto evidencia que o ensino da psicologia política tem influído no modo como os estudantes percebem seu campo de ação profissional e intelectual. A ampliação da comunidade científica em torno da psicologia política é uma pauta estratégica que permitirá consolidar ensino, pesquisa e intervenção psicopolítica. Pensar sobre o tema é um fazer necessário para que a psicologia política possa confluir sua dimensão científica com sua dimensão transformadora, permitindo incidir mais fortemente na mudança da realidade social.

Em geral os temas traçam relações com as margens, sejam essas objetivas, teóricas, institucionais, subjetivas, existenciais e autônomas, ou seja, temas e fenômenos da fronteira em suas mais diversas formas. As margens, neste caso, não estão diretamente conectadas ou em relação direta com o centro, com um núcleo, mas são linhas fluidas em variadas capilaridades.

Uma psicologia política marginal advém das minorias, das margens, das fronteiras e para elas retorna. São os movimentos e constructos marginais que atualmente têm mostrado capacidade criativa, inventiva e de articulação social com vistas à mudança. As margens resistem e explodem os sistemas categoriais que insistem em catalogar as subjetividades, os territórios, os corpos e os poderes em ordens binárias e simplistas, tipo direita/esquerda, heterossexual/homossexual, ditador/comunista etc. Mas, no amplo do tecido social, a esfera pública se constitui, é elaborada a partir dos próprios sujeitos ou grupos sociais, a partir de seus saberes, fazeres e lutas.

Para os que acreditam na potência das margens enquanto forças inovadoras e na psicologia política enquanto área comprometida com a análise dos fenômenos políticos com vista à mudança social desejamos que esta obra possa trazer um conjunto de operadores e elementos teóricos e práticos de reflexão e ação. Aos que duvidam do poder das minorias, na força dos processos marginais e fronteiriços como *locus* de mudanças sociopolíticas e históricas, desejamos incômodo e os convidamos a dialogar, pois além das normas emergentes e dos acordos de conformidade estão as "minorias marginais" com seus *status* ontológicos de dissidência e contravenção.

Aline Hernandez
Pedrinho Guareschi

1
DESENVOLVIMENTO DA PSICOLOGIA POLÍTICA BRASILEIRA COMO UM MOVIMENTO SOCIAL ACADÊMICO*

Salvador Antônio Mireles Sandoval
Maria Aparecida Cunha Malagrino Veiga

Os processos de afloramento e consolidação da psicologia política como um campo acadêmico de estudo é muito semelhante aos movimentos sociais, à medida que neste artigo argumentaremos que o surgimento e consolidação da psicologia política brasileira foi um movimento acadêmico semelhante aos movimentos sociais políticos.

Raízes históricas da psicologia política contemporânea no Brasil

O golpe militar de 1964 representou um grande abalo à vida intelectual no Brasil, uma vez que as autoridades militares estavam determinadas a intervir em universidades, censurar a livre-expressão de acadêmicos e sua atividade intelectual a fim de evitar maiores ações participativas e de protesto e suprimir os estudantes que criticavam o regime autoritário da época. Essa repressão da sociedade civil e da academia encontrou um estreito refúgio nos auspícios da Igreja Católica e sua posição crítica em relação à ditadura militar oferecendo formas alternativas para ações políticas por meio de suas intervenções nas comunidades.

---

* Tradução de Rubens Vidigal Coriolano.

Universidades católicas, pastorais das comunidades da Igreja e ações dos trabalhadores emergiram como arenas alternativas para ações de oposição política, enquanto partidos políticos, sindicatos de trabalhadores, associações civis e universidades públicas eram impedidas de expressar posições contrárias ao regime.

A oportunidade para a ação política no contexto das comunidades eclesiais trouxe ao menos duas contribuições à formação de futuros líderes sociais e ativistas políticos: a primeira foi o espaço para discussões sobre como organizar pessoas para a política que tradicionalmente tinham sido excluídas da arena política que, antes do golpe, havia sido dominada pelos movimentos dos estudantes, sindicatos dos trabalhadores e dos partidos.

Dentro das discussões, emerge como tema central a questão da conscientização e desalienação da população da favela. Por essa razão, dentro do contexto do debate sobre a conscientização, que a psicologia social tornou relevante, especialmente com as contribuições de Ignacio Martín Baró, psicólogo jesuíta salvadorenho, que lutou contra a ditadura militar em seu país e foi uma de suas vítimas junto a outros pensadores jesuítas da Universidade Católica de El Salvador. Ao mesmo tempo, o trabalho do educador brasileiro Paulo Freire é reintroduzido neste debate, em função de seu projeto desenvolvido no exílio focado no potencial da relação entre a pedagogia e a desalienação quando usados na alfabetização.

A despeito de abordagens marxistas mais ortodoxas ou revolucionárias predominantes nas ciências sociais nessa época, a abordagem da politização por meio da organização comunitária e educação cívica demandou abordagens sociopsicológicas sobre o encorajamento à participação, conscientização e mobilização de populações previamente excluídas de redes institucionais tradicionais e de arenas políticas ortodoxas ou revolucionárias. A segunda, o desafio de conscientizar e mobilizar, para a participação no contexto de um regime autoritário, que requereu a introdução de uma abordagem sociopsicológica teórica e metodológica, desenvolvida nos campos das psicologia comunitária e da psicologia política.

Para essa nova abordagem da psicologia aplicada do Brasil, os acadêmicos, na época, buscaram as contribuições de Ignacio Martín-Baró (El Salvador), além das de Maritza Montero (Venezuela) e Silvia Lane (Brasil), que culminaram em novas abordagens e em uma versão nacional de uma psicologia política comunitária. Isso foi abastecido por crescentes debates na academia sobre a contribuição e o papel da psicologia e da psicologia social nesse momento de crise política e possível transição para um Estado democrático, o qual poderia favorecer o surgimento do campo da psicologia política.

Determinantes históricos da psicologia política no Brasil: 1970-1980

O interesse em psicologia política como um campo de pesquisa no Brasil na década de 1970 deve ser visto dentro da perspectiva da hegemonia institucional histórica das principais universidades públicas na defesa de ou (1) uma versão para uma abordagem experimental e behaviorista ao estudo da psicologia com uma clara influência norte-americana; em alguns casos, esses acadêmicos expressavam uma simpatia ao regime militar ou (2) uma psicologia clínica focada no treinamento dos profissionais ao atendimento às necessidades das classes média e alta dos crescentes centros urbanos e principais beneficiários do regime militar. A esse respeito, os psicólogos políticos não só desafiaram as premissas e práticas acadêmicas da "torre de marfim", mas também mantiveram um foco interdisciplinar que foi contra toda a tradição universitária até aquela época.

Assim, o ativismo político característico dos psicólogos sociais nas universidades católicas privadas engajou-se nas comunidades eclesiais e nas atividades sindicais como manifestações claras contra o regime. Mais frequentemente do que nunca, essas iniciativas foram apoiadas pela Igreja Católica por meio de suas organizações pastorais de base presentes nas universidades católicas da época. Isso claramente contrastava com os defensores pró--*establishment* da psicologia hegemônica encontrada nas principais universidades públicas da época.

O desafio colocado com a introdução de uma psicologia social progressiva aplicada com um evidente foco político, baseado nos trabalhos do salvadorenho Ignacio Martín-Baró, influenciado pelas contribuições de Paulo Freire, com a pedagogia do oprimido, e de Serge Moscovici, com a teoria das representações sociais, pedras angulares do currículo de cursos de pós-graduação criados em universidades fora da órbita acadêmica do *establishment* e longe do controle das principais universidades públicas dominadas por uma psicologia behaviorista conservadora. Essa nova psicologia social aplicada opunha-se às tendências experimentalistas de inspiração norte-americana, dominante nas universidades públicas de São Paulo, Rio de Janeiro, Brasília e Rio Grande do Sul, e tornou-se dominante nas universidades da Pontifícia Universidade Católica, bem como na Universidade Federal da Paraíba e na Universidade Federal de Minas Gerais à medida que atividades políticas se enraizaram nas atividades de extensão dessas universidades.

No sentido de Thomas Kuhn (1962), pode-se dizer que o sucesso da emergência e consolidação de uma psicologia social crítica e aplicada deveu-se em parte ao fato de ser promovida em instituições acadêmicas não dominadas pela hegemonia de um tempo e a ausência de um sistema de regulação governamental que poderia ser usado para combater propostas de visões anti-hegemônicas, como o caso da psicologia social latino-americana no Brasil (SANDOVAL, 2000). Ao mesmo tempo, foram os laços com o ativismo do movimento social e a clara intenção em desenvolver atividades antiditatoriais que produziu a ligação, no caso da psicologia política do Brasil, entre o movimento de renovação acadêmica e os movimentos sociais de redemocratização da época.

Como mencionado acima, foram os laços, às atividades do movimento social no processo de redemocratização que uniu o país na época, que forçaram os primeiros estudantes de psicologia política a irem além da noção da produção acadêmica como uma pesquisa desconexa e escrever e dar uma atenção mais crítica sobre os aspectos aplicados da teorização e análise. Isso significou que a psicologia política brasileira se assentou sobre uma base sólida de abordagens interdisciplinares e uma redução de validades teóricas *a priori* tão predominantes na maioria das escolas de psicologia do Brasil.

As influências marxistas nas ciências sociais durante o período militar e sua rejeição às abordagens psicológicas para a análise do comportamento político e políticos, vistos como uma forma de "psicologização" das relações de dominação em oposição à análise da luta de classe, tornaram as ciências sociais impermeáveis às contribuições de uma psicologia política aplicada, especialmente numa época em que as instituições brasileiras não tinham qualquer tradição acadêmica interdisciplinar, o que facilitou o surgimento de programas de psicologia social autônomos das versões do *establishment* das abordagens da psicologia comportamental e das abordagens marxistas hegemônicas das ciências sociais. Portanto, essa nova abordagem da psicologia social latino-americana tornou-se teoricamente mais interdisciplinar, enquanto incorporava uma abordagem aplicada a novas agendas de pesquisa.

Isso coincide com o ativismo político universitário que permeou os programas de alcance das comunidades dessas "universidades menores", enquanto professores e estudantes realizavam atividades de extensão e pesquisa em projetos em favelas e sindicatos apoiados e protegidos pelas organizações pastorais da Igreja Católica. Em função do governo de regime autoritário, muita intervenção comunitária foi conduzida pela alfabetização e pelas atividades de organização das comunidades, ambas promovendo debates na academia sobre as abordagens teóricas que melhor suportavam tais esforços. Esses debates aumentaram a necessidade de se ter mais informação sobre a psicologia da participação e conscientização, abrindo a oportunidade para a introdução, no contexto latino-americano e europeu, para abordagens mais sintonizadas a propostas de mudança social e participação de raiz e assim renovando a academia, provendo o estímulo que levaria à emergência da psicologia política, tanto no ambiente acadêmico quanto aplicado.

Raízes organizacionais da psicologia política brasileira

No Brasil, a psicologia política tem sua raiz organizacional no movimento acadêmico, opondo-se ao tradicionalismo e em favor da criação de uma comunidade aplicada de psicologia social que foi mais política em conteúdo e adotou uma estratégia de criar grupos de pesquisa da faculdade e estudantes que integraram experiências no desenvolvimento de pesquisas e projetos de intervenção. Liderados por professores universitários como Silvia Lane, Salvador Sandoval (ambos da PUC-SP), Leoncio Camino (UFPB), Cornelis van Staden e Elizabeth Bonfim (UFMG) que tomaram os primeiros passos para introduzir essa abordagem alternativa à psicologia social em suas respectivas universidades.

Tal estratégia possibilitou integrar academias, estudantes, ativistas e líderes comunitários em atividades que simultaneamente eram pontos para pesquisa e intervenção. As atividades de intervenção comunitária e sindical proporcionaram o desenvolvimento de temas de pesquisa até então desconhecidos ou aceitos na psicologia acadêmica tradicional no Brasil. A estranheza ou mesmo a rejeição dessa nova vertente da psicologia social nos espaços acadêmicos estabelecidos até 1986 resultou na criação da Associação Brasileira de Psicologia Social, marcando uma clara ruptura no campo em uma época em que a redemocratização do país permeava até as posturas e o debate acadêmico. Como consequência da fundação da Associação Brasileira de Psicologia Social, em 1988 foi fundada a primeira revista de psicologia social do Brasil, a *Revista Psicologia e Sociedade*.

Inseridas nesse movimento para estabelecer uma psicologia social mais aplicada aos problemas relacionados à transição democrática estavam as demandas por bibliografia e por pesquisa em psicologia e política, psicologia da participação e conscientização que facilitaram o processo para o surgimento de uma rede de pesquisadores já familiarizados com o campo da psicologia política no exterior. Não é coincidência que os três primeiros estudiosos sirvam como catalisadores para mobilizar pesquisadores e estudantes em torno da noção de um campo específico de estudo chamado psicologia política, que já era amplamente reconhecido nos Estados Unidos e na Europa: são estudiosos estrangeiros com conhecimento do trabalho realizado nos Estados Unidos e na Europa Ocidental em psicologia política.

A partir de 1987, Salvador Sandoval, Leoncio Camino, Louise Lhullier e Cornelis Van Stralen formaram o grupo de trabalho sobre comportamento político na Anppep (Associação Nacional de Pesquisa e Pós-Graduação em Psicologia), que deu início a uma trajetória constante em direção a uma futura institucionalização do campo. Esse grupo de trabalho continua até hoje sob o título de "psicologia política" quando, em 1999, os membros do grupo decidiram assumir o nome de psicologia política como um campo de pesquisa distinto.

Em 1993, 1995 e 1997 foram realizados três seminários nacionais sobre comportamento político na Universidade Federal de Santa Catarina para discutir o caráter interdisciplinar da psicologia política e as possibilidades de organização de uma associação nacional no campo, independentemente da estrutura disciplinar rígida da academia brasileira (CAMINO; LHULLIER & SANDOVAL, 1997). Infelizmente, essas tentativas fracassaram quando cientistas políticos decidiram organizar a Associação Brasileira de Ciência Política restrita a cientistas sociais, deixando de fora os psicólogos sociais.

As raízes intelectuais da psicologia política brasileira

Desde o início, a psicologia social e política brasileira foi marcada por três principais vetores conceituais e aplicados: organização comunitária, conscientização e mobilização política comprometida com a democratização, consistente com o contexto de crescentes movimentos sociais em oposição ao governo ditatorial. Esse pioneirismo acadêmico iniciou a formação alternativa de uma psicologia social mais crítica e trabalhou intencionalmente para a realização de intercâmbios mais efetivos com os psicólogos sociais latino-americanos que compartilhavam raízes intelectuais nas obras de Ignacio Martín-Baró, Maritza Montero e Silvia T. Lane, entre outros.

Com inspiração na psicologia social latino-americana, intenso foco político e comunitário, forneceram-se as condições para introduzir na academia brasileira o campo da psicologia política concentrado nos fenômenos de mobilização política e movimentos sociais e no compromisso com os valores democráticos. Por essa razão, permanece hoje um forte interesse em autores que estudaram o autoritarismo no passado, como Adorno, Fromm, Milgram, Rokeach, Le Bon, Tarde, estudos de psicologia coletiva com

Moscovici, por autores que estudavam movimentos sociais e políticos, participação como Tilly, Gamson, Touraine, Klandermans, Cantrell, para citar alguns e outros autores que se concentraram na conscientização, como Paulo Freire, Vigostsky, John Thompson, Jim Sidanius, Berger e Luckmann, Jost, Jaspers entre outros. O efeito de uma combinação de abordagens teóricas e aplicadas significava que os esforços acadêmicos eram menos comprometidos com o behaviorismo ou teorias clínicas, como nos programas tradicionais de psicologia ou marxismo, ou nas ciências sociais.

O fato de que os programas emergentes de pós-graduação em Psicologia Social na Universidade Católica de São Paulo, na Universidade Católica do Rio Grande do Sul, na Universidade Federal da Paraíba e na Universidade Federal de Minas Gerais pudessem se sobrepor à oposição teórico-ideológica entre o behaviorismo hegemônico e o marxismo, permitiu que os estudiosos desses novos programas introduzissem novos autores e perspectivas sobre a participação social e a conscientização que eram ignorados ou excluídos nesses quadros de referência dominantes. Isso também pode ser notado uma vez que o foco na intervenção aplicada requer que as abordagens teóricas sejam frequentemente desafiadas pelas atividades aplicadas, quebrando a tradição de uma dicotomia intencional entre a análise acadêmica destacada da verificação prática ou empírica na realidade social.

Assim, um mapeamento de pesquisadores em psicologia política no Brasil como indicador do crescimento do campo da psicologia política foi realizado, com foco e análise intergeracional de pesquisadores brasileiros a partir dos primeiros estudiosos que introduziram o campo no Brasil. Por meio de um estudo piloto, o Professor Salvador Antônio Mireles Sandoval e a pós-graduanda Maria Aparecida Cunha Malagrino Viega conduziram uma análise exploratória da genealogia acadêmica baseada no trabalho do Professor Jesús P. Mena-Chalco, da Universidade Federal do ABC e do Instituto de Matemática da USP.

Com a colaboração do Professor Mena-Chalco na aplicação do seu modelo de genealogia acadêmica, levantou-se os dados disponíveis na Plataforma Lattes para construir as árvores genealógicas dos três pesquisadores acadêmicos/fundadores da Associação Brasileira de Psicologia Política, mapeando o crescimento da área por meio da formação de pesquisadores dedicados à pesquisa sobre temas de psicologia política (VEIGA, 2017). Esse estudo piloto, utilizando os dados do Currículo Lattes disponíveis no banco nacional de dados do currículo do CNPq, traça a trajetória de pós-graduandos orientados pelos fundadores da Associação Brasileira de Psicologia Política. O resultado desse mapeamento é apresentado nas figuras a seguir: a figura 1 apresenta as árvores de genealogia acadêmica e a figura 2 apresenta as redes de pesquisadores da psicologia política, ilustrados no diagrama com as instituições de ensino onde atualmente existem grupos de pesquisa pertencentes ao campo da psicologia política e atuantes na Associação Brasileira de Psicologia Política.

A relevância dos primeiros estudiosos a liderar o desenvolvimento da psicologia política no Brasil é ilustrada na figura 1, por meio de um genograma que apresenta a descendentes e a formação de três gerações de pesquisadores estabelecidas por meio de relações de parentesco acadêmico de mestrado e doutorado de três acadêmicos (Leoncio Camino, Cornelis van Stralen e Salvador A.M. Sandoval). A plotagem da genealogia acadêmica do campo foi possível com a colaboração de Jesús P. Mena-Chalco (2011), que desenvolveu o programa de computador que permitiu traçar as três gerações de estudantes fazendo psicologia política desde a década de 1980.

Ao confeccionar o mapa genealógico dos primeiros estudiosos (ascendentes) fundadores da psicologia política no Brasil, trazemos os estudantes de pós-graduação de cada estudioso, ilustrando a importância desses acadêmicos em contribuir para o conjunto de novos acadêmicos e professores que viriam a compor as bases institucionais das últimas décadas e quando esses alunos de pós-graduação (descendentes) entram no sistema universitário e criam seus próprios grupos de pesquisa no campo da psicologia política.

A primeira geração de três psicólogos políticos representaria mais de 450 professores universitários ativos no campo, como pesquisadores e membros da Associação Brasileira de Psicologia Política.

Figura 1 – Mapa genealógico acadêmico dos pioneiros da psicologia política, Brasil

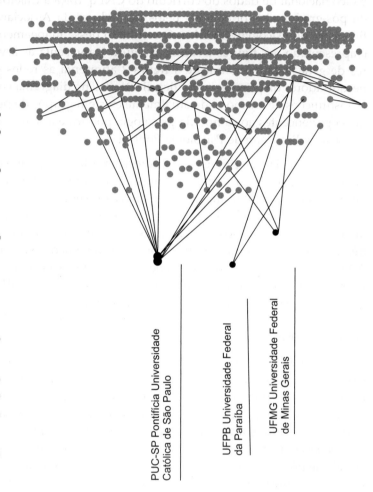

PUC-SP Pontifícia Universidade
Católica de São Paulo

UFPB Universidade Federal
da Paraíba

UFMG Universidade Federal
de Minas Gerais

Fonte: Veiga, 2017.

Em 2000, professores e alunos dos programas de pós-graduação em Psicologia Social da PUC-SP, UFMG e UFPB organizaram o primeiro simpósio nacional da Pontifícia Universidade Católica de São Paulo, que serviu de impulso para a fundação da Sociedade Brasileira de Psicologia Política (atualmente a Associação Brasileira de Psicologia Política-ABPP), na Escola de Sociologia e Política. Nesse mesmo ano a *Revista Psicologia Política* foi fundada por Salvador A.M. Sandoval, Marco Aurélio Prado e outros, como a revista acadêmica da nova associação.

Desde a fundação da ABPP, a sociedade realizou dez simpósios nacionais de psicologia política a cada dois anos, com constante tendência ascendente no número de participantes e listas de membros. O último simpósio, o décimo, aconteceu em outubro de 2018, em Maceió, e contou com 650 participantes inscritos e 463 credenciados.

O crescimento constante do campo da psicologia política no Brasil deve-se principalmente a uma rede de unidades de pesquisa universitária chefiada por professores (descendentes da primeira e segunda geração de pesquisadores) e alunos em cerca de 18 universidades brasileiras que realizam pesquisas em temas de psicologia política e colaboram na organização dos simpósios nacionais e eventos regionais. A figura 2 traz o diagrama abaixo que mostra essa rede de grupos de pesquisa divididos pelas três gerações de acadêmicos provenientes das três unidades de pesquisa fundadoras da Universidade Católica de São Paulo, da Universidade Federal da Paraíba e da Universidade Federal de Minas Gerais (em vermelho). Como pode ser visto no diagrama, tem havido uma expansão progressiva do campo dentro do sistema universitário brasileiro, pois como dito anteriormente, a psicologia política veio de um movimento acadêmico de alguns acadêmicos no início da década de 1980 para um campo estabelecido dentro das ciências sociais nos anos 2000.

Foi essa rede crescente de grupos de pesquisa estabelecida em universidades que forneceu a base organizativa para a fundação e manutenção da Associação Brasileira de Psicologia Política e sua *Revista Psicologia Política*, apesar da oposição de ambas as faculdades, psicologia e ciências sociais, contrárias à interdisciplinaridade e às abordagens aplicadas ao estudo de problemas sociais e políticos

Tabela 1 – Rede de pesquisadores em psicologia política

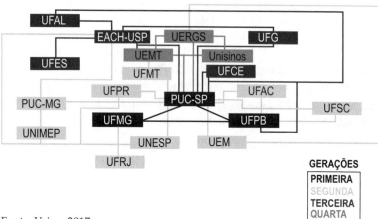

Fonte: Veiga, 2017.

no contexto brasileiro. Ao longo dos anos, como membros da rede procuraram desenvolver o estudo da psicologia política por meio de encontros nacionais e às vezes regionais, cada encontro nacional teve o efeito de promover a criação de novos grupos de pesquisa por meio da participação de professores e alunos nos simpósios nacionais realizados bienalmente.

Nesse sentido, a *Revista Psicologia Política* foi, no contexto da psicologia, a primeira revista especificamente interdisciplinar. Ela é um indicador da consolidação do campo de pesquisa desde a sua fundação. Um estudo (DA COSTA et al., 2013) catalogando os artigos publicados na revista entre 2000 e 2011 tem uma visão geral de uma diversidade de temas que caracterizam a psicologia política brasileira, como mostra o diagrama abaixo. Podemos ver que os temas predominantes são sobre regimes políticos e movimentos sociais, um terceiro tema aborda gênero e homossexualidade.

Grupos de pesquisa com tópicos de psicologia política

Outro indicador da consolidação progressiva do campo da psicologia política é o grande número de grupos de pesquisa que afirmam estar estudando tópicos tradicionalmente encontrados

Gráfico 1 – Tópicos de artigos publicados na *Revista Psicologia Política* (Brasil), 2000-2011

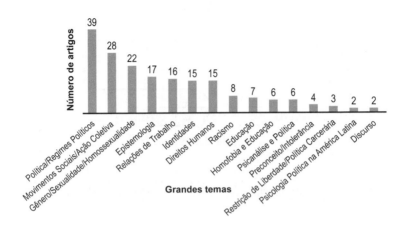

Fonte: Da Costa et al., 2013.

em campo. Um levantamento de grupos de pesquisa catalogados no Diretório Nacional de Grupos de Pesquisa Credenciados do CNPq entre 2000 e 2010 revelou uma grande diversidade de grupos de pesquisa nas áreas de ciências sociais, psicologia e áreas afins, estudando uma ampla diversidade de temas que envolvem um enfoque psicológico político. Veja os dados na tabela abaixo.

Tabela 2 – Número de grupos de pesquisa em temas de psicologia política, 2000-2010 (CNPq)

Temas de grupos de pesquisa	2000 Todas as áreas	2010 Todas as áreas	2010 Ciências Humanas	2010 Psicologia
1. Psicologia Política	3	47	37	20
2. Identidade Política	18	211	162	9
3. Consciência Política	1	16	15	3
4. Valores Políticos	0	3	3	3
5. Valores Democráticos	0	1	1	1
6. Cultura Política	66	347	260	13
7. Socialización Política	2	18	18	2
8. Educação Política	57	661	498	9

Temas de grupos de pesquisa	2000 Todas as áreas	2010 Todas as áreas	2010 Ciências Humanas	2010 Psicologia
9. Psicologia del Comportamiento Político	3	5	5	2
10. Psicologia de la Participación Política	0	6	6	3
11. Psicologia Electoral	0	2	2	1
12. Psicologia y Movimientos Sociales	4	21	20	11
13. Psicologia de Direitos Humanos	0	28	22	17
14. Psicologia y Política Publica	0	7	6	2
15. Diversidade Sexual y Política	4	7	5	0
16. Gênero y Política	12	203	141	8
17. Psicologia Social Comunitária	3	24	21	19

Considerações finais

A consolidação do campo da psicologia política no Brasil assemelha-se, sob muitos aspectos, à dinâmica da política dos movimentos sociais. Começa como uma forma de aplicar a ciência social à mobilização política durante o período do regime militar, ao mesmo tempo em que se apresenta junto à psicologia social crítica como adversária das perspectivas hegemônicas da psicologia comportamental de base norte-americana que dominava as principais universidades brasileiras naquele momento.

Como os acadêmicos estabelecidos tentaram suprimir essa forma mais nova de comunidade comprometida, aplicada e politizada e psicologia política, eles conseguiram estruturar um movimento de pesquisadores universitários e estudantes de pós-graduação que permitiram expandir a base territorial no país por meio da formação regular de estudantes universitários, grupos de pesquisa regional ancorados por estudantes graduados treinados pelos primeiros proponentes da psicologia política. O mapa genealógico ilustra até que ponto esse processo de formação de gerações subsequentes de estudiosos expandiu as fronteiras territoriais do campo em todo o país.

A fundação da Associação Brasileira de Psicologia Política e a regularidade dos simpósios nacionais foram fundamentais para consolidar essa estatura nacional do campo, seguindo uma estratégia de regionalizar os eventos para que diferentes regiões do país pudessem se envolver diretamente nos aspectos associativos do campo. Quanto aos simpósios nacionais e à *Revista Psicologia Política*, estes foram veículos importantes para dar ao campo a estatura acadêmica necessária para o seu reconhecimento e, um campo de estudo legítimo.

A analogia entre o surgimento e consolidação do campo da psicologia política e o movimento social serviu para pontuar os aspectos da resistência hegemônica que advoga o campo enfrentado ao longo dos anos na luta pelo reconhecimento em meio acadêmico ainda nas décadas de 1950 e de 1960 e dominados por uma forte supervisão governamental e financiamento do monopólio.

Referências

CAMINO, L.; LHULLIER, L. & SANDOVAL, S.A.M. (1997). *Estudos sobre comportamento político*: teoria e pesquisa. Florianópolis: Letras Contemporâneas/Abrapso.

DA COSTA, G.B.; D'ADDIO, T.F.; BARIK, F.E. & SOUZA, L.L. (2013). "Political Psychology as interdisciplinary field from the experience of the school of Arts, Sciences and Humanities of the University of São Paulo". In: *Cahiers de Psychologie Politique*, n. 23, jul.

KUHN, T. (1962). *A estrutura das revoluções científicas*. São Paulo: Perspectiva.

MENA-CHALCO, J.P.; MARCONDES CESAR Jr., R. & MIYAHARA, E. (2011). *Genealogia acadêmica Lattes* [Disponível em: http://www.vision.ime.usp.br/~jmena/projects/genealogiaLattes/].

SANDOVAL, S.A.M. (2000). "O que há de novo na psicologia social latino-americana". In: CAMPOS, R.H.F. & GUARESCHI, P. (orgs.). *Paradigmas em psicologia social*: a perspectiva latino-americana. Vol. 1. Petrópolis: Vozes, p. 101-109.

SILVA, A.S. (s./d.). "A psicologia política no Brasil: lembranças e percursos sobre a constituição de um campo interdisciplinar". *Revista Psicologia Política* 12 (25), p. 409-426.

VEIGA, M.A.C.M. (2017). *Do comportamento político à Psicologia Política no Brasil*: A história da psicologia política vista pelos participantes da Associação Brasileira de Psicologia Política. São Paulo: Pontifícia Universidade Católica de São Paulo [Dissertação de mestrado em Psicologia Social].

2
NOTAS SOBRE MEMÓRIA POLÍTICA E POLÍTICAS DE MEMÓRIA
PELE, VOZ E ROSTO

Aline Reis Calvo Hernandez

Este texto nasceu da conversa com um colega da universidade na saída de um evento, quando ele me perguntou quais eram, em meu entendimento, os elementos centrais à memória política? Pensei durante alguns minutos, as diferentes concepções teóricas estudadas reverberaram dentro de meus afetos e cognições. Então, respondi: bom, não tenho dúvidas sobre a pele, essa experiência corpórea e vibrátil vivida pelos sujeitos da memória; a voz, essa possibilidade de enunciar, de narrar memórias em nome próprio, em primeira pessoa; e o rosto, essa superfície identitária e suas marcas, os intertextos subjetivos que se conectam e nosso "eu", a capacidade de visibilizar a experiência vivida num tempo presente.

Ele, estudioso da antropologia cultural, ficou me olhando e escutando, surpreso. Disse-me que não esperava essa trilogia conceitual tão "psicológica e subjetiva", foram os termos que ele usou se referindo à minha análise sobre as dimensões em relação ao conceito/fenômeno de memória política. Sem nos conhecermos, ainda, quase nada, contou-me, com olhos úmidos e voz embargada, que foi perseguido e exilado político da ditadura chilena e que fazia sentido para ele o que eu dizia. Ele referiu que quem viveu na pele a experiência é quem realmente pode e deve falar, evitando que falem por ele, a fim de trazer à tona os silêncios intencionalmente guardados pelos regimes hegemônicos e suas oficialidades. A voz, disse ele, é essa narrativa que não quer mais ficar calada, que se compromete em enunciar. O rosto é uma metáfora, as marcas, a intertextualidade subjetiva da memória, composta na relação entre interioridade e exterioridade, na trama complexa composta entre o "eu/nós/outros", a oportunidade de nomear, identificar alguém (seja um guerrilheiro, uma pessoa qualquer, comum, um ativista, um militante, um político, um exilado), fazendo emergir as narrativas situadas e controversas ante a história oficial.

Já à mesa do bar, entre uma taça e outra de vinho, entramos a madrugada conversando, falando sobre ditaduras, memórias, política, epistemologias possíveis nas ciências sociais, capazes de nos fornecer elementos epistemológicos e teóricos para sustentar essa trilogia possível. Olhando para seu rosto sereno, para aquelas marcas de tantas paisagens, andanças mundo afora, seus cabelos já grisalhos, decidi escrever este texto, em busca de aliviar nossas angústias epistemológicas...

A ideia de escrever sobre uma psicologia política marginal já me inquietava. Naquela noite pensei muito nessas margens, em nossas próprias margens, nossas dissidências, nossos exílios, na potência dessas linhas móveis, dos fios emaranhados de nossas memórias. As margens sempre operam com forças inovadoras, criativas, não normativas, por isso são margens e não centro. As margens possuem seus próprios saberes, seus ritmos, invenções, movimentos próprios. As margens tão perseguidas e criminalizadas pelos governos. Escrever sobre as epistemologias marginais em política fez muito sentido dentro de mim. Diante de um período triste e de inúmeros retrocessos políticos e democráticos vividos em nosso Brasil atual, escrever sobre memória política é demarcar um território de sentidos, empunhar uma arma de disputa narrativa.

Assim, divido essa escrita em quatro seções ou notas, como sugiro no título do capítulo, a fim de conceber uma proposta ontológica em memória política, pensando nos múltiplos sujeitos, grupos e minorias da memória política. Para isso, trago elementos teórico-epistemológicos que deem conta da trilogia proposta: pele, voz e rosto em memória política. Inicio o texto tratando o conceito/fenômeno da memória política enquanto território de narrativas em disputa, em prol de políticas de reconhecimento.

Exposto esse ponto, mergulho na trilogia. No primeiro ponto discuto a dimensão da "pele", a fim de situar a memória política desde sua dimensão afetiva, ancorada nas experiências dos sujeitos da memória. No segundo ponto abordo a importância da "voz", o poder de enunciação de memórias políticas e seus efeitos de ressonância. No terceiro ponto, "rosto", discorro sobre as memórias inconclusas e as novas composições subjetivas que se formam a partir das narrativas e disputas de sentido que vão se constituindo quando memórias políticas se produzem e publicizam.

1 Memória política, política de memória e reconhecimento

Desde a década de 1990 aos dias atuais, as ciências sociais e a psicologia social fizeram das políticas de memória um campo profícuo de estudos. Isso se deve aos processos de violência política de Estado vividos em muitas sociedades ocidentais e da preocupação em inaugurar um debate flagrante sobre os efeitos políticos da produção do esquecimento e, em contrapartida, da recuperação de memórias políticas, a partir de narrativas e "lugares de fala" dos próprios sujeitos e grupos políticos diretamente envolvidos nos fenômenos, conflitos e acontecimentos políticos (ANDREANI, 2015).

Como já afirmei, este texto tem como principal objetivo apresentar elementos epistemológicos e teóricos para pensar e estudar a memória política desde seu lugar de "política de reconhecimento". A memória política caminha na contramão de ações estratégicas maquinadas pelas instâncias institucionais, políticas e governamentais instituídas e oficiais, que advogam por uma narrativa única acerca de um fenômeno ou acontecimento político.

Cabe situar a memória política como uma ação/experiência que emerge das ações cotidianas em relação às experiências vividas e situadas no presente. Ao narrar memórias, o ato linguístico da enunciação situa os sujeitos num campo político onde se produzem novos posicionamentos que, muitas vezes, emanam em um cenário de conflito, dando vazão a um ordenamento contra-hegemônico, de resistência em relação ao que se recorda e ao lugar que tais memórias ocupam no presente.

O trabalho de inaugurar memórias políticas é um labor de enfrentamento de narrativas hegemônicas *versus* contra-hegemônicas. Um enfrentamento narrativo, ideológico e, consequentemente, discursivo. Trata-se, pois, de situar "lugares de fala" do particular ao geral, questionando de forma contundente as lógicas e ordenamentos que operam em prol do sujeito e das narrativas universais. Para Rancière (1995, p. 242), os modelos historiográficos do século XX neutralizaram o "objeto" próprio do saber histórico, do acontecimento, negando a racionalidade própria do acontecimento, "aquela do real, que não se preocupa em se fazer preceder, justificar, fundamentar por sua possibilidade".

Revisitando a história do conceito, uma referência central aos estudos da memória coletiva foi Maurice Halbwachs (1925; 1950), primeiro autor a utilizar esse conceito. O autor estabelece uma relação interessante entre memória e sociedade, abrindo novos horizontes ao estudo da memória como fenômeno social, cultural e interativo, para além do processo de memória intraindividual. Conforme Halbwachs (2013, p. 81),

> o que subsiste em nosso pensamento não são imagens totalmente prontas, mas estão na sociedade todas as indicações necessárias para reconstruir tais partes de nosso passado, pois a memória sempre está relacionada a grupos e/ou fatos sociais. Cada memória individual é um ponto de vista sobre a memória coletiva, que muda segundo o lugar que se ocupa e, esse mesmo lugar, muda segundo as relações que se mantém com outros ambientes.

Foi na década de 1980 que os estudos de memória ganharam força e produção, com ênfase na dimensão sociocultural, sob a perspectiva coletiva da memória. Destacam-se autores como Pierre Nora (1984; 1993) e as discussões sobre os lugares da memória; Michel Pollak (1989; 1992) e as disputas em torno das diferentes versões do passado, a memória sob o enfoque das disputas e negociações de sentidos, memória enquanto antídoto à produção dos esquecimentos; Paul Ricoeur (2003) e as questões relativas à produção de esquecimento, da manipulação da memória, principalmente em relação aos processos de anistia. Para Ricoeur (2007), as versões do passado emaranhadas na construção de memórias, os aspectos que são lembrados ou esquecidos, precisam ser compreendidos num campo complexo, onde fenômenos como o silêncio, o apagamento, a evasão, a desarticulação, o desgaste, a repressão, formam um espectro de estratégias complexas próprias da memória.

No Brasil, os estudos de memória política no campo da psicologia política datam da década de 1990. Destacam-se os estudos de Ansara (2000; 2001; 2005; 2012) e Hernandez (2007; 2009; 2010; 2014; 2015; 2017) com ênfase nas relações entre memória política, consciência política e lutas de resistência na sociedade brasileira.

A memória política se constitui numa relação interdependente de tensão e litígio entre diferentes lugares de narrativa, compondo novos conjuntos de repetições e variações. Memória política não é memória histórica, vinculada às narrativas oficiais, nem memória social, formalizada pelos grupos a partir de interesses próprios. Conforme Decca (1992), há uma oposição entre história e memória, "a memória histórica está ligada à afirmação do Estado nacional e, até muito recentemente, era controlada pelos jogos sinuosos do poder que estabeleciam a história oficial" (in: ANSARA, 2012, p. 134-135).

Cabe, então, pensar no uso político da memória política, tendo em vista que a memória é um campo em disputas de sentidos e significações. Pensar na memória e suas relações dialéticas de controle, dominação e resistências. Para Hur (2013) a produção de memórias oficiais está comprometida com o poder e é exercida pelos grupos dominantes.

> Toda relação de poder implica, então, pelo menos de modo virtual, uma estratégia de luta, sem que para tanto venham a se superpor, a perder sua especificidade e finalmente a se confundir. Cada uma constitui, para a outra, uma espécie de limite permanente, de ponto de inversão possível. Uma relação de confronto encontra seu termo, seu momento final [...] quando o jogo das relações antagônicas é substituído por mecanismos estáveis pelos quais um deles pode conduzir de maneira bastante constante e com suficiente certeza a conduta dos outros (FOUCAULT, 2009, p. 23).

A memória é esse fenômeno psicopolítico em movimento (*continuum*) em relação ao passado (mas não só), ressignificado e ancorado no presente com possibilidades de projeto em relação a um porvir que pulsa e deseja ser diferente (HERNANDEZ; BINKOWSKI & OLIVEIRA, 2018). Ainda, a dinâmica de seu funcionamento, conforme propôs Ansara, faz pensar em um mosaico composto entre pedras e vazios, recordações e esquecimentos. Nesse sentido, a produção de esquecimentos constrói versões da realidade, ainda que sombreada pelo que permite ver ou intenciona fazer olvidar.

Muitos regimes, governos, instituições produzem políticas de esquecimento. Trata-se de uma forma de "matar em vida", de silenciar, impedindo que os sujeitos da experiência possam falar. Mecanismos e dispositivos refinados são usados para silenciar, calar, proibir, censurar, exilar, aniquilando o vínculo dos sujeitos e grupos com a experiência política. Arendt (2005) já sublinhava que a violência começa onde termina a fala, para a filósofa o *logos* é essa capacidade de poder dizer e, assim, participar.

Mas, a memória política não tem compromisso com o tempo e, conforme propôs Pollak, é impossível uma colonização definitiva do passado, em que grupos e instituições se mantenham para sempre estáveis. A memória política emerge a qualquer tempo, convulsiona tempos e retoma o que parecia esquecido.

A memória política é, em si, uma experiência política, um acontecimento, uma ação política, pois a luta por trazer à tona uma memória política situa um campo de litígio (RANCIÈRE, 1996), de forças em conflito, de memórias políticas em contraposição às histórias oficiais. A memória política é uma reinvenção marginal, uma arma de luta e resistência ante o controle e a dominação de governos, regimes e instituições, uma arma poderosa no conflito social. Memórias políticas caminham na direção contrária às memórias e narrativas institucionais, contra a intencionalidade das elites doutrinárias.

Misztal (2003) já denominou de "memória não oficial" aos conjuntos de memória que são elaborados por grupos marginais, que se organizam e atuam à margem, por fora das instituições e que não conformam seus mecanismos e estratégias. Para a autora, o passado é influenciado e reconfigurado por interesses no presente.

2 Pele: poros abertos, conjunto de experimentações

No *Dicionário On-line da Língua Portuguesa* a "pele", substantivo feminino, é nosso maior órgão, "recobre o corpo dos seres humanos, composto pela epiderme, camada superficial com função protetora, e pela derme, muitas vezes desdobrada numa hipoderme, que possui numerosas funções: tato, regulação térmica etc." Também se admite a expressão "entrar na pele de, estar em lugar de". A pele é, pois, por definição, essa zona de contato que permite experimentar diferentes funções e sensações. A pele é experiência sensorial e sensível, ligada aos sentimentos, emoções, cognições e afetos.

Ao pensar nos sujeitos da memória política será preciso conceber a memória como experiência afetiva sensível, que transpõe a pele e recoloca o sujeito em relação com suas recordações. Ao recordar, as lembranças voltam a passar pelo coração (do latim, *re-cordis*), pelos afetos e, consequentemente, pela cognição. A pele é essa superfície que permite entrar em relação.

Concebemos a narrativa de memória política desde sua dimensão experiencial, constituída de diferentes camadas e sensações. Trata-se de um relato que fala da "verdade do sujeito", mas essa verdade não é essencial, mas contingente, contextual e produzida no presente.

> Nas suas narrações em primeira pessoa, trazem o horror ao cotidiano da cena política, ao mesmo tempo em que instauram o anacronismo. Não se poderia dizer o mesmo do agente político, que tem o futuro como marco da sua ação. O núcleo do testemunho é o passado, mas o seu lugar de enunciação é o presente, e essa clivagem temporal é inerente à sua condição de agente da memória política. O anacronismo é o seu motivo de ser e a sua vitalidade (LIFSCHITZ, 2014, p. 153).

Acessar as experiências dos sujeitos, narradas em primeira pessoa, é fundamental em memória política, a fim de compreender os afetos, olhares, experiências sensíveis, corpóreas e táteis. Essa é a noção de "verdade" do sujeito, a articulação da experiência à subjetividade, a abertura de um campo de interpretações. As narrativas de si (em relação ao fenômeno político) reconstroem o passado, avaliam as experiências vividas e dão sentido ao presente.

A pele é essa dimensão afetiva, superfície de contato em que as memórias individuais se mesclam às memórias coletivas. Uma narrativa em memória política não significa um conjunto cronológico, encadeado ou linear de acontecimentos. Uma narrativa é um fluxo, percursos que se deslocam e se reinventam a todo momento.

3 Voz: enunciações e efeitos de ressonância

Um enunciado pode ser uma palavra, um texto, uma imagem ou qualquer outra "matéria que possa entrar numa relação de conversação ou diálogo entre sujeitos, provocando respostas, isto é, outros enunciados" (GROFF, 2015, p. 82). A cadeia enunciativa se produz a partir de efeitos de ressonância, das respostas que damos a partir de outros enunciados. As ressonâncias são redes abertas a respostas outras, a sentidos outros, a novas interpretações e significações.

A ação de enunciar faz com que vozes/corpos historicamente silenciados, censurados, exilados e negados entrem em cena, situando um falar "sobre si" em relação "a" outros, acontecimentos, fatos, experiências etc. A enunciação é constitutiva da subjetivação. Esse falar "sobre si em relação a" é o *locus* que constitui os sujeitos da narrativa.

A voz é tratada aqui como ato de expressão, capacidade de expressar sentidos e significações, memórias políticas que entram em tensão com narrativas oficiais. O lugar da enunciação configura um modo de dizer, essa é uma dimensão de legitimidade. Esses lugares de voz mobilizam as formas discursivas de um "eu" ou de um "nós", dos grupos sociais nos encontros cotidianos, das experiências individuais em coletividade. "[...] o que somos, ou melhor, o sentido de quem somos, depende das histórias que contamos e das que contamos a nós mesmos. Em particular, das construções narrativas nas quais cada um de nós é, ao mesmo tempo, o autor, o narrador, e o personagem principal" (LARROSA, 2011, p. 48).

É importante ter em conta que, ao enunciar uma memória política, o narrador – personagem principal nos termos de Larrosa (2011) – lhe tem reservado o direito à ficção, seja essa intencional ou não. A narrativa de memórias mistura tempos, sensações, paisagens, protagonistas, coadjuvantes, roteiros e cenários. Nossas memórias se compõem de elementos de recordação misturados às invenções, às narrativas de outros que incorporamos às nossas, à necessidade de dar ênfase ou suprimir alguns detalhes, pessoas ou acontecimentos.

Steve Stern (2000) discute o conceito de "memória emblemática" a fim de evidenciar que as memórias pessoais se misturam às memórias coletivas e públicas. As memórias são carregadas de interpretações pessoais e atravessadas por processos históricos. Quando narrada, a memória política se torna um processo social, para além dos indivíduos, se interconectando às experiências individuais e coletivas a um só tempo.

Nesse sentido, os efeitos de voz[1] são também de ressonância. A narrativa de memória irá variar dependendo do interlocutor. Sabe-se, ainda, que diferentes comunidades e grupos sociais contarão "histórias" diferentes, com repertórios linguísticos, palavras e sentidos específicos à sua experiência cultural e modos de vida. O léxico de cada grupo sociocultural contém suas perspectivas de mundo. Assume-se que as narrativas preservam perspectivas próprias e formas autênticas (JOVCHELOVITCH & BAUER, 2002, p. 91).

Uma das características da memória política é fazer aparecer, ressoar na esfera pública as "vozes", as experiências de pessoas, grupos e minorias que ainda não tiveram oportunidade de dizer, ou mesmo não foram contemplados nas versões oficiais das narrativas históricas. Para Moura e Lima (2014, p. 100), "o sujeito é sempre um narrador em potencial. O fato é que ele não narra sozinho, reproduz vozes, discursos e memórias de outras pessoas, que se associam à sua no processo de rememoração e de socialização".

---

1. Voz não significa, aqui, a capacidade de comunicação falada, mas a capacidade/potência de enunciar em primeira pessoa um acontecimento vivido.

Partimos, pois, de uma perspectiva parcial em memória política, particular, não hegemônica ou generalista. Memórias políticas são saberes da experiência, saberes localizados, em que os sujeitos são múltiplos, sendo sua enunciação sempre interpretativa, parcial, não homogênea. Conforme Haraway (2009, p. 36), "saberes localizados requerem que o objeto do conhecimento seja visto como um ator e agente, não como uma tela, ou um terreno, ou um recurso, e, finalmente, nunca como um escravo do senhor que encerra a dialética apenas na sua agência e em sua autoridade de conhecimento 'objetivo'".

Memórias políticas dependem exclusivamente de seus "atores", da voz/enunciação de seus protagonistas. Não se pode narrar uma memória política por alguém, pois ela depende do contexto de experiência, do acontecimento vivido. Nesse sentido, penso ser relevante abordar o conceito de (r)existência (BARRETO & BENZAQUEN, 2013) ao afirmar que (r)existir é uma ação de enfrentamento direto ao monopólio colonial – de cima para baixo, de fora para dentro – tornando o ausente, presente.

Ainda na esteira dos debates decoloniais, Dussel (2005) e Mignolo (2013) sublinham a importância de considerar a pluralidade, as diferenças na construção dos saberes, do conhecimento. Assim, enfocamos a importância de trazer à superfície os saberes marginais enquanto resistências.

As práticas narrativas de resistência são lutas por reconhecimento, são demandas políticas. Os lugares de enunciação, de "voz" são também de "vez", uma dimensão das posições dos sujeitos que falam e, portanto, de constituição de sujeitos, grupos e disputas narrativas por outras lógicas interpretativas acerca de um fenômeno político.

Como seriam as histórias das ditaduras se ficassem somente a cargo das narrativas hegemônicas e oficiais? Como seria o ordenamento das políticas públicas e sociais sem acessar as demandas das minorias identitárias, suas lutas e pautas específicas?

Ponto nevrálgico em memória política é pensar a articulação entre os processos de subjetivação e experiência em relação às formas históricas de enunciação política. Faz-se imprescindível compreender as relações entre as narrativas situadas, as práticas políticas em curso e a constituição de novos sujeitos e fenômenos sociais.

Em memória política não cabe pensar numa enunciação distanciada das determinações subjetivas que constituem a tríade "eu/nós/fenômeno", a fim de garantir a legitimidade ontológica do dizer. As condições de produção, a posição/sujeito determina os sentidos dos enunciados. A memória política poderá ser mais ou menos reconhecida como legítima dependendo do lugar de quem a enuncia.

Insistimos sobre a importância de a memória política ser narrada pelo sujeito ou grupo que se relacionou diretamente ao fenômeno político em análise. Trata-se de um litígio pelo reconhecimento enunciativo, a partir de um lugar de voz legitimado. As lutas por reconhecimento são um contrapeso à objetificação dos "sujeitos históricos", possibilitando a constituição de um lugar/posição de não subalternidade, de abertura a novas interpretações e significações não colocadas no enquadramento das histórias oficiais.

4 Rosto: marcas inconclusas e novas composições subjetivas

No Brasil e na América Latina sabemos que as formas de controle coloniais se deram sobre as subjetividades, sobre os corpos, sobre as formas de viver e existir cotidianas, sobre o governo do comum. Para dominar territórios era preciso domesticar, padronizar, mas as padronizações não respeitam as diferenças.

A produção de um rosto padrão não visa individuações. Trata-se de quebrar o espelho, de não tolerar um rosto que expressa marcas identitárias diferentes. Toda atitude colonial ou hegemônica é autoritária. Não resta espaço ao cultural, ao saber/fazer cultural, coletivo ou comum/unitário. A lógica da unidade, da hegemonia e da padronização instaura a ordenação binária, do bem/mal, melhor/pior, branco/negro, homem/mulher etc., destacando como positivo e melhor o primeiro par da oposição.

Na atualidade histórica de nossos países latino-americanos sabemos que as ditaduras forjam sujeitos prévios. Trata-se de um sistema de operação eficaz de uma racionalidade que enquadra os sujeitos numa moldura de "isto pode, isto não pode" em torno de valores hegemônicos sob a égide da censura, da moral, da nação, da família tradicional, do cidadão de bem etc.

Nas ditaduras, nos regimes de exceção e totalitários, há uma busca incessante de formar uma "nação", uma imagem comum a todos os rostos, um comportamento comum a todos os corpos. Mas, como já afirmaram Deleuze e Guattari (1996, p. 50), "o rosto é uma política". Memórias políticas escapam à lógica da dominação ditatorial, é preciso borrar o rosto universal para falar de si mesmo em relação ao fenômeno político. A memória é reforçada quando a dimensão enunciativa do "incômodo" se produz.

Por que os governos brasileiros, independentemente das bandeiras e tendências partidárias, sempre criminalizaram os movimentos e minorias sociais? Por que se refreia o trabalho da Comissão de Anistia do Ministério da Justiça na efetivação do direito constitucional à reparação? Por que ora os governos legitimam e ora deslegitimam a Comissão da Verdade em relação às famílias de mortos e desaparecidos da ditadura civil-militar? Para Genro e Abrão (2010) os controladores das anistias e da história operam a partir de uma racionalidade burocrática perversa, de uma memória cristalizada nos valores da dominação autoritária do Estado de exceção.

São mecanismos que acabam por fixar pactos de silêncio, afirmando que olhar o passado significa reabrir feridas. A negativa pela ativação de memórias políticas silencia atrocidades e é respaldada, no mais das vezes, por regimes autoritários e parte de sua ordem jurídica e parlamentar, desinteressada da verdade como garantia de justiça social.

Isso ocorre à medida que se propaga uma narrativa específica, tão conhecida no Brasil atual, que justifica o golpe militar de 1964, perdoa os ditadores, elogia torturadores, como reação ao suposto estado de ameaça vigente, narrativa histórica já conhecida, contra a "esquerda comunista ou marxista" que ameaça a ordem social e os valores da família tradicional. O regime de exceção e os dispositivos de repressão se justificam em nome da governabilidade.

A constituição de uma política do esquecimento é força bruta imposta pelos dominadores, pois mais eficazes aos governos que desejam manter a homeostase social são os processos de apagamento, a produção de esquecimento ou os regimes de correção, censura e medo.

Para Genro e Abrão (2010, p. 19) a "ideologização direitista da memória, na verdade, impede um pacto de conciliação, porque o impõe a partir dos valores que são aceitos, exclusivamente, pelos que eram beneficiários do autoritarismo e das ditaduras". Portanto, não se reativam memórias sem o confronto de valores e narrativas. Trata-se de expor outros cenários da história, contrapor concepções, narrativas e valores.

> [...] a memória política só adquire potência quando entra na dimensão do sistema político ou da esfera pública, porque o seu "outro", o emissor/destinatário de sua mensagem, é sempre o poder. Já não se trata de memórias espontâneas cuja finalidade é a de serem compreendidas e reconhecidas como verídicas. O narrar da memória política procura intervir no mundo social, confrontando a realidade jurídica, cultural e política que pretende silenciar a memória ou produzir outras versões do passado. A memória política é um tipo de ação estratégica [...] com a ideia de ação estratégica queremos destacar que a memória política passa a existir quando indivíduos ou grupos a colocam, intencionalmente, na esfera pública. A finalidade desse tipo de ação estratégica não é a compreensão ou o entendimento, mas o confronto e a rivalidade, ou a influência e a sujeição. Portanto, se existe um campo específico da memória política, ele se articula com as diferentes modalidades nas quais o passado se instaura no sistema político e na esfera pública (LIFSCHITZ, 2014, p. 148).

A partir do funcionamento da memória política se inscreve um *espaço de construção de evidências*. A corporeidade (pele, voz e rosto político) da memória é vigorosa e, consequentemente, perigosa. Para Sandoval e Silva (2016), a memória política é dimensão que transversaliza a consciência e a ação política, elemento-chave à participação e aos processos de luta e mudança social. Processos de memória política produzem incômodos e situam lutas e campos antagonistas na esfera pública.

Central aqui é a ideia de que a democracia e a memória política são construções sociopolíticas em curso, territórios a serem conquistados e constantemente aprimorados entre múltiplos atores políticos e sociais. Nessa perspectiva, é importante falar de memórias políticas no plural para destacar os múltiplos sujeitos sociais e políticos da memória, as diferentes histórias de cada país, grupo ou comunidade e os diferentes dispositivos à superação dos legados coloniais e ditatoriais.

Este texto ganha relevo em um momento em que o Brasil e a América Latina enfrentam períodos de saturação democrática, retomando instâncias de resistência e as lutas por justiça histórica, memória e contra o esquecimento, não permitindo que as políticas de esquecimento e silenciamento se propaguem pelo espaço público. A democracia é um regime político, uma forma do governo dos/para os comuns, que visa institucionalizar a liberdade e instaurar a justiça social. Assim, valores e práticas democráticas devem constar nas políticas públicas de todos os governos.

A luta em curso é pela ampliação da memória política, a fim de olhar o passado com vistas a construir um melhor futuro no presente. Garantir políticas de memória exige, também, compromissos governamentais pela democracia ativa e direta, políticas públicas, políticas de Estado, para além dos governos, práticas institucionais que expandam os canais de intervenção educativa voltada aos direitos humanos e em prol da reforma das instituições perpetradoras de violações contra os direitos humanos.

Referências

ANDREANI, M.J.R. (2015). "Construção de políticas de memória a partir da vida cotidiana". In: *Psicologia Social*, vol. 27, n. 2.

ANSARA, S. (2012). "Políticas de memória x políticas do esquecimento: possibilidades de desconstrução da matriz colonial". In: *Revista Psicologia Política*, vol. 12, n. 24, p. 297-311 [Disponível em: http://pepsic.bvsalud.org/scielo.php?script=sci_arttext&pid=S1519-549X2012000200008&lng=pt&nrm=iso – Acesso: 23/06/2019].

_____ (2005). *Memória política da ditadura militar e repressão no Brasil*: uma abordagem psicopolítica. São Paulo: Pontifícia Universidade Católica de São Paulo [Tese de doutorado em Psicologia Social].

_____ (2001). "Memória coletiva: um estudo psicopolítico de uma luta operária em São Paulo". In: *Revista Psicologia Política*, vol. 1, n. 2, p. 29-52.

_____ (2000). *Repressão e lutas operárias na memória coletiva da classe trabalhadora em São Paulo*. São Paulo: Pontifícia Universidade Católica de São Paulo [Dissertação de Mestrado em Psicologia Social].

_____ (1992). "Políticas de memória x políticas do esquecimento: possibilidades de desconstrução da matriz colonial". In: *Revista Psicologia Política*, vol. 12, n. 24, ago., p. 129-136.

ARENDT, H. (2005). *A condição humana*. São Paulo: Forense Universitária.

BARRETO, F.S. & BENZAQUEN, J.F. (2013). "A mão dupla da rua: a ambivalência da 'nova resistência' ou elementos para uma outra gramática da mobilização". *Est. Soc.* vol. 2, n. 19.

DECCA, E. (1992). "Memória e cidadania". In: SECRETARIA MUNICIPAL DE CULTURA. *O direito à memória*: patrimônio histórico e cidadania. São Paulo: Departamento do Patrimônio Histórico.

DELEUZE, G. & GUATTARI, F. (1996). *Mil Platôs* – Capitalismo e esquizofrenia. Vol. III. Rio de Janeiro: Ed. 34.

Dicionário Online de Português (2018) [Disponível em: https://www.dicio.com.br/].

DUSSEL, E. (2005). *Europa, Modernidade e eurocentrismo*. Buenos Aires: Clacso.

FOUCAULT, M. (2009). *A arqueologia do saber*. Rio de Janeiro: Forense Universitária.

FREITAS, P.M.; SCARPARO, H. & HERNANDEZ, A.R.C. (2015). "Narrativas do silêncio: movimento da luta antimanicomial, psicologia e política". *Revista Psicologia Política*, vol. 15, p. 599-616.

GENRO, T. & ABRÃO, P. (2010). "Memória histórica, justiça de transição e democracia sem fim". In: *Repressão e memória política no contexto ibero-brasileiro*: estudos sobre Brasil, Guatemala, Moçambique, Peru e Portugal. Brasília/Coimbra: Ministério da Justiça, Comissão de Anistia/Universidade de Coimbra.

GROFF, A.R. (2015). *Entre vozes e linguagens para enunciar a violência*: análise dialógica de uma experiência de formação continuada para professores/as. Florianópolis: Universidade Federal de Santa Catarina [Tese de doutorado em Psicologia].

HALBWACHS, M. (2013). *A memória coletiva*. 2. ed. São Paulo: Centauro.

_____ (1950). *La mémoire collective*. Paris: PUF.

_____ (1925). *Les Cuadres Sociaux de la Mémoire*. Paris : Félix Alcan.

HARAWAY, D. (2009). "Saberes localizados: a questão da ciência para o feminismo e o privilégio da perspectiva parcial". In: *Cadernos Pagu* (5), p. 7-41 [Disponível em: https://periodicos.sbu.unicamp.br/ojs/index.php/cadpagu/article/view/1773].

HERNANDEZ, A.R.C. (2014). *Da vida que resiste*: vivência de psicólogas/os entre a ditadura e a democracia. Porto Alegre: CRPRS.

_____ (2013). "Histórias por escrever: um museu virtual sobre a influência negra na vida sociopolítica nos Campos de Cima da Serra/RS". *Diálogo*, n. 22, abr. [Disponível em: http://www.revistas.unilasalle.edu.br/index.php/Dialogo. Acesso: 18/07/2018].

HERNANDEZ, A.R.C.; BINKOWSKI, P. & OLIVEIRA, G.V. (2017). "Sobre as memórias sociais: Dispositivo de possíveis numa convulsão de tempos". *Anais...* XXXI Congresso ALAS. Montevidéu, 2017.

HERNANDEZ, A.R.C. & SCARPARO, H. (2009). "Silêncios e saberes guardados nas imagens do pré-golpe de 1964". *Revista Psicologia Política*, vol. 8, p. 57-78.

_____ (2007). "Da força bruta à voz ativa: a conformação da Psicologia no RS nas décadas da repressão política". *Mnemosine*, vol. 3, p. 156-182.

HUR, D.U. (2013). "Memórias da guerrilha: construção e transformação". *Psicologia & Sociedade*, 25 (2), p. 311-320.

JOVCHELOVITCH, S. & BAUER, M.W. (2002). "Entrevista narrativa". In: BAUER, M.W. & GASKELL, G. (orgs.). *Pesquisa qualitativa com texto, imagem e som*: um manual prático. 3. ed. Petrópolis: Vozes [trad. Pedrinho A. Guareschi].

LARROSA, J. (2011). "Tecnologias do Eu e educação". In: SILVA, T.T. (org.). *O sujeito da educação*: estudos foucaultianos. 8. ed. Petrópolis: Vozes.

LIFSCHITZ, J.A. (2014). "Os Agenciamentos da Memória Política na América Latina". *Revista Brasileira de Ciências Sociais*, vol. 29, n. 85, jun.

MIGNOLO, W. (2013). *Historias Locales/diseños Globales*: colonialidad, conocimientos subalternos y pensamiento fronterizo. Madri: Akal.

MISZTAL, B.A. (2003). "Durkheim on Collective Memory". *Journal of Classical Sociology*, vol. 3, n. 2, jul., p. 123-143.

MOURA, A.F. & LIMA, M.G. (2014). "A reinvenção da roda: roda de conversa: um instrumento metodológico possível". *Revista Temas em Educação*, vol. 23, n. 1, jan.-jun., p. 98-106.

NORA, P. (1993). "Entre memória e história: a problemática dos lugares". *Projeto História*, 10, p. 7-28.

_____ (1984). *Les lieux de mémoire*. Paris: Gallimard.

POLLAK, M. (1992). "Memória e identidade social". *Revista Estudos Históricos*, vol. 5, n. 10.

_____ (1989). "Memória, esquecimento, silêncio". *Revista Estudos Históricos*, vol. 2, n. 3.

RANCIÈRE, J. (1996). "O dissenso". In: NOVAES, A. (org.). *A crise da razão*. São Paulo: Companhia das Letras [trad. de Paulo Neves].

RICOEUR, P. (2007). *A memória, a história, o esquecimento*. Campinas: Unicamp.

SANDOVAL, S.A.M. & SILVA, A.S. (2016). "O modelo de análise da consciência política como contribuição para a psicologia política dos movimentos sociais". In: HUR, D.U. & LACERDA Jr., F. (orgs.). *Psicologia, políticas e movimentos sociais*. Petrópolis: Vozes.

SCARPARO, M.; HERNANDEZ, A.R.C. & SCARPARO, H. (2010). "Esquecimento, silêncio e memória: paradoxos e perspectivas nos novos processos de comunicação". In: *Mutirão de Comunicação América Latina e Caribe* (e-book). Porto Alegre.

STERN, S.J. (2000). "De la memoria suelta a la memoria emblemática: hacia el recordar y el olvidar como proceso histórico (Chile, 1973-1998)". In: GARCÉS, M. et al. *Memoria para un nuevo siglo*: Chile, miradas a la segunda mitad del siglo XX. Santiago: LOM.

3
A POLÍTICA NO ENTENDER DOS POLÍTICOS

Pedrinho A. Guareschi
André Guerra

Introdução

Este trabalho parte de dois pressupostos: O primeiro é a necessidade de se refletir mais sobre a questão política, exatamente devido ao fato de esse termo, "política", estar sendo tratado de maneira cada vez mais confusa e equivocada. Não sei se não há algo de proposital nesse procedimento. Exatamente agora, numa circunstância em que o Brasil passa por uma situação extremamente grave, com retrocessos chocantes que colocam em risco a sobrevivência da própria democracia. O segundo é mostrar que é impossível fugir dessa questão se quisermos progredir num caminho de busca de uma democracia mais plena e de maior liberdade como condição de melhor qualidade de vida e bem-estar para nossa sociedade. A ausência, ou o mau uso que se faz da política, leva a situações de sofrimento para grandes parcelas de nossa população e faz com que corramos o risco de profundas convulsões sociais. É urgente resgatar a política. E acreditamos que a melhor maneira é trabalhar com ela mesma, pois é nesse espaço que podemos solucionar esses problemas de maneira democrática e eficiente.

Vou dividir essas considerações em duas partes. Numa primeira parte, bastante breve, vamos tentar, primeiramente, deixar claro o que se entende por política a partir da filosofia, das ciências sociais e políticas; é também o sentido que vamos assumir nessa discussão, e tentar mostrar sua imprescindibilidade. Fundamentamo-nos aqui principalmente nas reflexões da filósofa Hannah Arendt. Numa segunda parte, vamos discutir os resultados de uma investigação que realizamos com 14 atores políticos, isto é, pessoas que exercem funções especificamente políticas: senadores, deputados federais e estaduais e vereadores. Vamos tentar mostrar o que entendem eles por política e o quão distantes estão nossos representantes oficiais do exercício de uma verdadeira política. Incluímos também nas análises as contribuições de dois analistas políticos que nos ajudaram a interpretar as informações.

Como entendemos a política e sua imprescindibilidade

Se você vive com outros não há como evitar essa questão. Mesmo que você seja um misantropo, e que evite o convívio social, de um modo ou outro você precisa se posicionar diante dos que vivem a seu redor.

O termo "política" vem do termo grego *"polis"*, que quer dizer cidade. Etimologicamente ele se refere, então, à maneira de se conviver em agrupamentos de pessoas que moram num mesmo espaço. E especificamente o termo se estabeleceu pois foi na antiga Grécia que, pelo que sabemos, se deu uma experiência supostamente nova, no que diz respeito a pessoas convivendo juntas e considerando-se um grupo relativamente homogêneo. Até então os agrupamentos humanos – famílias, tribos, até mesmo nações – eram governados por alguém que, de um modo ou outro, se colocava acima dos outros e exigia submissão dos demais. É o caso dos patriarcas, dos chefes de clãs, dos caciques, dos reis etc. A maneira como chegaram a conseguir hegemonia e poder sobre os outros varia de caso a caso. Mas na antiga Grécia surgiu algo novo: famílias *igualitárias* começaram a se agrupar e formar aglomerados maiores. Como dar conta, então, de necessidades comuns a todas as famílias e resolver os conflitos e divergências que normalmente se dão?

É dentro desse contexto histórico que os pensadores foram levados a pensar numa alternativa, em algo diferente que pudesse solucionar os problemas que tinham a ver com essas diferentes famílias, por um lado procurando manter sua relativa autonomia sob o controle do *pater familias* e, por outro lado, obrigados a responder e dar conta de situações *comuns* a todas as famílias, situações públicas. Narra-se que diante de tais situações as pessoas – na verdade, o homem, o *pater familias*, com exclusão das mulheres, das crianças, dos escravos etc. – reuniam-se na *ágora*, a praça, para discutir os problemas e tomar as providências. As decisões, quando discordantes, eram tomadas por meio do voto igualitário de cada participante.

Ainda é interessante e importante acrescentar que os gregos faziam uma distinção entre democracia e cidadania. Não era suficiente sentar-se na praça e estar presente para receber o título de cidadão. Para alguém ser cidadão era necessário que ele *falasse*, isto é, que ele apresentasse sua opinião, propusesse seu projeto. Percebe-se aqui a importância fundamental da efetiva participação da pessoa para ser cidadã: uma contribuição original e fundamental do pensamento de cada pessoa que, apresentado e discutido, iria contribuir para a compreensão mais profunda do problema comum trazido para a discussão.

Pois é a esses procedimentos que foi dado o nome de *política*: a participação efetiva de cada cidadão na construção da cidade que se deseja. Fundamentamos isso a partir das contribuições da filosofia e das ciências sociais.

Hannah Arendt (2007) ilustra com propriedade o sentido autêntico do que deveria ser a política. Seu intento era aplicar a filosofia à política, construindo assim uma filosofia política. Em *A condição humana*, logo no primeiro capítulo, a pensadora, ao discutir a *vita activa*, distingue três atividades humanas fundamentais: o labor, o trabalho e a ação[2]. O labor é a atividade que "corresponde ao processo biológico do corpo humano, cujo crescimento espontâneo, metabolismo e eventual declínio tem a ver com as necessidades vitais produzidas e introduzidas pelo labor no processo da vida. A condição humana do labor é a própria vida" (ARENDT, 2007, p. 15). É o *homo laborans*. Esse é a dimensão da *necessidade* e da vida; ninguém está livre dessa condição.

---

2. A partir da 10ª edição de seu livro os tradutores mudaram os dois primeiros termos: em vez de labor passou a ser chamado de trabalho; e trabalho passou a ser denominado obra.

O trabalho é por sua vez a atividade correspondente ao artificialismo da vida humana e produz um mundo artificial de coisas diferente do mundo natural. É o *homo faber*. A condição humana do trabalho é a mundanidade. Essa é a dimensão da aparência e da utilidade.

Mas é a ação a única atividade humana que se exerce sem a mediação das coisas ou da matéria, e corresponde à condição humana da pluralidade o fato de que homens, e não um homem apenas, vivem sobre a terra. E vai elaborando sua reflexão mostrando como todos os aspectos da vida humana têm alguma relação com a política; mas essa pluralidade é especificamente *a* condição de toda a vida política (ARENDT, 2007, p. 188-193). Por isso, assinala ela, para os romanos os termos "viver" e "estar entre os homens" eram sinônimos.

Mas há mais elementos novos e desafiadores que brotam desse espaço da ação e do discurso. Um deles é a possibilidade da liberdade. Afirma ela: "Ser livre e viver numa *polis* eram [...] a mesma e única coisa" (ARENDT, 2012, p. 48). Ela explicita essa íntima relação entre liberdade e política dessa maneira:

> O sentido da coisa política (não seu objetivo) é os homens terem relações entre si em liberdade, para além da força, da coação e do domínio [...] regulamentavam todos os assuntos por meio da conversa mútua e do convencimento recíproco (ARENDT, 2012, p. 48).

Para que essa liberdade realmente aconteça alguns pressupostos se tornam necessários. Com suas palavras:

> A coisa política se centra em torno da liberdade, entendida negativamente com o não-ser-dominado e não-dominar; e, positivamente, como um espaço que só pode ser produzido por muitos [...]. Sem esses outros, que são meus iguais, não existe liberdade alguma (ARENDT, 2012, p. 48).

E, de maneira mais explícita, ela explicita que não é qualquer falar que é verdadeiramente livre:

> [...] *isonomia* é, antes de mais nada, liberdade de falar e como tal o mesmo que *isegoria* [...] O falar na forma de

ordenar e ouvir na forma de obedecer não eram avaliados como falar e ouvir originais; não era uma conversa livre [...] mas sim comprometida por um fazer que pressupunha o forçar e o ser forçado (ARENDT, 2012, p. 48).

Fica evidenciada aqui a dupla condição para que haja verdadeiramente liberdade: de um lado é excluído o autoritarismo, a dimensão de alguém que se intitula possuidor de algum recurso superior ao de outros; de outro lado, é acentuado que o simples obedecer não pode ser considerado como liberdade. Os escravos eram designados como *aneu logou*, isto é, sem palavra, impossibilitados de expressarem seu pensamento e manifestarem sua opinião. É apenas nesse espaço de discurso e ação livres de qualquer constrangimento que a *polis* se materializava. Arendt (2012) conclui sua reflexão reafirmando novamente: "O que distingue o convívio dos homens na *polis* de todas as outras formas de convívio humano que eram bem conhecidas dos gregos era a liberdade" (p. 47).

Essas reflexões, dentro desse referencial teórico discutido por Arendt, foram as que fundamentalmente nos levaram a montar um projeto de pesquisa que pudesse comprovar empiricamente que tipo de política vivemos em nosso país. E mais: o que nossos políticos profissionais, os que decidiram assumir essa tarefa, pensam dela, por um lado, e como a experimentaram na vivência de sua prática política, por outro lado.

O referencial acima é, pois, o parâmetro teórico e filosófico que utilizamos para analisar as informações empíricas colhidas. Não entramos na discussão, muitas vezes feita ao se discutir tal referencial, quando se diz que ele é puramente teórico e que mesmo entre os gregos a realidade era bem diferente, já pelo fato de que apenas homens exerciam a política, sem a participação quase total das mulheres e a exclusão dos escravos. Mas isso não invalida o emprego desse referencial que é tomado como um tipo ideal, contra o qual se podem fazer as confrontações necessárias na análise de toda situação política concreta.

Nossos atores políticos oficiais

No ano de 2009 apresentamos ao CNPq[3] o projeto intitulado: "Mídia e política – visibilidade e poder". O objetivo central do projeto era identificar o que nossos representantes políticos oficiais entendiam por política e como viam os meios de comunicação dentro de seu campo de atuação. Tinha-se como hipótese de trabalho investigar como a visibilidade midiática se constitui, hoje, numa nova forma de poder, o poder simbólico. Esse foi o problema central da pesquisa. Nosso interesse foi poder compreender como, nas sociedades modernas, há uma nova variável que se coloca como indispensável para a compreensão tanto da obtenção do poder cultural simbólico como da perda desse poder. Essa problemática foi investigada a partir dessas duas dimensões: como a mídia se mostra central para a construção de um capital cultural simbólico e como ela se apresenta como imprescindível a quem quer chegar ao poder nas sociedades democráticas modernas.

Essa problemática, dentro do pressuposto de que há uma nova variável que se coloca como indispensável para a compreensão tanto da obtenção do poder cultural simbólico como da perda desse poder, foi investigada a partir destas duas dimensões: como a mídia se mostra central para a construção de um capital cultural simbólico, imprescindível a quem quer chegar ao poder nas sociedades democráticas modernas, por um lado; e como ela é também central para a manutenção desse capital cultural simbólico, por outro. Essa mídia que constrói credibilidade e alavanca candidatos e políticos é a mesma que os destrona, no momento em que corrói a credibilidade desses aspirantes ao poder, ou mesmo daqueles que já chegaram ao poder, como é o caso específico dos escândalos políticos.

Na coleta das informações fez-se uso de duas fontes de dados: entrevistas com atores originais que experienciaram essa atividade, pelo fato de estarem expostos aos olhares da mídia; e também analisamos episódios históricos políticos concretos onde

---

3. Chamada: PQ 10/2009, cujo processo pode ser acessado pelo número 301053/2009-0.

essa relação entre mídia e política se mostrou relevante. Um pressuposto que assumimos foi o de incorporar uma dimensão ideológica e ética nessa investigação. Nenhuma ação humana pode prescindir dessas dimensões, e no caso da mídia elas se tornam ainda mais centrais, pois a ação política se dirige à obtenção do poder e está intimamente ligada à causa pública.

Na tabela abaixo estão as qualificações dos 16 entrevistados. Os dois *experts* são professores e pesquisadores da área da comunicação e política. A eles foram mostrados alguns resultados para sua avaliação e interpretação. As suas contribuições foram extremamente valiosas.

Tabela 1: Qualificações dos sujeitos da pesquisa

ENTREVISTAS REALIZADAS	
Políticos/ex-políticos	14
Experts	2
Âmbito político	Federal (8) Estadual (3) Municipal (3)
Partidos	PP (2); PSOL (2); PT (6); PTB (1); PMDB (2); PSB (1)

Fonte: coleta direta de dados da pesquisa.

As discussões que seguem procuram resgatar e interpretar, a partir das verbalizações desses sujeitos, o que eles entendiam por política e quais as concepções que estariam subjacentes a suas considerações; numa palavra, os pressupostos que orientavam suas falas e suas ações.

Um comentário introdutório: a etnometodologia da pesquisa como um achado surpreendente

Antes de entrarmos em detalhes na análise dos resultados cremos ser importante discutir um fato curioso que se constituiu como um fator surpresa que, apesar de não fazer parte de nossas hipóteses, configurou-se, a nosso juízo, significativo e de grande relevância tanto para entender o contexto como as informações empíricas da pesquisa.

Esses dados preliminares já começaram a ser evidenciados desde o início dos trabalhos ao se realizarem os primeiros contatos para estabelecer a seleção dos entrevistados. Para estabelecer o desenho da pesquisa procurou-se construir uma amostragem dos atores políticos que, enquanto possível, representassem os diferentes partidos e que representassem diferentes níveis do exercício da política: políticos da esfera municipal, estadual e federal; deputados em nível estadual e federal; e senadores. Procurou-se também responder à segmentação por sexo e tempo de experiência no exercício da política. Mas o que nos surpreendeu foi poder dar conta da extrema dificuldade em poder ter acesso a esses possíveis entrevistados. No início pensava-se que tal fato se devesse à agenda sempre sobrecarregada dos candidatos. Mas uma investigação mais minuciosa foi revelando que a razão era mais profunda: manifestava-se uma enorme precaução e até receio de expor-se diante de algo que pudesse comprometê-los de algum modo. Cremos que o fato de se dizer que a pesquisa era sobre *mídia e política* contribuiu para tais reticências. Viu-se, desde logo, que a mídia poderia contribuir para tal fator atemorizante.

Esse comportamento inicial foi reforçado de forma mais clara e generalizada no momento da realização das entrevistas. Havia extrema reserva e cuidado em responder a perguntas. A maioria procurava tentar saber dos entrevistadores o que de fato eles estariam buscando. Queriam ter certeza de que não iriam se expor, ou que suas falas não lhes trariam problemas e prejuízos. Apesar de assinarem o termo de consentimento livre e esclarecido, onde se garantia o anonimato e o sigilo, muitos ainda queriam se certificar das verdadeiras intenções da investigação.

Todo o entrevistador deve ter presente um fator que em metodologia da investigação se chama de *desejabilidade,* isto é, o risco de tornar a pesquisa enviesada pelo fato de os entrevistados serem levados a responder àquilo que supostamente o pesquisador esteja procurando. Tal situação ficou patente em nosso trabalho. Demorava-se muito para convencer os entrevistados que, de um lado, nós não tínhamos segundas intenções, como talvez eles pudessem imaginar; e que, de outro lado, nós estávamos buscando sinceridade também da parte deles. Com essas precauções em mente, o trabalho para se chegar a convencer os entrevistados de nossa *sinceridade* e *seriedade* com uma investigação que correspondesse o mais possível à realidade do fenômeno exigia um bom tempo de ambientação e familiarização. Ficou transparente que nossos políticos não são nada ingênuos e extremamente precavidos. Por detrás desse contexto etnometodológico pode-se perceber que, para além das verbalizações como tais, transpareciam sinais de medo, insegurança, estratégias de dissimulação, busca de legitimação de possíveis fatos a eles referentes e que eram de conhecimento público e possíveis reticências diante de uma completa transparência.

A constatação de tal comportamento por parte dos investigados no momento das entrevistas é já um dado significativo. Todos, sem exceção, demonstravam nítida desconfiança diante das perguntas dos investigadores. Nunca respondiam logo de imediato às perguntas. Analisavam, com cuidado, o terreno em que pisavam, procurando se certificar de possíveis interesses secundários dos pesquisadores. Somente após se certificarem sobre o que poderiam dizer com segurança é que ensaiavam suas primeiras respostas. Evitavam ao máximo comprometer-se com temas polêmicos e, significativamente, indispor-se com os meios de comunicação, o que para os pesquisadores já era uma informação importante. Evidentemente, tal prática pode ter trazido algumas limitações à pesquisa. Mas ao mesmo tempo revelou um comportamento absolutamente central sobre quem são esses políticos e os receios e cuidados que possuem ao se relacionar com esse *perigoso* ator que são os meios de comunicação.

Interpretações primeiras das verbalizações

Qualquer pesquisador sério tem consciência das limitações de toda interpretação. É nas interpretações, como afirma criticamente J.B. Thompson (2003), que o pesquisador se expõe. Nem por isso a interpretação deixa de ser fundamental, pois é nesse passo que se coloca um possível avanço no conhecimento. E é também indispensável ter sempre presente que toda interpretação está sujeita a uma reinterpretação e a novas interpretações. Além disso tudo, toda interpretação se coloca dentro de um referencial teórico que, como toda teoria, ajuda sem dúvida, mas pode limitar a compreensão dos fenômenos. É com todas essas ressalvas em mente que, não há como evitar, um pesquisador, como é o caso presente, se arrisca a interpretar.

Iniciamos com uma análise puramente descritiva do universo das verbalizações, procurando mostrar as adjetivações que se mostraram mais frequentes nessas falas (1). Num segundo passo procuramos identificar uma possível *trajetória* existente que mostrasse um possível fio condutor que relacionasse essas falas entre si (2). Na análise dessa trajetória já é possível identificar possíveis *relações*, no caso uma possível relação de causa e efeito, que se constitui já numa primeira interpretação. Num terceiro passo arriscamos algumas interpretações, sempre sujeitas a novas interpretações, a partir do referencial teórico que, como já lembramos acima, tem como pano de fundo a ideologia e a ética. O pressuposto de assumir tal referencial é que nenhuma ação humana pode prescindir dessas dimensões e, no campo da mídia, elas se tornam ainda mais centrais, pois a ação política se dirige à obtenção do poder e está intimamente ligada à esfera pública. Relembramos que uma das questões que foi investigada foi especificamente como eles viram, sentiram e ainda veem e sentem os procedimentos da mídia a respeito das práticas políticas e como essas ações midiáticas acarretaram, ou podem acarretar, problemas de manipulação ideológica ou de prejuízos éticos (3).

De maneira extremamente resumida dizemos que, dentre as inúmeras acepções de ideologia, assumimos seu entendimento como sendo o emprego de formas simbólicas que servem para construir, ou reproduzir, relações de dominação. E entendemos dominação como sendo uma relação assimétrica que implica diferenças tanto em nível de igualdade como de justiça. Daí a intrínseca relação entre esse nosso conceito de ideologia com a ética. Remetemos o leitor às referências indicadas na nota colocada abaixo[4].

---

4. Não é possível aqui explicitar o que entendemos por ideologia. Referenciamos, contudo, que nosso entendimento se fundamenta na concepção de ideologia conforme a explicita J.B. Thompson (2001) e como desenvolvemos em diversos de nossos trabalhos (GUARESCHI, 1996; 2012; 2013).

1 O universo das falas

A partir das leituras, releituras e discussões foi possível elaborar um pequeno quadro, no qual foram colocados adjetivos mais usados pelos entrevistados individualmente que dizem respeito à mídia, tendo como pano de fundo sua relação com a política.

É importante lembrar também que as contribuições dos *experts*, apesar de também serem transcritas e analisadas, não entraram na apresentação desses dados. Elas serviram para nortear a compreensão dos pesquisadores ao analisarem os dados brutos coletados e na sua interpretação.

Segue, abaixo, uma tabela geral com os principais adjetivos referentes à mídia utilizados pelos políticos (cf. tab. 2).

Tabela 2 – Principais adjetivos empregados pelos entrevistados na qualificação do termo "política"

Agenciadora	*Esnucadora*	Intimidadora	Pressionadora
Ajustadora	Fiscalizadora	Mediadora	Publicizadora
Corporativista	Forte	Mercantil	Relatora
Crível	Heterogênea	Opaca	Sensacionalista
Desorganizada	Imprescindível	Parcial	Simplificadora
Desponderada	*Informadora*	Pautadora	Unívoca
Desregulamentada	Instrumento	Potencializadora	*Valoradora*

Fonte: Coleta direta e interpretação dos dados.

Como já assinalamos, a tabela acima foi construída com base na leitura, releitura, discussão e análise crítica das transcrições das entrevistas. Em posse da tabela, das transcrições e das reflexões obtidas junto aos *experts* e colaboradores internos do grupo foi possível retornar às entrevistas de cada um dos políticos e verificar de que forma a tabela obtida com informações de todos os entrevistados referia-se – ou não –, especificamente, a cada um dos políticos. Foi a partir daí que se passou a um segundo passo.

2 Uma possível trajetória entre as falas

Esse procedimento permitiu-nos constatar a existência de uma determinada trajetória e congruência entre as 14 entrevistas analisadas (cf. tab. 3).

Tabela 3 – Trajetória e congruências verificadas nas falas dos entrevistados com relação à adjetivação do termo "mídia"

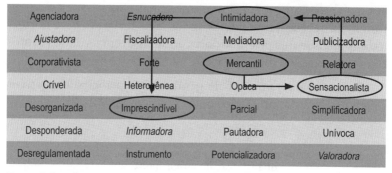

Fonte: Coleta direta e interpretação dos dados.

A identificação dessa *trajetória* interligando as falas já é um primeiro passo para uma possível análise interpretativa. Verifica-se na tentativa de descoberta de relações entre as falas certa lógica, ou congruência.

O ponto que parece mostrar-se como inicial, como origem de praticamente todas as outras falas, é que, para os entrevistados, a mídia se apresenta como uma instituição *mercantil*, ou seja, com objetivos econômicos. Para isso, seguindo a lógica identificada nas entrevistas, a mídia usaria "instrumento" do *sensacionalismo*, o qual, por ter grande repercussão na opinião pública, por um lado valorizaria a mídia, trazendo-lhe vantagens econômicas (índices de audiência etc.), e, por outro, passaria a pressionar e intimidar os políticos devido a sua importância e à capacidade de formação da opinião pública tanto a favor como contra determinados acontecimentos. A mídia passa a assumir, como subentendido e pressuposto nas falas dos entrevistados, uma característica de *naturalização*, como se sua prática e seu papel fossem absolutamente legítimos e *imprescindíveis* na formação de qualquer sociedade. Consequentemente, como se deduz das informações, os políticos passam a se sentir ameaçados pela mídia e a considerá-la como uma parceira *imprescindível* ao exercício da política.

A análise dessa trajetória revela um ponto muitas vezes subestimado, mas crucial para a análise da mídia em geral: seu móvel primeiro e último, sua origem e objetivo fundamental, é sempre a dimensão econômica. Numa sociedade capitalista como a nossa, em que o lucro é o fim último e o principal motor do sistema, tal constatação não é surpresa. O surpreendente, contudo, é verificar que, a partir da fala da amostragem de políticos estabelecida, tal constatação tenha também se tornado explícita. É um tanto mistificadora então a compreensão de que a mídia tem como finalidade questões ideológicas. Isso só é válido secundariamente, pois a mídia apenas apela para as ideologias quando essas ideologias vêm colocar em risco, ou prejudicar, seus interesses econômicos. Quando os interesses do capital entram em jogo, até mesmo grupos midiáticos que aparentemente se digladiam, ao se apresentar a necessidade e urgência de se defender os interesses do capital, todos eles, num compasso preciso e unânime, passam a se aliar coerentemente.

É dentro desse quadro que se dá o apelo ao *sensacionalismo*, ou *fait-divers* (BARTHES, 1997). O sensacionalismo tem como finalidade primeira fazer com que a audiência da mídia aumente, pois é de acordo com o índice de audiência, com seu pico mais elevado – que é precisamente aumentado pelos fatos sensacionalistas –, que são cobrados os comerciais que trazem os lucros para as empresas midiáticas. Passa-se, a partir daí, à construção e emprego de estratégias as mais diversas para que a mídia seja legitimada em sua tarefa.

O que se notou na interpretação das entrevistas feitas e analisadas é o enorme pavor e medo que a mídia causa aos políticos. Isso se revelou, como vimos, até mesmo no momento das entrevistas, em que os entrevistados procuravam saber se o que estavam dizendo iria ser *revelado* à mídia. Cremos que essa constatação, fortemente verificada nas falas do poder pressionador, intimidador e fiscalizador da mídia, seja um dos achados mais importantes da pesquisa. E junto a isso, a aceitação pacífica da *naturalização*, isto é, à falta de percepção crítica e histórica dos fenômenos e à conotação valorativa de qualquer mensagem midiática: nada é *natural*, tudo contém interesses valorativos. Os políticos percebem que é pela mídia que se forma a opinião pública e procuram, a todo custo, fazer uso dela para criar e aumentar sua credibilidade, que é seu capital simbólico que vai se reverter em possibilidades de se eleger e reeleger. Mas ao mesmo tempo se dão conta de que a mídia é uma faca de dois gumes: assim como pode alçar um político a altos patamares pode, repentinamente, quando esse político não mais lhe convier, ou lhe desagradar, derrubá-lo de seu trono. Uma das estratégias, como sabemos muito bem, é por meio da criação de boatos que vão reverter em escândalos políticos, e que se constituem muitas vezes no fim da carreira de muitos desses políticos (THOMPSON, 2003). A luta e o cuidado é estar de bem com a mídia.

3 Em busca de uma interpretação mais crítica e ideológica

Após essa análise descritiva e da trajetória que se pode identificar entre as falas arriscamos algumas interpretações ainda precárias, e sempre sujeitas a novas interpretações, dentro de um referencial mais crítico que incorpora questões ligadas à ideologia e à ética. Dentre outras considerações, ressaltamos as seguintes:

a) A absoluta falta de entendimento do verdadeiro sentido de *política*

Uma primeira constatação, certamente relevante e surpreendente, foi que, dos 14 entrevistados, apenas um demonstrou ter alguma noção do que realmente seja a política, procurando colocá-la dentro de um referencial filosófico e crítico. A maioria deles a consideraram de maneira superficial e corriqueira, como apenas mais uma estratégia de sobrevivência de determinados atores na sociedade, ou como um espaço de possível enriquecimento e promoção pessoal.

A importância da política como ação e discurso, que se dá na esfera pública de toda sociedade e que se constitui como o espaço privilegiado de reflexão sobre os destinos de uma nação, passa longe das considerações de nossos políticos. Suas falas se concentram em considerações superficiais sobre maneiras e estratagemas de aproveitamento de determinadas circunstâncias e momentos oportunos para conseguir a adesão de seguidores e angariar votos. A política não se distingue de qualquer outra profissão. Muitos até comentam que por diversas vezes ficavam em dúvida se concorriam a algum mandato ou se continuariam cuidando de suas empresas.

Tal procedimento foi comprovado e justificado na análise da trajetória de como a prática política se desenvolve: seu ponto inicial é sua dimensão *mercantil*. O *cifrão* está na origem das compreensões sobre a política. A especificidade da política, como uma vocação em vista da construção do bem comum, situava-se em geral bem longe de suas preocupações e comentários. Difícil deixar de constatar que a grande maioria demonstrou um desconhecimento quase completo do que, na verdade, deveria ser uma verdadeira política.

b) O tratamento diferenciado da mídia no entender dos políticos

Verificou-se uma nítida diferença entre os que já tinham "usufruído" da mídia e os que tinham "sofrido", ou sido prejudicados pela mídia. Esse fato revela que a mídia não é absolutamente o que se espera dela, a partir do que diz a Constituição: um serviço público, por isso apartidário e educativo, cuja principal tarefa é levar as pessoas a pensar, tornando-os participantes na construção da cidade; ao contrário, a mídia é vista como um instrumento para consecução de poder e consequente apropriação do aparelho do Estado, numa perspectiva individualista.

c) O medo e o pavor diante da mídia

Acenamos acima sobre o medo que os respondentes confessaram ter diante da mídia. Envidavam todos os esforços e procuravam por todos os meios estar de bem com ela. Num aprofundamento crítico de tal revelação, praticamente comum a todos os entrevistados, arriscamos trazer um novo questionamento, muito sério no nosso entender, quando se pensa na questão da democracia. Até que ponto tal situação concreta de atemorização dos políticos por parte da mídia não vem interferir em questões que podem inclusive ferir a própria Constituição? De acordo com a Constituição, o governo, tanto o executivo como o legislativo, e por indicação do presidente e aprovação do Congresso o judiciário, deve se sujeitar ao voto popular, pois em última instância todo o poder emana do povo. Mas numa situação, como a revelada por nossos políticos, em que transparece seu medo diante da política e sua impotência em poder controlar a mídia, poder-se-ia ainda dizer que vivemos numa democracia? Foi o povo que alçou a mídia a tal patamar que chegue a interferir sobre a ação dos políticos e do governo? Essa é uma questão bem real em nossa sociedade onde a mídia, no entender de alguns, se comporta como um partido político, quando não o mais importante. Ficou famosa a frase do sociólogo Herbert de Souza, quando afirmou que ele "só acreditaria em democracia, no Brasil, quando o presidente das Organizações Globo fosse escolhido em eleições diretas". Isso mostra que, de fato, o grande e o maior poder não são os representantes legitimamente eleitos pelo povo, mas os que detêm, ou se apropriam, monopolisticamente, contrariando a própria Constituição, dos meios de comunicação. Tal realidade vem revelar, por um lado, a importância da mídia e, por outro lado, o perigo que corre uma sociedade no momento em que a mídia se politiza e se partidariza.

d) O desconhecimento total dos políticos sobre o que diz a Constituição quanto à política

Um outro achado de grande relevância foi a constatação da quase absoluta ignorância sobre o que a Constituição – no caso a de 1988 – diz sobre a mídia. É verdade que os cinco artigos do capítulo 5 que trata da comunicação nunca foram regulamentados, e uma das razões tem tudo a ver com o que acabamos de comentar: a mídia possui um enorme poder de construção – ou destruição – do capital simbólico dos políticos. Ora, no momento em que um político se arvorar em querer *regulamentar* tal mídia, está fadado ou ao ostracismo, ou mesmo à perseguição e aniquilação. Constata-se assim uma total e irrestrita submissão dos políticos ao poder autoatribuído da mídia.

Ainda é importante chamar a atenção sobre diferenças nas falas que devem ser atribuídas a algumas segmentações dos entrevistados. Assim, políticos entrevistados que devem, ou deveram, sua eleição a alianças, ou mesmo à ajuda da mídia, são os grandes defensores de uma mídia como ela existe e se comporta hoje. Mas os políticos que de um ou outro modo tiveram problemas com a mídia não confessam explicitamente, mas manifestam indiretamente essa dominação midiática. Em ambos os casos, porém, todos são unânimes em reconhecer o poder avassalador que ela possui. E a maioria confessa que não sabe – e mesmo não tem condições – de poder pensar, a esta altura dos acontecimentos, numa maior democratização da mídia.

e) Diferentes percepções a partir dos diferentes políticos ou dos partidos

Apesar de em sua maioria os políticos se distanciarem de uma compreensão filosófica e crítica da mídia, houve os que a defendessem e acharem que seu desempenho é correto e ético da maneira como normalmente ela está agindo. Encontramos isso especificamente num político que já tinha trabalhado num grande meio de comunicação e tinha construído muito do seu capital simbólico com o auxílio da própria mídia.

Notaram-se também diferenças na avaliação da mídia quando se examinava a postura mais ou menos conservadora dos diferentes partidos. Partidos de esquerda mostraram atitudes bem mais críticas à maneira como os meios de comunicação agem do que partidos mais tradicionais ou conservadores. Mas de nenhum deles surgiram sugestões de como se poderia mudar esse quadro.

(In)conclusões

Nenhum dos comentários feitos acima pode ser generalizado de maneira absoluta. Trata-se de comentários que manifestam tendências que se mostraram mais salientes em um ou outro desses pontos. Do mesmo modo, cada interlocutor político manifestava suas singularidades e seus pontos de vista específicos.

Deve-se também ter presente que a amostra de 14 políticos, apesar de se procurar diversificá-los quanto a partido, nível de atuação e tipo de representação, situa-se ainda dentro de uma amostra representativa para se poder produzir uma análise mais qualitativa. Nessas análises buscam-se entendimentos para uma compreensão dos temas numa dimensão de profundidade e em referência a questões mais teóricas. Não se trata por isso de uma pesquisa quantitativa e os dados não podem ser referenciados ao universo da pesquisa de maneira matematicamente representativa.

De qualquer modo, as informações obtidas são de grande valia para podermos compreender melhor quais são os personagens que nos representam no governo de nossa sociedade e o que a grande maioria deles pensa de como deva ser a política e qual o papel que essa política, por meio de seus representantes, está desempenhando no que toca aos meios de comunicação de massa.

Referências

ARENDT, H. (2012). *O que é Política*. Rio de Janeiro: Bertrand Brasil.

_____ (2007). *A condição humana*. 10. ed. Rio de Janeiro: Forense Universitária.

BARTHES, R. (1997). *Mitologias*. São Paulo: Bertrand Brasil.

GUARESCHI, P. (2013). *O direito humano à comunicação* – Pela democratização da mídia. Petrópolis: Vozes.

_____ (2012). *Psicologia social crítica, como prática de libertação*. Porto Alegre: EDIPUCRS.

_____ (2009). *Projeto de pesquisa*: mídia e política – visibilidade e poder.

_____ (1996). "Ideologia: um terreno minado". *Revista Psicologia Social e Sociedade*, vol. 8, n. 2, p. 82-94.

THOMPSON, J.B. (2003). *O escândalo político* – Poder e visibilidade na era da mídia. Petrópolis: Vozes.

_____ (2001). *Ideologia e cultura moderna* – Teoria social crítica na era dos meios de comunicação de massa. Petrópolis: Vozes.

4
DIREITOS HUMANOS E DIVERSIDADE SEXUAL NAS POLÍTICAS PÚBLICAS EDUCACIONAIS NA PERSPECTIVA DE UMA PSICOLOGIA POLÍTICA MARGINAL

Alessandro Soares da Silva

Em diversas oportunidades (SILVA, 2011; 2013; 2015) tenho dito que a psicologia política é um campo de saber interdisciplinar que possibilita encontros que ultrapassam as lógicas disciplinares e pode contribuir para novas formas de pensar o mundo de um jeito menos linear, fragmentado e enviesado. Ela clama pela desfragmentação do conhecimento que possibilita uma compreensão do mundo no qual elementos que são postos à margem ganham novas tessituras, novas cores, novos horizontes.

Quem sabe o pensamento decolonial tenha sido uma janela de oportunidade política para que a psicologia política pudesse emergir como um espaço contra-hegemônico que permita um fazer científico crítico e comprometido com a mudança social. A esse respeito Cândida Alvez e Polianne Delmondez (2015, p. 649) pontuam que o pensamento decolonial se destaca "por falar sobre e a partir da margem, a partir do lugar do Outro – essa alteridade que é definida politicamente em oposição a um sujeito hegemônico detentor do poder de autorrepresentar-se e representar a diferença". Complementarmente Soraia Ansara (2012, p. 310) aponta que a decolonialidade significa "enfatizar outras maneiras de contar a história, outras formas de organização da vida e dos saberes, bem como a produção de novas subjetividades que não carreguem a herança dos padrões coloniais de poder que seguem vigentes na sociedade".

A colonialidade do poder de que nos fala Quijano (2002) determina os sentidos da marginalidade, os sujeitos marginais e os objetos da marginalidade. Portanto, a colonialidade é um modo de dominação-exploração, de imposição de uma cultura dominante amparada por uma episteme, por um conjunto de crenças, valores e normas focadas na manutenção e expansão de seu círculo de influência. É posto à margem tudo (e todos) o que foge(m) da lógica que organiza a metrópole. Trata-se de um processo de não reconhecimento do outro como possibilidade de existir na diferença, sendo seus padrões culturais e simbólicos, seu imaginário, e sua constituição cognitivo-afetivo motivo de deslegitimação. A colonialidade nos remete à deslegitimação do outro, do diferente, do diverso. Como recorda Anibal Quijano

> o atual padrão de poder mundial consiste na articulação entre: (1) a "colonialidade do poder", isto é, a ideia de raça como fundamento do padrão universal de classificação básica e de dominação social; (2) o capitalismo, como padrão universal de exploração social; (3) o Estado como força central universal de controle da autoridade coletiva e o moderno Estado-nação como sua variante hegemônica; (4) o eurocentrismo como força hegemônica de controle da subjetividade/intersubjetividade, em particular no modo de produzir conhecimento (QUIJANO, 2002, p. 4).

Ao refletirmos neste livro sobre distintos aspectos de uma psicologia política marginal muitas serão as pontes que cada autor desta obra coletiva trará. De minha parte buscarei recuperar alguns elementos advindos do que alguns têm chamado psicologia política marxista (PAVÓN-CUELLAR, 2014); outros, psicologia política crítica (LACERDA Jr. & HUR, 2014); e outros, de psicologia política latino-americana (MONTERO, 1987; 2009; MARTÍN-BARÓ, 2012) e que me permitirão rabiscar linhas acerca dessa psicologia política marginal.

Muito se fala em *direitos humanos* e em *educação em direitos humanos*, mas nem tudo que se nomeia pode ou deve ser entendido dessa maneira. Muito já se disse e escreveu sobre *direitos humanos* e *educação em direitos humanos*. Aqui o que esperamos é apenas municiar um debate que não escamoteie frente aos processos dialéticos produtores de lugares minoritários e, por conseguinte, de uma lógica excludente e perversa.

Para Muniz Sodré (2005), "o conceito de minoria é o de um lugar onde se animam os fluxos de transformação de uma identidade ou de uma relação de poder. Implica uma tomada de posição grupal no interior de uma dinâmica conflitual". O mesmo vale para outros grupos que se encontram sistematicamente relegados a esses lugares minoritários como é o caso das mulheres, dos povos indígenas, das pessoas portadoras de algum tipo de deficiência e daqueles e daquelas que possuem uma orientação sexual discordante, sendo selados como lésbicas, *gays*, bissexuais, transexuais e travestis. Dito isso, pode-se afirmar que lésbica, *gay*, bissexual, transgênero, orientações sexuais discordantes de uma heteronormatividade obrigatória, são mais um lugar do que o indivíduo definido pura e simplesmente pelo objeto do desejo (SILVA, 2002; SILVA & D'ADDIO, 2012; SILVA & ORTOLANO, 2015).

Assim, são múltiplos os processos que produzem espaços marginais, pois estes decorrem de uma dialética da exclusão/inclusão (SAWAIA, 1999), de uma realidade "[...] essencialmente contraditória e em permanente contradição" (KONDER, 2000, p. 8). Para Bader Sawaia,

> a exclusão é um processo complexo e multifacetado, uma configuração de dimensões materiais, políticas, relacionais e subjetivas. É processo sutil e dialético, pois só existe em relação à inclusão, como parte constitutiva dela. Não é uma coisa ou um estado, é processo que envolve o homem por inteiro e suas relações com os outros. Não tem uma única forma e não é uma falha do sistema, devendo ser combatida como algo que perturba a ordem social, ao contrário ele é produto do funcionamento do sistema (SAWAIA, 1999, p. 9).

Sabemos que o Brasil é um país historicamente marcado por processos excludentes. Em muitas regiões encontramos *velhas* formas de exclusão caracterizadas pela fome, pela precarização do trabalho e pela ausência da educação formal. No entanto, as fronteiras da desigualdade são amplas e ultrapassam os limites das regionalidades. Cidades que concentram grande parcela de riqueza também guardam realidades sociais de grande desigualdade.

Ela é um fenômeno multideterminado e multidimensional e tem implicações objetivas e subjetivas na vida de sujeitos e grupos sociais: tal fenômeno "não é constituído apenas por uma dimensão objetiva, que corresponde à divisão de classes em nossa sociedade, mas que também é constituído por uma dimensão subjetiva – as significações produzidas por sujeitos que vivem essas relações divididas e que não são meras consequências desse fenômeno, e sim sua condição" (MELSET & BOCK, 2015, p. 775).

Nesse quadro podemos registrar muitas formas visíveis de desigualdades que incluem perversamente distintos grupos sociais em espaços marginais. Quem ocupa um espaço marginal, ocupa um lugar diametralmente oposto ao lugar de poder que contém a capacidade de dominar e explorar (SAFIOTTI, 2005). Tais lugares são fruto de construções sociais acerca de crenças e valores, da produção de papéis sociais naturalizados socialmente (HELLER, 2001; SILVA, 2007). Pode-se pensar que tais lugares melhor seriam *não lugares*, lugares de invisibilidade, espaços desumanizados e nos quais direitos não são realizáveis e que na melhor das hipóteses reduzem-se a um *lugar minoritário* rigidamente controlado.

Pensar essa dialética se faz estratégico ao se pensar políticas públicas de educação humanizadas, pois é pela educação que muitos dos aspectos da constituição das identidades são produzidos e de forma dialética, mediante a alteridade, na interação entre indivíduo e sociedade, a partir e com o outro. Políticas de educação que levam a sério os elementos aqui elencados lançam os fundamentos para um projeto de Estado e não se resumem a transitórias políticas de governo. Pensar um plano municipal sério é pensar políticas que não só produzam efeitos a longo prazo, mas que se estabeleçam como princípios duradouros para quaisquer governos que a população venha a eleger. Tais políticas são sempre resultantes de processos participativos efetivos, nos quais a população não se reduz a homologar pensamentos de seus dirigentes, mas toma para si a responsabilidade política da participação na construção dos rumos de seu destino.

Pensar em políticas públicas passa por três ideias básicas sem as quais não se pode alcançar a resolubilidade da questão a que uma política se propõe resolubilizar. A primeira ideia é o *reconhecimento* tanto no que remete ao outro quanto no que se refere à complexidade do processo político que relaciona agentes e instituições em conjunturas, contextos e situações diversas e que, por sua vez, constituem desafios à governança. A segunda ideia refere-se à incorporação de diferentes atores no processo de governança. Disso decorre entender que incorporar é materializar de fato o reconhecimento como elemento da governança, bem como entender que governança é um processo que se refere à forma de entendimento do governo, à estrutura do governo e à gestão das políticas públicas. Nesse sentido, isso remete a uma terceira ideia que é a liderança. No processo de produção da governança baseada no reconhecimento e incorporação de múltiplos atores na produção de políticas públicas ocorre a fragmentação da capacidade de ação. Não mais o Estado tem o poder de determinar as hierarquias de modo absoluto, mas necessita liderar diferentes atores públicos e privados no ciclo das políticas públicas e, portanto, certas tarefas de governo sem, com isso, terceirizar seu papel e suas responsabilidades. Assumir a complexibilidade que significa a governança é fundamental para a produção de uma política pública que seja inovadora e inclusiva sem os perigos de inclusões perversas.

A construção social do lugar minoritário e a educação como estratégia de superação

Faz 38 anos que o Grupo Gay da Bahia (GGB) coleta estatísticas sobre assassinatos de homossexuais e transgêneros no Brasil. É a estatística da morte silenciosa causada pela *LGBTfobia*. No relatório publicado em 2018 o GGB registrou um incremento de 30% nos homicídios de lésbicas, *gays*, bissexuais e transgêneros no Brasil em 2017: em 2016 foram assassinadas 343 pessoas *LGBTs* e, em 2017, 445. Com base nessas cifras, no país, a cada 19 horas, morre alguém vítima do ódio contra pessoas LGBTs, seja porque foi assassinada seja porque se suicidou em função dos horrores que significa sofrer a *LGBTfobia* (SILVA & D'ADDIO, 2012; SILVA & ORTOLANO, 2015). Tristemente o Brasil é o campeão mundial de mortes de pessoas LGBTs. E esses números crescem desenfreadamente sem qualquer sinal de melhora da situação de violência a que essa parcela da população está exposta. Fatos como esses precisam mudar!

Para tanto, a educação é uma componente fundamental para a promoção da mudança social que possibilite uma condição de vida mais justa e mais segura no tocante aos direitos de populações minoritárias. É preciso encontrar os caminhos para que a sociedade se torne inclusiva e não assimilacionista; para que ela seja capaz de reconhecer a diferença como valor e não como desvio social de padrões normativos supostamente homogêneos. Estes são, na realidade, promotores das mais variadas formas de violência a que mulheres, negros e negras, indígenas e LGBTs são submetidos diuturnamente.

É mister ter presente que uma política pública de educação que parta de premissas nas quais a diferença tem como significantes *defeito*, *inadequação* e *desigualdade* não cumpre o papel transformador e emancipador da educação. Na realidade, tal perspectiva de política pública educacional só contribui para o incremento das desigualdades, das múltiplas formas de violência e de humilhação social a que minorias são submetidas ainda hoje. A educação que emerge dessa política está diametralmente oposta aos princípios da educação para direitos humanos.

Como já apontamos em outra ocasião,

> Nesse quadro, ser diferente é ser necessariamente objeto de desqualificação, de depreciação, e, consequentemente, ocupar um lugar minoritário. Por lugar minoritário entendo um espaço ocupado por sujeitos que não possuem reconhecimento e possibilidade de uso da palavra. Não posso concordar com certas leituras que relacionam minoria com quantidade, visto que mulheres e negros, por exemplo, não são minorias numéricas, mas ocupam sim um lugar minoritário em uma sociedade marcada milenarmente por uma lógica patriarcalista, e que reconhece como detentor do poder apenas o homem. E não um homem qualquer. Reconhece como detentor do poder, como ocupante do lugar majoritário, capaz de nomear e normativizar, o homem branco, eurocêntrico, cristão e heterossexual. Diferir desse padrão é ocupar algum espaço mais ou menos minoritário, mas definitivamente minoritário (SILVA, 2007, p. 3).

Não resta dúvida de que é dever dos agentes de Estado e da sociedade civil atuar para uma ação pública na qual a transformação dos elementos culturais que justificam as desigualdades sociais; todas elas, sejam de ordem econômica, social, cultural ou política. A ação sinérgica do Estado e da sociedade estratégica para a superação das condicionantes que produzem homens e mulheres marginais, cujos direitos de ser/estar no mundo são negados. No campo das sexualidades discordantes essa ação ainda está longe de se consolidar como ação de Estado. LGBTs ainda são repreendidos, torturados ou condenados à morte por não terem a mesma orientação do desejo majoritário de corte heterossexual.

A produção de planos de educação é uma oportunidade valiosa para se pensar essas questões no plano nacional e subnacional. As transformações no âmbito local indubitavelmente se dão e se consolidam ou mudam com o que ocorre nos planos regional e global. É um processo que se dá dialeticamente: local e global não são mais lidos binariamente, mas como processualidades. Essa transformação se dá permanentemente num jogo no qual o contraditório produz sínteses que podem levar tanto à perversidade da manutenção do *status quo* quanto à mudança social efetiva desta realidade marcadamente injusta e produtora de *sofrimentos ético-políticos* (SAWAIA, 1999) na vida daqueles que são *positivamente diferentes*, mas nem por isso reconhecidos como iguais num mundo que lhe dá as costas por serem um tipo de erro no sistema dominante.

Reconhecimento, mudança social e políticas de educação em direitos humanos

O desafio do reconhecimento e da mudança social tem marcado muitas das tentativas de produção das políticas públicas para a inclusão e não tem sido fácil de fazê-lo sem ações que passem por processos educativos. É nesse quadro que a educação em direitos humanos se mostra estratégica, sendo que pensar políticas de educação é necessariamente pensar políticas de educação em direitos humanos, pois

> a educação em direitos humanos é uma prática pedagógica comprometida com uma educação que é permanente, continuada e global; que busca inequivocamente

a mudança social; que procura inculcar valores societais que revolucionem a vida cotidiana. Revolucionar o cotidiano passa por promover espaços de reflexividade nos quais educador e educando se permitem transformar coração e mente, se permitem transcender a mera formalidade da instrução e da transmissão de conhecimentos acabados e portadores de verdades absolutas. Educar em direitos humanos implica uma ação na qual os atores e atrizes envolvidos no processo educacional se permitem compartilhar saberes e, sobretudo, reconhecer que diferença não é sinônimo de desigualdade, mas o par da identidade (SILVA, 2007, p. 4).

Tal reconhecimento transforma a ligação imediata entre diferença e igualdade feita no senso comum e que leva a conclusão equivocada de que diferente não é igual e, portanto, não faz parte da normalidade. Isso leva a uma leitura silogística na qual a conclusão é: normal é aquilo, aqueles e aquelas que se encontram adequadamente enquadrados, e diferente é aquilo, ou aqueles e aquelas que não foi/foram ou que não se pode ser enquadrado segundo ditames cristalizados, valores intocáveis e inamovíveis supostamente consolidados em uma tradição supostamente natural e imutável.

E a escola tem sido uma das guardiãs dessa lógica perversa. Isso precisa mudar! Como já apontou Louis Althusser (2008), a escola é um espaço de reprodução ideológica. Ela é reprodutora não de uma ideologia qualquer, mas da ideologia dominante que detém a palavra e é oficial. Segundo ele, a escola

> recebe as crianças de todas as classes sociais desde o maternal e, a partir daí, com os novos e igualmente com os antigos métodos, ela lhes inculca, durante anos e anos, no período em que a criança é mais "vulnerável", imprensada entre o aparelho de Estado família e o aparelho de Estado escola, determinados *savoir-faire* revestidos pela ideologia dominante (língua materna, cálculo, história natural, ciências, literatura), ou muito simplesmente a ideologia dominante em estado puro (Moral e Cívica, Filosofia) (p. 168).

Mas essa escola poderia ser um *aparelho ideológico* a serviço de um Estado comprometido com processos inclusivos não perversos.

A escola poderia tornar-se um espaço educativo a serviço de um Estado que não se pretende guardião e mantenedor de um estado de coisas que vão de encontro à ideia de uma educação para os direitos humanos e, portanto, aberta positivamente à diferença como valor positivo, onde múltiplas identidades são possíveis e igualmente significativas.

Desafios a serem enfrentados pela educação no campo da diversidade sexual

Neste momento no qual se pondera acerca da educação e das dimensões marginais das sexualidades não heteronormativas, é preciso lançar um olhar sobre o papel da escola e dos agentes que a compõem. Pensar a educação passa por definir a escola como um espaço educativo que tenha como premissas a educação continuada, a educação para a mudança e a educação compreensiva, mediante a qual se pode compartilhar e atingir tanto a razão quanto a emoção de modo a revolucionar o cotidiano alienado e alienante (SILVA, 2011; HELLER, 1998). Para tanto, a escola não pode ser o espaço por excelência da produção de *lugares minoritários*; ela tem que se tornar um agente promotor da ruptura com qualquer compromisso com a manutenção de um pacto com o *princípio da harmonia* que escamoteia as contradições que marcam as dinâmicas sociais e políticas.

Assumir o contraditório e o dissenso é fundamental para que a diferença possa ser vista como um valor, uma faceta necessária e positiva da vida humana. A escola tem que abrir suas portas ao dissenso, ao múltiplo; às questões que são silenciadas e que não têm lugar público. A escola precisa assumir seu papel de defensora do direito à memória e ao reconhecimento. Fazê-lo é tornar a escola um elemento politizador de turbulências e conflitos, um agente de fermentação social da realidade que pode e deve mudar.

Tal ação passa por possuir a palavra, pois isso implica possuir reconhecimento, em ocupar o espaço público de maneira igualitária e, desta forma, não se encontrar em uma posição que silencie, que lhe permita apenas emitir sons inaudíveis irreconhecíveis àqueles que normatizam e enquadram nas normas majoritárias. A escola muitas vezes é o espaço da negação da palavra, um agente que nomeia a quem não tem voz e lhe impõe essa condição minoritária. Disso decorre que lésbicas, *gays*, bissexuais, transgêneros têm seu direito fundamental à educação violado à medida que, em decorrência das múltiplas formas de preconceito, essas pessoas se evadem da escola. Sabe-se que essas taxas são altas nas pesquisas que tratam das trajetórias de vida desse grupo. Não obstante, esse é um problema totalmente invisível para os órgãos governamentais. Ainda não há indicadores que meçam estatisticamente essa questão, apesar de sua recorrência. Deixar a escola é uma forma de se render à alienação da palavra em uma sociedade que relega a diferença às sobas do subterrâneo onde nada se vê.

Atribuir a palavra é um ato político, e política é, nesse sentido, possuir a palavra (RANCIÈRE, 1995). Quando a política destitui alguém da palavra, destitui do reconhecimento e atua com força policial; atua como a polícia que enquadra segundo a lei, segundo a normativa daqueles que possuem a palavra. Essa forma de política podemos chamar de *polícia*, e a escola não poucas vezes tem atuado orientada por essa *política policial* que silencia e enquadra a diferença e destitui da palavra e do direito à igualdade a quem se encontra em um lugar minoritário. Ela o faz sob o argumento oculto de que é diferente, desigual e incapaz. Ao agir assim, ao enquadrar universalmente a todos e a todas segundo uma possibilidade hegemônica de visão de mundo, a escola, mesmo que fale sobre, proíbe que a temática de direitos humanos componha seu cotidiano de modo a atuar sobre corações e mentes dos membros da comunidade; impede que ela própria seja um espaço de reflexibilidade e de produção de espaços de resistência de quem é cotidianamente silenciado, violentado e perversamente incluído em um espaço marginal.

Quando o tema dos direitos humanos é posto em pauta emergem as dicotomias, os antagonismos e os desentendimentos que revelam a impossibilidade de uma ética discursiva que confira a todas e a todos um lugar igualitário. Ao debater essa questão e enfrentá-la sem escamoteio, a escola necessariamente terá que se posicionar frente a discursos universalistas, mas inigualitários; discursos marcadamente autoritários e totalitários, que destituem o sujeito da palavra que garante o real reconhecimento igualitário e atribui ao outro poder. Reconhecer o outro é dotá-lo de poder. A sociedade patriarcal, branca, heterossexual, culta, cristã, eurocêntrica e rica produz discursos que visam justificar a posição social atribuída por ela própria àquelas e àqueles que ocupam os lugares minoritários por ela normatizados.

Quem ocupa os espaços de poder que controlam a norma e a vida dos/das *sem-voz*, quem sobrevive das vantagem de uma relação de dominação-exploração (SAFFIOTI, 1987), pode passar a vida inteira sem jamais ter se ocupado dessas questões, pois, ao serem aqueles que nomeiam sem serem nomeados significativamente por outros, não precisam se ocupar com qual é o seu lugar no mundo. Este já está dado, está definido e garantido e protegido por um numeroso aparato ideológico entre os quais figura a escola. Transformar a vida cotidiana, revolucioná-la, equivale a, como aponta Agnes Heller (2001), presentificar, visibilizar, publicizar "os grandes eventos não cotidianos da história [que] emergem da vida cotidiana e eventualmente retornam para transformá-la". Não se pode esquecer que "A vida rotineira é a vida do indivíduo integral, o que equivale a dizer que dela participa com todas as facetas de sua individualidade". Em meio à rotina, a escola pode e deve ser um instrumento de libertação, de desalienação e de produção de consciência política. É na vida cotidiana que são empregados pelo indivíduo "[...] todos os seus sentidos, todas as suas capacidades intelectuais, suas habilidades para manipular o mundo objetivo, sentimentos, paixões, ideias e crenças" (HELLER, 2001, p. 71). Nesse processo a escola não pode furtar-se, posicionar-se como se fosse neutra ou mesmo como se tratamentos desiguais ocorressem apenas fora de seus muros, como se a vida nela vivida fosse diferente daquela que vivem seus atores e atrizes depois do horário escolar (SILVA & ANSARA, 2015). Perguntar-se sobre o sentido e as consequências de estar em um lugar no mundo identificado com o poder é dever de educadores e educandos e a escola é o espaço legítimo de reflexão.

Infelizmente, muitas pessoas nunca se perguntaram se estão certas na forma como tratam os outros, se suas avaliações pautadas em estereótipos e estigmas não estão disseminando preconceitos e práticas discriminatórias, racistas, homófobas, etnocêntricas e sexistas. A escola quando abre suas portas à educação para os direitos humanos está fomentando o diálogo entre sujeitos que começam se reconhecendo desde posições não poucas vezes antagônicas e terminam se reconhecendo como diferentes sim, mas nem por isso menos iguais, menos dignas ou menos legítimas em seu exercício da palavra.

É preciso que a escola se construa como espaço igualitário que combate cotidianamente discursos inigualitários. Ferir direitos é desumanizar, é privar os sujeitos de reconhecimento de sua humanidade e condená-los à marginalidade que alimenta e move a lógica sistêmica do capitalismo.

Relacionar-se com o diferente que não é desigual é abrir espaço para uma verdadeira formação democrática, é ocasião de radicalizar a democracia. Conviver com colegas que são amarelos/as, vermelhos/as, negros/as e brancos/as; que são eroticamente orientados/as ao mesmo sexo ou ao sexo oposto, ou que ainda tenham uma identidade de gênero diferente daquela anunciada pelo seu corpo biológico é importante para se construir relações marcadas pelo respeito. Fazer da escola um espaço no qual a educação para os direitos humanos seja uma realidade passa por revolucionar valores que aproximam pessoas e não destacam a diferença entre sujeitos como demarcação da distância *segura* que deve separá-los para que não sejam confundidos com o outro. Fazer isso é uma ação cotidiana para superar machismos e virilismos que oprimem meninos e meninas, que reproduzem lógicas de *senhor e escravo* que anunciam supostas superioridades.

Se o espaço escolar deixar de ser um ambiente a sustentar essas lógicas perversas, penso que já se terá dado um grande passo no combate à violência doméstica, à homofobia, ao racismo e a todas as formas de preconceito. Contudo, sem que essas revoluções comecem pela vida cotidiana de educadoras e educadores, parece-me algo improvável de acontecer. A mudança de comportamento que permite ao diferente participar da vida social tem desdobramentos políticos significativos e pode atuar como elemento de pressão junto às autoridades que regulam as políticas educacionais nos entes federativos.

Quando a escola muda, mudam também as vidas e isso reflete na forma como se vive a vida em comum, em sociedade. A reflexividade deve ser uma prática cotidiana na vida de todos/as, e isso implica não apenas ser politicamente correto, mas em abandonar certos hábitos, certas práticas cotidianas e assumir um compromisso real com a mudança das estruturas sociais, como a escola, que contribuem para a manutenção das desigualdades sociais de todas as ordens.

Enquanto essas múltiplas ordens discursivas marcadas pelo selo do poder e perversamente capaz de nomear sujeitos e demarcar fronteiras não for transformada de modo a reconhecer a legitimidade do diferente e seu direito a um tratamento efetivamente igualitário, pensar a si mesmo e pensar o outro continuará sendo dicotomizado e processado a partir de oposições binárias e perversas. Essas transformações serão realmente efetivas quando elementos como cor, raça, etnia, orientação sexual, religião, gênero não forem mais elementos distintivos de sua posição social ou mesmo justificação da desigualdade.

Por fim, lembramos que a escola não pode restringir-se a educar para a tolerância, pois tolerar não é respeitar. Quem tolera continua marcando a distância necessária entre si e o outro para sentir-se seguro, protegido do outro, objeto de insegurança. Quem tolera reconhece de maneira assimétrica, hierarquizada. Quem respeita, reconhece a partir de um lugar-comum que aproxima e rompe com as fronteiras da segurança construídas mediante atos preconceituosos e práticas discriminatórias. Quando a escola se tornar esse espaço livre, democrático, diferente, consciente, no qual esses qualitativos não mais necessitarão ser relevados, teremos logrado implementar uma *educação para os direitos humanos* vitoriosa, teremos suplantado todas as formas de violência, sejam elas de ordem física ou simbólica, que tristemente têm marcado a história brasileira.

Está na hora de pormos em suspensão certezas antigas e inquestionáveis que nos acompanham desde muito tempo e mudarmos. Está na hora de o Estado produzir políticas públicas comprometidas com uma educação crítica e transformadora que busquem fazer da escola um espaço reflexivo e de formação de cidadãos e cidadãs ativos, conscientes de seu lugar no mundo, porém mais ainda conscientes do lugar que querem ter.

Não cabe neste texto desenvolver muitas das ideias que me acompanham, mas desejo sinalizar para 12 desafios para as políticas públicas educacionais no campo da diversidade sexual, a saber:

1) a revisão dos conteúdos e estratégias de abordagem da diversidade sexual;

2) a formação de professoras/es, diretoras/es, coordenação pedagógica e equipe administrativa e de apoio das escolas para lidar com a diversidade sexual;

3) A abordagem transdisciplinar e transversal dos temas relativos à diversidade sexual por parte das/os professoras/as;

4) A produção de material didático-pedagógico que apoie as/aos professoras/es nas atividades cotidianas em sala de aula;

5) A formação de pais e da comunidade na qual a escola se insere no que tange às múltiplas formas de expressão da sexualidade que não é heteronormativa;

6) A produção de atividades permanentes que contribuam em processos de ressocialização e mudança das bases culturais em torno da sexualidade humana no coletivo da escola;

7) O acompanhamento cotidiano das relações entre estudantes para coibir o *bullying* e promover a interação positiva entre estudantes que possuem orientações sexuais diferentes;

8) A produção de ações formativas junto às estruturas educativas e de administração educacional;

9) Ações interinstitucionais junto às instituições de Ensino Superior atuando no município com vistas à mudança da abordagem do tema no processo de formação de professores e demais profissionais;

10) Previsão orçamentária a ser executada segundo Planos Plurianuais de Educação (PPE) para a execução permanente de cursos de formação e produção de material de apoio às escolas e às/aos professoras/es.

11) Criação de coordenadorias de educação para os direitos humanos e para a diversidade sexual nos distintos entes federativos responsáveis pela formação, proposição e implementação de ações, bem como a avaliação dos resultados das mesmas.

12) Ações intersetoriais aproximando ao menos as áreas da educação, cultura, saúde, esporte e justiça no combate ao preconceito e discriminação.

Ponderações (nada) finais

Escrever sobre *direitos humanos e diversidade sexual nas políticas públicas educacionais na perspectiva de uma psicologia política marginal* é desafiador, visto que exige um olhar para além da educação bancária de que nos falava Paulo Freire (1987). Habitualmente se aborda o fenômeno da desigualdade social como um fator de acirramento social com bases econômicas e que afetam as condições de promoção dos direitos humanos e ampliam processos de exclusão/inclusão, de marginalização social. Mas os aspectos subjetivos da desigualdade reforçam um conjunto de processos de reificação, sendo a escola um espaço naturalizado no que concerne a sua natureza.

A ideia de uma escola guardiã dos verdadeiros costumes, como um baluarte da moral, como uma extensão da família tradicional aprofunda as condicionantes da marginalização de minorias. Nesse quadro se produz uma falácia de graves implicações a uma educação emancipadora e crítica: a significação da escola como instituição salvadora, protetora de formas de desviação e corrupção dos valores societais que sustentam formas de hegemonia e marginalização. São essas ideias que se encontram no bojo de projetos como o Escola Sem Partido e de criminalização do ensino de gênero nas escolas. Pensar este modelo de escola como a única solução para as desigualdades sociais oculta uma forma de naturalização do espaço escolar.

No âmbito das políticas públicas é relevante ponderar sobre quais modelos de educação são impulsionadores das ações reguladoras que elas contêm e quais as suas consequências no tocante à garantia ou inibição das diversas formas de se constituir como sujeito. Por meio de políticas públicas se pode consolidar meios de dominação social, visto que estas são instrumentos para a/da ação pública e permitem considerar os efeitos produzidos pelas escolhas que se faz no instante em que se formula modos de enfrentamentos de questões sociais (LACOUMES & LE GALÈS, 2012). No campo educacional esses instrumentos que são as políticas públicas podem abrir caminho para a manutenção das dimensões subjetivas da desigualdade que fazem de uns sujeitos mais dignos de direitos do que outros. Dito de outro modo, pensar as políticas públicas como instrumentos da ação pública nos permite compreender como instrumentos produzem efeitos sociais de dominação-exploração.

A psicologia política marginal se debruça, portanto, na investigação e intervenção em contextos em que a dignidade humana está vulnerável ou mesmo em risco. Ela procura encontrar caminhos para a produção de determinantes sociais que possibilitem superar tanto os aspectos objetivos quanto os subjetivos da desigualdade, até porque estes estão separados apenas didaticamente: uns e outros se retroalimentam de modo constante e permanente.

Ao tratarmos do tema da diversidade retomamos discussões que apontam para a necessidade de se formar criticamente os sujeitos, de modo a possibilitar o encontro entre os princípios de liberdade e igualdade de identidade e diferença (SILVA & BARBOZA, 2005; 2009). Há que se envidar muitos esforços para que a escola não seja mais um aparelho ideológico promotor de marginalização e desigualdades. Como alertam Kátia Pirotta, Renato Barboza, Ligia Pupo, Sandra Unbehaum e Silvya Cavasin (2013, p. 190), questões como "orientação sexual e a sua importância para construção da autonomia e do projeto de vida de crianças e adolescentes é incontroverso. Apesar disso, prevalece o tratamento dessas questões sob uma ótica repressora, focada na ideia de risco e na prevenção das doenças sexualmente transmissíveis e da gravidez". O debate de temas que expõem as fraturas de uma moral religiosa faz urgente a proteção do debate nas escolas sobre educação sexual, identidade de gênero e diversidade. Como os entes da federação e sociedade tratam esses temas determinará o *modus operandi* das gerações vindouras.

Políticas de educação necessitam ter em conta a realização de um trabalho processual, interdisciplinar, intersubjetivo e intersetorial. Infelizmente, prevalece nas políticas públicas que tocam nesses temas concepções descontextualizadas, nas quais a sexualidade não figura como uma expressão da diversidade humana. O que não segue o padrão heteronormativo dominante é desvio e precisa ser controlado. A educação para os direitos humanos pode ser o caminho que permite uma ação psicopolítica por parte dos diversos atores estatais e da sociedade. No âmbito escolar é sabido que "professores não se sentem respaldados para utilizar uma metodologia construtivista. A visão dos alunos reproduz essa lógica, o que pode levá-los a adotar posturas pouco responsáveis e discriminatórias em relação à sua vida e saúde. Transformar uma plataforma de orientação sexual em uma política pública efetiva permanece um grande desafio para a escola e para a sociedade" (PIROTTA et al., 2013, p. 190).

Entendendo que a articulação entre direitos humanos, relações de gênero, sexualidade e diversidade sexual é de grande importância para transformar certas práticas recorrentes em instituições de ensino e amparadas pela lei, seja de modo explícito seja por suas omissões. É mister conhecer o que pensam estudantes e profissionais da educação sobre esses temas para entendermos como desigualdades sociais são reforçadas e como valores e crenças sustentam processos de discriminação e preconceito contra LGBTs.

Não há dúvida de que ouvir e falar sobre diversidade sexual, direitos humanos e preconceito, por exemplo, é insuficiente para promovermos um processo educativo capaz de incidir na vida social e garantir mudanças sociais efetivas e perenes. Entretanto, fazê-lo pode disseminar ideias que podem alterar práticas e melhorar a realidade escolar e social nesse aspecto. Do ponto de vista da lógica da ação, as políticas públicas educacionais precisam incorporar conhecimento sobre esses temas e novas tecnologias sociais ao trabalho docente diário, sendo sua presença visível nas componentes que orientam o fazer pedagógico cotidiano e nele próprio.

Não podemos deixar de enfatizar que os pressupostos heteronormativos (BUTLER, 1993) pressionam, cercam e controlam a educação de meninas e meninos na escola. A formação docente ofertada nas universidades também precisa mudar nesse campo para possibilitar a estes pensar e elaborar estratégias que oportunizem a problematização da realidade social e suas dimensões (psico)políticas relativas ao poder.

Mudanças como essas podem abrir sendas que conduzam à superação das desigualdades objetivas e subjetivas que mantêm certas lógicas de poder onde o lugar reservado às minorias não existe ou é significado/materializado como lugar de morte. Pensar essas questões a partir de uma *psicologia política marginal* só pode ser reflexo de um compromisso ético-político com a vida, com um mundo onde ser diferente não é motivo para morrer.

Referências

ALTHUSSER, L. (1987). *Ideologia e aparelhos ideológicos do Estado*. Rio de Janeiro: Graal.

ALVES, C.B. & DELMONDEZ, P. (2015). "Contribuições do pensamento decolonial à psicologia política". *Psicologia Política*, 15 (34), p. 647-661.

ANSARA, S. (2012). "Políticas da memória x Políticas do esquecimento: possibilidades de desconstrução da matriz colonial". *Psicologia Política*, 12 (24), p. 297-311.

HELLER, A. (2001). *Cotidiano e história*. São Paulo: Paz e Terra.

_____ (1998). *Revolución de la vida cotidiana*. Barcelona: Península.

KONDER, L. (2000). *O que é dialética*. São Paulo: Brasiliense.

LACUMES, P. & LE GALES, P. (2012). "A ação pública abordada pelos seus instrumentos". *Pós Ciências Sociais* (9) 18, p. 19-43.

MELSERT, A.L. & BOCK, A.M.B. (2015). "Dimensão subjetiva da desigualdade social: estudo de projetos de futuro de jovens ricos e pobres". *Educ. Pesqui.*, 41 (3), p. 773-790.

PIROTTA, K.C.; BARBOZA, R.; PUPO, L.; UNBEHAUM, S. & CAVASIN, S. (2013). "Programas de orientação sexual nas escolas: uma análise das lacunas na implementação de políticas públicas a partir da percepção dos alunos da rede municipal de ensino de São Paulo". *Revista Gestão & Políticas Públicas*, 3 (1), p. 190-210.

POCHMANN, M. & AMORIM, R. (org.) (2003). *Atlas da exclusão social no Brasil*. São Paulo: Cortez.

QUIJANO, A. (2002). "Colonialidade, poder, globalização e democracia". *Novos Rumos*, 17 (37), p. 1-25.

RANCIÈRE, J. (1996). *O desentendimento*. São Paulo: Editora 34.

SAFFIOTI, H.I.B. (1987). *O poder do macho*. São Paulo: Moderna.

SAWAIA, B. (1999). "Introdução: exclusão ou inclusão perversa?" In: SAWAIA, B. (org.). *As artimanhas da exclusão*: análise psicossocial e ética da desigualdade social. Petrópolis: Vozes.

SILVA, A.S. (2007). "Direitos humanos e lugares minoritários: um convite ao pensar sobre processos de exclusão na escola". *Programa ética e cidadania*: construindo valores na escola e na sociedade.

SILVA, A.S. & ANSARA, S. (2014). "Escola e comunidade: o difícil jogo da participação". In: DE PAULA, F.V. & D'AUREA-TARDELI, D. (orgs.). *Formadores da criança e do jovem* – Interfaces da comunidade escolar. São Paulo: Cengage Learnig, p. 97-137.

SILVA, A.S. & BARBOZA, R. (2009). "Exclusão social e consciência política: luta e militância de transgêneros no Entlaids". *Cad. Ceru*, vol. 20, n. 1, p. 257-276.

_____ (2005). "Diversidade sexual, gênero e exclusão social na produção da consciência política de travestis". *Athenea Digital*, 8, p. 27-49.

SILVA, A.S. & D'ADDIO, T.F. (2012). "Homofobia, violência e direitos humanos". In: ALMEIDA, M.B.; SILVA, A.S. & CORRÊA, F. (orgs.). *Psicologia política*: debates e embates de um campo interdisciplinar. São Paulo: Ed. Each/USP, p. 221-246.

SILVA, A.S. & ORTOLANO, F. (2015). "Narrativas psicopolíticas da homofobia". *Trivium*, vol. III, p. 1-18.

SILVA, R.C. (2002). *Orientação sexual*: possibilidades de mudança na escola. Campinas: Mercado das Letras.

SODRÉ, M.A.C. (2005). "Por um conceito de minoria". In: PAIVA, R. & BARBALHO, A. (orgs.). *Comunicação e cultura das minorias*. Vol. 1. São Paulo: Paulus, p. 11-14.

5
PSICOLOGIA POLÍTICA E O ESTUDO DAS AÇÕES COLETIVAS

Frederico Viana Machado
Frederico Alves Costa

Introdução

A preocupação da psicologia política com o estudo das ações coletivas não é recente, podendo-nos remeter aos escritos de Gustave Le Bon sobre as massas e perpassando um conjunto amplo de autores de diversos campos e abordagens (PRADO, 2000). O interesse pelo estudo das ações coletivas no campo da psicologia política brasileira se fortaleceu a partir da década de 1980, sendo atribuído aos movimentos sociais um papel central na transformação da sociedade. Este contexto foi marcado: (a) epistemologicamente, pela construção de psicologias sociais críticas que interpelavam as dicotomias entre teoria e prática e ciência e política (SANDOVAL, 2000; 1989; LANE, 2000 [1984]; LANE & CODO, 1984); (b) institucionalmente, pela fundação da Associação Brasileira de Psicologia Social (Abrapso), pela formação do Grupo de Trabalho em Comportamento Político na Associação Nacional de Pesquisa em Pós-Graduação em Psicologia (Anpepp), na década de 1980, e, posteriormente, pela criação da Associação Brasileira de Psicologia Política (ABPP) em 2000.

Durante muito tempo as teorias de movimentos sociais estiveram marcadas, embora ainda deixem traços dessa dicotomia (JESUS, 2012), pela divisão entre "movimentos sociais tradicionais" e "novos movimentos sociais". A persistência dessa postura dualista provocou simplificações desses fenômenos coletivos que levaram os teóricos a enfatizarem ora as questões econômico-estruturais ora as questões simbólico-culturais e identitárias.

Embora o descentramento do sujeito, mais explícito nas formas de organização social do pós-guerra, tenha despertado o interesse dos cientistas sociais para os aspectos subjetivos dos processos de mobilização e do comportamento político, importante ressaltar que esses aspectos eram e são relevantes também para a análise da dinâmica dos movimentos sociais classificados como "tradicionais" (PRADO & SOUZA, 2001). Os movimentos sociais, como argumenta Melucci (1996), "não são 'novos' ou 'velhos' em si, apenas possuem orientações diferentes, pertencendo a momentos históricos diferentes" (p. 79). Alonso (2009) destaca, a partir do trabalho de Greg Calhoun, três características tipicamente associadas aos "novos" movimentos sociais e que já estariam presentes nos movimentos do século XIX: multidimensionalidade; demandas não materiais; constituição de identidades.

Após a forte influência dos teóricos dos novos movimentos sociais na América Latina, esse campo foi paulatinamente enfocando estudos sobre a sociedade civil (ALONSO, 2009). O enfoque nos arranjos participativos e em experiências de democracia deliberativa levou à diminuição dos estudos sobre movimentos sociais em sentido estrito. Do foco na noção de movimentos sociais associados à constituição de espaços alternativos de reivindicação e laboratórios para expressão da criatividade social (SCHERER-WARREN, 1993; SCHERER-WARREN & KRISCHKE, 1987), passamos a observar o interesse pela investigação da participação formalizada e seus processos de institucionalização (MACHADO, 2013a; RICCI, 2010).

Esse deslocamento nas análises se configurou articulado a mudanças nos modos de atuação dos movimentos sociais. Nesse contexto da participação formalizada e da institucionalização das demandas dos movimentos sociais, discutiremos modos de atuação política em torno das lógicas da diferença e da equivalência (LACLAU & MOUFFE, 1985), considerando a relação entre particularidade e universalidade um desafio para a compreensão das ações coletivas na atualidade.

Abordaremos também o debate sobre o Estado nacional como antagonista prioritário no contexto de aprofundamento da globalização e de emergência de protestos que atravessam as fronteiras nacionais e dirigem-se a instituições multilaterais ou a uma opinião pública transnacional (ALONSO, 2009).

Nosso objetivo é contribuir, a partir de uma perspectiva psicopolítica, com a reflexão sobre as dinâmicas da mobilização social, dos comportamentos e protestos políticos na Contemporaneidade.

Movimentos sociais e Estado no Brasil

Após a Constituição de 1988, mas com especial destaque a partir do Governo Lula, a relação do Estado com os movimentos sociais e os grupos organizados da sociedade civil esteve marcada por modelos de participação mais cordiais e regulados, trazendo muitos conflitos políticos e demandas dos grupos organizados para o interior das instituições governamentais, por meio de arranjos e procedimentos formais e informais (MACHADO, 2013).

Desde a década de 1980, os movimentos sociais deixaram gradativamente de considerar o Estado como um inimigo a ser combatido, para buscar relações de parceria com os órgãos governamentais, ou ainda, disputar o controle e o acesso aos seus espaços formais de poder. Essa aproximação tem como marco histórico significativo a promulgação da Constituição de 1988, a partir da qual se inicia a redemocratização da sociedade brasileira. Os marcos legais de gestão estatal passam a associar a democracia representativa com a participativa, ampliando a possibilidade de criação de arranjos institucionais de participação, tais como os conselhos de políticas públicas, as conferências nacionais, os referendos, entre outros instrumentos por meio dos quais os movimentos sociais podem interpelar os governos a partir de mecanismos institucionais de democratização do Estado previstos por lei.

A participação dos movimentos sociais na democratização do Estado brasileiro teve um papel importante, especialmente na demanda e formulação das políticas públicas. Estas foram um espaço privilegiado para a incidência político-institucional dos movimentos sociais e, como prescrito pela Constituição de 1988, também o caminho para a consolidação dos direitos conquistados junto ao Estado. Diversas políticas públicas só existem no Brasil por força popular, talvez a implantação do Sistema Único de Saúde seja o exemplo mais completo e expressivo de uma conquista alcançada a partir da atuação de movimentos sociais que emergiram de mobilizações no interior dos espaços estatais (ABERS & BULOW, 2011).

Neste processo de aproximação entre Estado e movimentos sociais, também toma lugar o fortalecimento das organizações não governamentais como modelo prioritário de militância que, por meio das parcerias público-privado, passaram a ser financiadas no Brasil, sobretudo, a partir da década de 2000, pelo Estado. Mesmo os movimentos sociais com origens menos afeitas à institucionalização foram sendo pressionados pelo institucionalismo do cenário político que exigia a profissionalização da militância e a busca constante por financiamento e recursos. Além disso, à medida que as demandas de cada movimento social eram reconhecidas pelo Estado, seus militantes eram convocados a participar da implementação das políticas públicas que surgiam como "resposta" ao seu ativismo. Para se enquadrar nas normas de editais de concorrência de verbas para implementação dessas políticas os movimentos criavam/tornavam-se instituições legais como ONGs ou Oscips (Organização da Sociedade Civil de Utilidade Pública).

A aproximação entre os movimentos sociais e o Estado ganha um novo impulso com o Governo Lula, a partir de 2003. Importante ressaltar que diferentes movimentos sociais emergentes a partir da década de 1980 trazem uma íntima relação com a fundação e desenvolvimento do Partido dos Trabalhadores, o que faz deste processo algo relativamente previsível. Além disso, ao longo da década de 1990, o PT foi um dos que mais incorporaram os princípios da Constituição de 1988 em seus discursos e governos, consolidando experiências participativas e, até mesmo, criando arranjos inovadores como o Orçamento Participativo (D'INCAO, 2001).

Estes investimentos em estratégias participativas se articularam na consolidação e ampliação do que o Governo Lula chamou de Sistema Nacional de Democracia Participativa, composto por conferências nacionais, conselhos nacionais, ouvidorias, audiências públicas, fóruns de discussão e outros arranjos institucionais que convocam amplos setores mobilizados da população para debaterem temas específicos sob a tutela do Estado. Apenas as conferências nacionais, segundo dados oficiais, mobilizaram diretamente mais de cinco milhões de pessoas, em cerca de cinco mil municípios brasileiros (BRASIL, 2010). O alcance desses processos participativos ultrapassa as fronteiras grupais dos movimentos sociais e produzem campos de intervenção política (MACHADO, 2013; TOMMASI, 2012).

Esse cenário apresenta sinais de democratização do Estado – com a entrada de ativistas para os quadros do governo ou participando dos arranjos participativos – e da sociedade, à medida que as políticas públicas passam a contemplar demandas anteriormente ignoradas ou negadas pelo poder público. Entretanto, é importante também destacar limites colocados por esse processo para o enfrentamento das desigualdades e injustiças sociais, sendo um desafio para o campo de estudo das ações coletivas a compreensão deste contexto político no momento contemporâneo.

Desde a década de 1980, muitos movimentos sociais começaram a se estruturar no Brasil extrapolando a noção de classe social e buscaram constituir identidades coletivas marcadas por temas ligados ao cotidiano e às vivências concretas dos cidadãos. A emergência da identidade como categoria útil para a análise dos movimentos sociais foi marcada pela distinção, já abordada neste texto, entre "velhos" e "novos" movimentos sociais. Esses movimentos não estavam mais atrelados às formas de organização mais tradicionais, como sindicatos e partidos, e suas causas eram plurais (DOIMO, 1993; SADER, 1988; SCHERER-WARREN, 1993).

A pluralidade de lutas permitiu a emergência de demandas sociais na esfera pública que ficavam invisibilizadas frente ao determinismo economicista, baseado na centralidade da classe social. Entretanto, também explicitou uma questão importante: a relação entre particularidade e universalidade na construção da luta política.

Compreendendo a ordem social como uma ordem hegemônica – sendo a hegemonia construída a partir da articulação entre uma pluralidade de demandas em torno de um imaginário social antagônico a outra alternativa de sociedade (LACLAU & MOUFFE, 1985) – entendemos que as demandas apresentam um duplo caráter desde sua constituição. Por um lado, definem-se como uma particularidade (caráter diferencial), sendo cada uma delas diferente de outras demandas presentes em um contexto histórico específico (anti-homofobia, antirracista, antissexista etc.). Por outro lado, como se constituem na identificação da presença de uma ausência na ordem social, é possível que um conjunto de demandas se tornem equivalentes em seu antagonismo comum a esse ordenamento social (caráter equivalencial), permitindo a construção de um outro imaginário social que busca se tornar hegemônico.

O contexto contemporâneo de aproximação entre os movimentos sociais e o Estado tem favorecido a lógica da diferença, isto é, a construção de estratégias políticas caracterizadas pela redução das demandas ao seu caráter diferencial. Nessa medida, políticas públicas específicas têm funcionado como respostas do poder público a cada uma das demandas, o que significa, como já apontamos, sinais de democratização do Estado e da sociedade. Entretanto, a lógica da diferença torna imprecisa a fronteira antagônica entre as demandas e a ordem social hegemônica, pois, ao serem tratadas simplesmente como uma diferença, faz-se passível a construção de soluções nas tramas da regulação política hegemônica. Neste caso, ao invés da disputa pela construção de outro imaginário social, observamos a busca pela conciliação entre demandas a partir da distribuição a cada grupo social das partes que lhe são possíveis no interior do ordenamento social hegemônico, permitindo a expansão da hegemonia no sentido do enfraquecimento da fronteira antagônica.

Com o crescimento do investimento em arranjos participativos a partir do Governo Lula, tais como as conferências e os conselhos de políticas públicas, houve uma intensificação da lógica da diferença. Por um lado, a partir das relações com os movimentos sociais, o governo produziu discursos que se fundamentam nos valores, crenças e demandas da sociedade organizada. Por outro lado, os movimentos sociais passaram a se organizar em função de uma agenda negociada a partir de pautas institucionais estabelecidas pelo governo ou em conjunto com ele, o qual também se articulava com demandas antagônicas a dos movimentos sociais.

Essa estratégia de democratização pautada na lógica da diferença, em conjunto com a ocupação de cargos no governo por militantes, acabou por gerar também uma crise nos movimentos sociais, a qual refletia a desigualdade de poder entre os atores que se interpelam na arena política (COSTA, 2015; MACHADO, 2013). Por um lado, estava no poder um presidente e muitos militantes que ajudaram a estruturar os movimentos sociais e sindicais no Brasil, com os quais grande parcela dos ativistas brasileiros se identificava. Por outro lado, esses ex-militantes, agora agentes do governo, se orientavam em torno de uma agenda político-administrativa que contradizia muitas das pautas de luta dos movimentos sociais que representavam.

Além disso, com as recorrentes acusações de corrupção, cujos escândalos emblemáticos foram o do Mensalão, em 2005, e o do Petrolão, em 2014, a mídia, de forma tendenciosa, se empenhou em "demonstrar" o suposto empobrecimento ético destas novas lideranças, o que pode significar tanto um retrocesso em relação ao velho modo de fazer política no Brasil, como uma anuência do PT para com a velha política, rompendo com o que foi seu grande diferencial na conquista de respaldo político (SAMUELS, 2007). Com isso, os militantes/governantes foram apresentados como aqueles que encarnaram as ideologias que tanto refutavam.

O golpe jurídico-parlamentar de 2016 que acarretou no alcance da Presidência da República por Michel Temer demarca uma reconfiguração da hegemonia, pois, distintamente do momento anterior, explicitou a constituição antagônica da ordem social: a destituição da Presidenta da República Dilma Roussef foi construída por meio do expurgo aos 13 anos de governo do PT e, ainda que sob a alegação da manutenção de direitos sociais, suscitou a perda de direitos de minorias sociais e a mobilização de discursos reacionários na esfera pública.

Frente a essa nova conjuntura, vivenciamos na atualidade uma dificuldade de manutenção da construção democrática em torno da conciliação de demandas antagônicas a partir da lógica da diferença, sendo explicitado a necessidade de uma organização contra-hegemônica ao golpe. Entretanto, ao mesmo tempo, não se consolidou até o momento uma relação equivalencial entre as demandas dos grupos progressistas (demandas antigolpe) em torno de um ponto nodal capaz de se funcionar como uma metáfora para a particularidade de cada uma das demandas e, assim, para afirmação de um imaginário social alternativo.

Uma contribuição da psicologia política para a compreensão desta conjuntura política é buscar compreender as estratégias construídas pelos grupos progressistas e as dificuldades e possibilidades de fortalecimento de articulações contra-hegemônicas, bem como analisar os modos de preservação e consolidação da ordem hegemônica que tem se instaurado no país, produzindo a polarização extrema e tensionamentos políticos de difícil compreensão.

Protestos que atravessam as fronteiras nacionais

A relação entre o local e o global na construção da luta política é um outro desafio para o campo de estudo das ações coletivas. Para a reflexão sobre esse tema focalizaremos eventos históricos ocorridos na virada do século XX para o século XXI que indicam novas dinâmicas de mobilização política.

No livro organizado por Ludd (2002) são elencados diversos protestos que ilustram o contexto que queremos descrever ao tratarmos de mobilizações que ultrapassam as fronteiras nacionais, tais como a Conferência de Ação Global dos Povos, em Genebra (1998), o J18, em Londres (1999), a Batalha de Seattle (1999), a Batalha de Praga (2000), o Cerco de Gênova (2001), entre muitas outras ações. Esses acontecimentos foram construídos a partir da articulação de atores muito diversos, passando por ecologistas e militantes antinuclear, pacifistas, agricultores de diversas outras partes do mundo, redes de coletivos indígenas, sindicalistas, ambientalistas, feministas etc. O mais interessante desse processo é que a maior parte dos grupos se organizava em torno de temas particulares, mas se articulava contra aspectos que atingiam inúmeras pessoas e coletivos em todo o mundo, produzindo uma inter-relação interessante entre o particular e o universal na construção de lutas políticas. Esse viés levou com que esses grupos fossem nomeados de movimentos antiglobalização. Posteriormente, demarcando que o inimigo não era a globalização em si mesma, mas um determinado tipo de globalização, surgiram outros nomes, tais como alterglobalização, altermundistas, antisistêmicos, movimentos de ação global.

As táticas utilizadas por estes grupos vão desde as mais tradicionais, como greves, seminários, passeatas, até ações inovadoras de desobediência civil que articulam arte, diversão e política, como os eventos promovidos pelo Grupo Reclaim The Streets ou as estratégias *black block* que esterçam os limites da legalidade e flertam com a violência política (KLEIN, 2002).

Esse contexto histórico nos ajuda a observar que, distante do marasmo político percebido por setores da academia e mesmo da sociedade organizada, bem como da institucionalização de lutas políticas, diversas redes submersas estavam sendo tecidas como reação aos meios de dominação social em diferentes contextos e esferas específicas. Em distintos lugares foram se criando as possibilidades para mobilização e sensibilização das populações para os problemas sociais e para o enfrentamento político, evocando eventos distintos, porém, direta e indiretamente articulados.

Mais especificamente na América Latina, é importante considerarmos nesse contexto de novas dinâmicas de mobilização política o surgimento, em 2001, do Fórum Social Mundial, que foi uma tentativa de aglutinar diversas lutas anticapitalistas no mundo.

Esse ciclo de protestos, que aqui apontamos em razão de apresentarem características que nos levam a situá-lo como um fenômeno de novo tipo, problematiza o campo de estudos dos movimentos sociais. Benjamin Tejerina, pesquisador espanhol que tem debatido o tema das ações coletivas contemporâneas, argumenta que:

> [...] quando mais ou menos pensávamos que tínhamos um marco teórico para entender as características dos novos movimentos sociais, em contraposição àqueles mais tradicionais, aparece o movimento alterglobal. Esse movimento alterglobal, ou alterglobalização, tem características peculiares, que não respondem às características dos movimentos que conhecíamos até então. É um movimento muito plural, espasmódico, é um

movimento que faz propostas, mas que se move em um nível de abstração que muitas vezes está um pouco desconectado da vida local; portanto, se vive uma espécie de esquizofrenia entre o que se faz localmente e o que se reivindica globalmente, e temos dificuldades para entender essa mudança. É uma mudança que não sei se é de paradigma, mas é uma mudança importante, que vem se produzindo desde a década de 1990, e que explodiu no que estamos vendo nos últimos anos: o movimento 15M e o Movimento dos Indignados na Espanha, na Grécia contra a crise da dívida do Estado, na França com as mobilizações estudantis contra as reformas das pensões, no Chile contra a privatização dos estudos universitários, na Inglaterra com o movimento contra o aumento das taxas universitárias, nos Estados Unidos com Occupy Wall Street, que também é ocupar portos, bairros, universidades etc. (MACHADO, 2013b, p. 257-258).

Em várias cidades brasileiras presenciamos algumas tentativas de ocupação semelhantes, como na Avenida Paulista, na cidade de São Paulo (Ocupa Sampa), na Praça de Ondina (renomeada pelos manifestantes como Praça dos Indignados), na cidade de Salvador (Ocupa Salvador), ou na Praça da Estação, na cidade de Belo Horizonte, renomeada por Praia da Estação, apenas para citar alguns. Embora não tenham alcançado a mesma força e dimensão que outros movimentos de ocupação, tais como os elencados por Benjamin Tejerina, evidenciam a existência de ativismos locais que se articulam com dinâmicas globais.

Uma contribuição possível da psicologia política para a análise desses protestos é a compreensão da relação entre a "crise" do Estado e o comportamento coletivo, a qual se relaciona à importância de considerarmos a globalização como fator de impacto no cenário político atual. A insatisfação com o sistema político presente nos protestos, tanto com a democracia representativa como com a democracia participativa formalizada pelo Estado, não significa imediatamente uma perspectiva niilista da política ou um rechaço à capacidade de regulação estatal, mas um ímpeto renovado de politização e ativismo, bem como formas inovadoras de organização, proposição e articulação política.

Diversos teóricos têm apontado as limitações do Estado e afirmado que este se encontra em crise (BAUMAN, 1999; EDER, 2003; ORTIZ, 2006). Assim, o Estado se torna: *pequeno demais* para tratar das questões macroestruturais, estando dependente dos jogos internacionais; e, *grande demais* para tratar das questões microestruturais que se dinamizam vertiginosamente na crescente complexidade social contemporânea (TEJERINA, 2005).

Entretanto, o Estado ainda reúne uma importância política inquestionável no cenário contemporâneo, já que todas as negociações políticas e econômicas se dão entre atores institucionalizados sob a unidade de um Estado-nação (WOOD, 2005) e, no caso do Brasil, apresentou um alargamento de sua abrangência na última década. Longe de uma diminuição da importância do Estado na configuração desse cenário global, o que está em disputa é a competição entre economias nacionais para garantir a acumulação de capitais (WOOD, 2005).

Esse dissenso em torno da configuração do Estado e de seu poder de mobilização de identidades é um problema que está no cerne dos interesses da psicologia política, preocupada com a formação de coletividades. Diante do que se nomeou acima como crise do Estado, torna-se cada vez mais relevante investigarmos a constituição de identidades que se mobilizam em planos mais estreitos e mais amplos em relação à formação da identidade nacional, articulando complexas relações entre o local e o global.

A onda de protestos observada no início do século XXI e seu consequente impacto no campo dos movimentos sociais e da política como um todo questiona a percepção de descrença na vida coletiva. Evidencia diferentes anseios por mudança social e a crença na política e no protagonismo social para além das elites políticas.

Consideramos que o momento torna premente que repensemos as categorias analíticas, os sujeitos, os espaços e as metodologias com as quais nos habituamos a estudar o comportamento político. Torna-se fundamental repensar a democracia, por um lado, em uma perspectiva que considere a política para além dos espaços institucionais propostos pelo Estado, incluindo a problematização referente à delimitação das ações coletivas nas fronteiras nacionais. Mas também, por outro lado, a partir de uma concepção que não ignore a importância dos eventos e instituições meso e macrossociais na determinação dos processos grupais e de constituição da identidade coletiva.

Considerações finais

Buscamos, ainda que de maneira ensaística, tecer apontamentos psicopolíticos para o estudo dos movimentos sociais e ações coletivas. O aporte epistemológico da psicologia política brasileira faz da conexão entre teoria e prática um aspecto central para a construção do conhecimento. Sob este olhar psicopolítico, a política emerge das relações sociais, dos modos por meio dos quais os indivíduos atribuem sentido às experiências que vivenciam.

A política não coincide com a produção de consensos ou com o universo ilustrado da razão que circunscreve à gramática hegemônica as argumentações no espaço público. A política está no dissenso, nos conflitos e disputas entre imaginários sociais. A fim de diferenciar essas duas lógicas presentes na constituição da sociedade, autores como Jacques Rancière, Ernesto Laclau e Chantal Mouffe distinguem polícia e política e política e político, respectivamente, para situar o político em um campo permanente de tensões (MACHADO, 2013a).

A psicologia política pode contribuir tanto para entender as práticas de legitimação e normalização da polícia/política, que instaura identidades que entram em negociação pela repartição do que lhes cabe na ordem social; quanto os momentos da política/político, momentos "raros" de subversão da *necessidade* pela *contingência*, isto é, de visibilidade do antagonismo constitutivo de toda ordem social e de afirmação de outra alternativa de sociedade (PRADO & COSTA, 2009).

Se o cenário atual não nos permite aportar muitas certezas, ao menos nos ajuda a afastar a opinião desencantada acerca da política, que nos aprisiona ao instituído afirmando que "há pouco para deliberar e que as decisões se impõem por si mesmas, e o trabalho próprio da política não é outra coisa que a adaptação pontual às exigências do mercado mundial e a divisão equitativa dos custos e benefícios desta adaptação" (RANCIÈRE, 2010, p. 6).

Desse modo, estamos mais que convidados a corrermos mais riscos e ensaiarmos outros pensamentos que nos permitam afirmar a contingência das relações sociais e enfrentarmos os "golpes" à democracia. Mapear os processos de identificação, as formas de vida em transformação e os conflitos políticos encenados no cotidiano pode ser um caminho metodológico potente para compreendermos os limites e as possibilidades de radicalização das demandas democráticas.

Referências

ABERS, R. & BÜLOW, M. (2011). "Movimentos sociais na teoria e na prática: como estudar o ativismo através da fronteira entre Estado e sociedade?" *Sociologias*, vol. 13, n. 28, dez., p. 52-84.

ALONSO, A. (2009). "As teorias dos movimentos sociais: um Balanço do debate". *Lua Nova*, n. 76, p. 49-86.

BAUMAN, Z. (1999). *Globalização*: as consequências humanas. Rio de Janeiro: Zahar.

BRASIL (2010). *Conselhos nacionais*: dados básicos, organização, gestão atual, finalidade, composição, competências. Brasília: Secretaria Nacional de Articulação Social da Secretaria-Geral da Presidência da República.

COSTA, F.A. (2015). "Construção de lutas políticas na sociedade brasileira: dificuldades e possibilidades da ampliação de direitos democráticos por movimentos sociais no contexto do Governo Lula". In: MACHADO, F.V.; MASSOLA, G. & RIBEIRO, M.A.T. (orgs.). *Estado, ambiente e movimentos sociais*. Florianópolis: Abrapso/Edições do Bosque CFH/UFSC, p. 11-21 [Coleção Práticas Sociais, Políticas Públicas e Direitos Humanos, vol. 8].

D'INCAO, M. (org.) (2001). *O Brasil não é mais aquele...* – Mudanças sociais após a redemocratização. São Paulo: Cortez.

DOIMO, A. (1993). *A vez e a voz popular*: movimentos sociais e a participação popular no Brasil pós-70. Rio de Janeiro: Anpocs.

EDER, K. (2003). "Identidades coletivas e mobilização de identidades". *Revista Brasileira de Ciências Sociais*, vol. 18, n. 53, out., p. 5-18.

JESUS, J. (2012). "Psicologia social e movimentos sociais: uma revisão contextualizada". *Psicologia e Saber Social*, vol. 1, n. 2, jan., p. 163-186.

KLEIN, N. (2002). *Sem logo*: a tirania das marcas em um planeta vendido. Rio de Janeiro: Record.

LACLAU, E. & MOUFFE, C. (1985). *Hegemony & Socialist Strategy*: Towards a Radical Democratic Politics. Londres/Nova York: Verso.

LANE, S. (2000 [1984]). "Psicologia Social na América Latina: por uma ética do conhecimento". In: CAMPOS, R. & GUARESCHI, P. (orgs.). *Paradigmas em psicologia social*: A perspectiva latino-americana. Petrópolis: Vozes, p. 58-69.

LANE, S. & CODO, W. (orgs.) (1984). *Psicologia social*: o homem em movimento. São Paulo: Brasiliense.

LUDD, N. (org) (2002). *Urgência das ruas*: Black Block, Reclaim The Streets e os Dias de Ação global. Coletivo Sabotagem [Disponível em: https://we.riseup.net/assets/70965/Urgencia-Das-Ruas-Coletivo-Baderna.pdf].

MACHADO, F. (2013a). *Do estatal à política*: uma análise psicopolítica das relações entre o Estado e os movimentos de juventude e LGBT no Brasil (2003-2010). Belo Horizonte: Universidade Federal de Minas Gerais [Tese de doutorado em Psicologia].

_____ (2013b). "Imaginar a sociedade: movimentos sociais e análise política na Contemporaneidade – Entrevista com Benjamin Tejerina". *Psicol. Soc.*, vol. 25, n. 2, p. 256-262.

MELUCCI, A. (1996). *Challenging Codes*. Cambridge: Cambridge University Press.

ORTIZ, R. (2006). *Mundialização*: saberes e crenças. São Paulo: Brasiliense.

PRADO, M.A.M. (2000). *(Des)Razão: sujeitos da consciência e políticas de identificação* – Mapa teórico sobre as ações coletivas. São Paulo: Pontifícia Universidade Católica de São Paulo [Tese de doutorado em Psicologia Social].

PRADO, M. & SOUZA, T. (2001). "Problematizando discursos contemporâneos sobre as formações identitárias". *Revista IDEA*, vol. 16, n. 36, p. 12-22.

PRADO, M.A.M. & COSTA, F.A. (2009). "A raridade da política e a democracia: os movimentos sociais entre sujeitos e identidades". In: BERNARDES, J. & MEDRADO, B. (orgs.). *Psicologia social e políticas de existência*: fronteiras e conflitos. Maceió: Abrapso, p. 71-82.

RANCIÈRE, J. (2010). *El desacuerdo*: política y filosofía. Buenos Aires: Nueva Visión.

RICCI, R. (2010). *Lulismo*: da era dos movimentos sociais à ascensão da nova classe média brasileira. Rio de Janeiro: Contraponto/Fundação Astrojildo Pereira.

SADER, E. (1988). *Quando novos personagens entraram em cena*: experiência, fala e lutas dos trabalhadores na Grande São Paulo 1970-1980. Rio de Janeiro: Paz e Terra.

SAMUELS, D. (2007). "Brazilian Democracy under Lula and the PT". In: DOMINGUEZ, J. & SHIFTER, M. (orgs.). *Constructing Democratic Governance in Latin America*. Baltimore: JHU.

SANDOVAL, S. (2000). "O que há de novo na psicologia social latino-americana". In: CAMPOS, R. & GUARESCHI, P. (orgs.). *Paradigmas em psicologia social*: a perspectiva latino-americana. Petrópolis: Vozes, p. 101-109.

_____ (1989). "A crise sociológica e a contribuição da psicologia social ao estudo dos movimentos sociais". *Educação e Sociedade*, vol. 34, n. 10, p. 122-129.

SCHERER-WARREN, I. (1993). *Redes de movimentos sociais*. São Paulo: Loyola.

SCHERER-WARREN, I. & KRISCHKE, P. (1987). *Uma revolução no cotidiano?* Os novos movimentos sociais na América Latina. São Paulo: Brasiliense.

TEJERINA, B. (2005). "Movimientos sociales, espacio público y ciudadanía: los caminos de la utopía". *Revista Crítica de Ciências Sociais*, n. 72, out., p. 67-97.

TOMMASI, L. (2012). "Nem bandidos nem trabalhadores baratos: trajetórias de jovens da periferia de Natal". *Dilemas*: Revista de Estudos de Conflito e Controle Social, vol. 5., n. 1.

WOOD, E. (2005). "Trabalho, classe e Estado no capitalismo global". In: LEHER, R. & SETÚBAL, M. (orgs.). *Pensamento crítico e movimentos sociais*: diálogos para uma nova práxis. São Paulo: Cortez, p. 96-115.

6
NEOLIBERALISMO ESTATAL, NARCOCULTURA E INDUSTRIAS CULTURALES

Dra. Sayak Valencia Triana

> Las organizaciones de crimen organizado de los cinco continentes se han apropiado del *espíritu de cooperación mundial* y participan como socios en la conquista de nuevos mercados. Invirtiendo en negocios legales, no sólo para blanquear dinero sino para adquirir el capital necesario para invertir en negocios ilegales. Sus sectores preferidos para estas inversiones: el Estado altamente rentable, el ocio, los medios de comunicación y [...] la banca.
>
> SUBCOMANDANTE MARCOS. *La quatrième guerre mondiale a commencé.*

La aparición de la narcocultura[5] en México data de la década de los años 1940 y se cristaliza en los años 1970 como una institución que articula en torno a sí a una comunidad. Según Jorge Alan Sánchez Godoy la narcocultura ha creado un sistema de "valores, creencias, normas, definiciones, usos y costumbres, y demás formas tangibles e intangibles de significación" (2009, p. 79) que han sido emparentados con el entorno rural. Sin embargo, su aparición, no se debe a un re-ordenamiento caprichoso y extravagante de los valores del ámbito rural que han traspasado hasta nuestros contextos citadinos, sino que obedece a un proceso complejo de desestructuración económica y social del campo que llevó a la

---

5. Entendida como una forma de vida asociada a los códigos producidos por el narcotráfico y no como una forma de arte.

precarización de las poblaciones que lo habitaban y desembocó en la elaboración de ciertas estrategias de supervivencia económica que pasaban por adscribirse a las redes del narcotráfico como una respuesta "racional" a un entorno socioeconómico totalmente anómalo que se radicalizó durante la década de los años 1990 con la entrada del neoliberalismo en México y sus consignas de ascensión y progreso mediante el hiperconsumismo que aunadas a la flexibilización y precarización laboral dieron pie al surgimiento del capitalismo gore[6].

Las poblaciones rurales adscritas al narcotráfico fueron atravesadas también por la necesidad de crear comunidad, pertenencia y sentido, en un entorno estatal que empujaba a sumarse a la idea de progreso, adoptando las lógicas de la modernidad a cualquier precio, creando no sólo la narcocultura sino una especie de modernidad al estilo narco como reflejo fidedigno de los ideales del Estado-Nación mexicano, el cual ha impuesto férreamente la idea de que el país alcance la categoría de "moderno", es decir que se encuentre en consonancia con lo que Rita Segato denomina

---

6. Capitalismo gore forma parte de una taxonomía discursiva con la que busco visibilizar la complejidad del entramado criminal en el contexto mexicano, y sus conexiones con el Estado, el neoliberalismo exacerbado, la globalización, la construcción binaria del género y la creación de subjetividades capitalísticas, recolonizadas por la economía y representadas por los criminales y narcotraficantes mexicanos, que dentro de nuestra taxonomía reciben el nombre de *sujetos endriagos*. Así desde mi perspectiva, el capitalismo gore es la reinterpretación dada a la economía hegemónica y global en espacios (geográficamente) fronterizos y/o precarizados económicamente. Tomo el término *gore* de un género cinematográfico que hace referencia a la hiper representación de la violencia extrema, tajante, truculenta y de mala factura en contraposición a la violencia desodorizada y aséptica representada por el imaginario hollywoodense. Entonces, con esta forma de capitalismo me refiero al derramamiento de sangre explícito e injustificado (como precio a pagar por el Tercer Mundo, entendido como espacios de expolio neocolonial, que se aferra a seguir las lógicas del neoliberalismo, cada vez más exigentes), al altísimo porcentaje de vísceras y desmembramientos, frecuentemente mezclados con el crimen organizado, la división binaria del género y la sexualidad y los usos predatorios de los cuerpos, todo esto por medio de la violencia más explícita como herramienta de *necroempoderamiento*.

como "los preceptos del individualismo y la modernidad de la razón liberal y capitalista" (SEGATO, 2015, p. 74), los cuales introducen junto a estos preceptos "el racismo que somete a los hombres no blancos al estrés y la emasculación" (SEGATO, 2015, p. 74) y al mismo tiempo les exige que desempeñen sus funciones de proveeduría para ser legitimados dentro de las demandas de la masculinidad.

Desde mi perspectiva, en dicha narco modernidad se intersecan lógicas aparentemente contradictorias que conjuntan los discursos del desarrollismo con actualizaciones necropolíticas[7] del colonialismo, que por un lado defienden el progreso económico

---

7. Tomo el término necropolítica del teórico camerunés Achille Mbembe quien la define como: "el tipo de política donde ésta se entiende como el trabajo de la muerte en la producción de un mundo en el que se acaba con el límite de la muerte". Mbembe utiliza este concepto para referirse a tres cuestiones: (1) "a los contextos en los que el estado de excepción se ha vuelto lo normal"; (2) "a las figuras de la soberanía cuyo proyecto central es la instrumentalización generalizada de la existencia humana y la destrucción material de los cuerpos y poblaciones humanas juzgados como desechables o superfluos"; (3) "a las figuras de la soberanía en las cuales el poder o el gobierno, se refieren o apelan de manera continua a la emergencia y a una visión ficcionalizada o fantasmática del enemigo. Todo esto como una forma de acabar con la idea prohibir la matanza generalizada. Que, por estar amenazados, podemos matar sin distinción a quienes consideremos nuestro enemigo" (MBEMBE, 2012, p. 135-136). Parto de la definición de Mbembe para definir el estadio de colonialidad continua en el cual la violencia contra los cuerpos se vuelve una herramienta efectivísima y radical de gestión y gobierno de las poblaciones racializadas y empobrecidas en los países ex-coloniales. Sin embargo, me parece importante expandir los alcances del término más allá de la raza y la clase hacia la gobernabilidad de los cuerpos feminizados y de aquellos que encarnan géneros y sexualidades disidentes que desafían la heteronorma y el cistema binario y que, por tanto, son producidas en la imaginación colectiva como poblaciones aberrantes que pueden/deben ser tomados como enemigos a eliminar brutal y violentamente. En este sentido, propongo la necropolítica como la gestión y rentabilización de los procesos de muerte que en el Estado mexicano están altamente vinculados con el machismo y el necro-patriarcado, cuyo poder se expande de manera meta-estable entre clases, razas y generaciones y desembocan regularmente en contra de los cuerpos feminizados, de género diversos, sexodisidentes, racializados, pobres, contestatarios y/o precarios.

a ultranza circunscribiéndose a una axiología mercantilista que accederá a tomar las directrices progresistas en torno a la economía pero se negará a transformar sus códigos semiótico-técnicos en torno a la violencia, a los géneros, a la clase y a la raza. Esta axiología contradictoria será retomada también dentro del imaginario de la narcocultura. Así, la encarnación ostentosa de los códigos culturales asociados al narcotráfico tradicional, están en concordancia con códigos establecidos para el sistema de valores de la masculinidad hegemónica mexicana, por ejemplo, la Secretaría de Seguridad Pública define la axiología de la narcocultura de la siguiente manera:

> A partir del honor se constituye una parte muy importante del sistema valoral del crimen organizado la valentía, la lealtad familiar y de grupo, la protección y la venganza son valores que constituyen ese marco. También forman parte de ese sistema, modelos de comportamiento caracterizados por un exacerbado "anhelo de poder", en una búsqueda casi compulsiva de placer y del prestigio social; así como una visión fatalista del mundo o una "desvalorización de la vida" (2010, p. 5).

Como se observa en la cita, códigos como la valentía, la búsqueda compulsiva del placer, el desafío, la necesidad alcanzar el prestigio social y la desvalorización de la vida son parte de un imaginario nacional implantado por el Estado a través de la figura del macho mexicano. Así, este sistema de valores del narco "tradicional" no será muy distinto al detentado por el discurso que describe y certifica a la masculinidad mexicana tradicional configurada por los ideales biopolíticos del proyecto de nación mexicana tras la revolución. El cual ha influido directamente en la construcción y reforzamiento de un imaginario nacional machista y neocolonial que a través de "la industria cultural constituyen la imaginación del presente y continúan legitimando prejuicios y suposiciones hegemónicas" (ROMERO, 2015, p. 1).

Según Carlos Monsiváis los repertorios culturales creados en la época posrevolucionaria se afianzaron a través de reforzamiento del vínculo homosocial de hombres heroicos que encarnan y modelan con sus cuerpos el proyecto nacional. Ese hecho, representaría, performativa y especularmente, a la nación y a la masculinidad como una unidad, ya que el Estado se constituirá como una institución viril que fortalecerá la misógina y el sexismo como formas de desterrar cualquier síntoma de debilidad.

En este proceso el Estado reclamó el cuerpo del varón como figura central y encarnación del cuerpo nacional. Dicho reclamo desembocó en una estética nacionalista, distribuida a través de distintos dispositivos, especialmente el arte y los medios de comunicación de la época. Ejemplo de esto son los movimientos artísticos como el muralismo, la literatura nacionalista (las famosas novelas de la Revolución), la música (folklórica) y principalmente, la iconografía transmitida por medio del llamado Cine de Oro de la época, que educaría diferenciadamente a las poblaciones y se transformaría en lo que Teresa de Lauretis denomina como "tecnología de género" de largo alcance. Estos dispositivos fueron responsables de diseminar repertorios culturales que, desde mi perspectiva, cierran paradójicamente las filas de la insurrección revolucionaria y en su lugar distribuyen imaginarios conservadores en torno al género, la clase, la raza y en los cuales el machismo se legitima artificialmente como congénito al cuerpo de los varones y también como dispositivo cultural que se entroniza, al grado de ser celebrado como una herencia social nacional.

Sin embargo, la dimensión estética y política de esta regresión no se sitúa sólo en la celebración de *la dominación masculina* de la que nos habla Bourdieu sino en un proyecto político donde se educa visualmente a las poblaciones, sobre todo a los varones, para que se desvinculen de lo social y pasen al régimen del hedonismo individual del *selfmade man*, que estará en concordancia con una nación necropatriarcal[8] y conservadora que a su vez incorpora en sus bases el discurso del desarrollismo, que se promocionó como la única vía política que conduciría a la deseada modernidad.

Así, el Estado Nación utilizará la atomización de los machos y sus prestigios individuales para deshacer posibles solidaridades

---

8. Entiendo el régimen necropatriarcal como el desplazamiento de las potestades soberanas a los sujetos certificados como varones, quienes tienen entre sus privilegios de género el uso de las técnicas de la necropolítica: manejo y uso de la violencia como técnica fundamental de gobierno sobre lxs otrxs.

(de clase, de género e incluso de raza) es decir, este proceso podría leerse como una especie de desmovilización biopolítica de las masas revolucionarias, a favor de obtener la certificación constante de su hombría, a través de la obediencia acrítica de la performance de masculinidad exigida por el Estado nacional y reforzada por todas las instituciones asociadas a éste.

Esta inflamación del espíritu nacional a través del machismo impregnará el imaginario nacional de todas las poblaciones creando pactos interclase, intergeneracionales y metaestables que legitimaron el machismo como parte del proyecto política de la nueva nación, sin embargo, a partir de los años cincuenta del siglo XX el proyecto de nación buscará redireccionarse hacia la construcción de un país más cosmopolita y productivo, entrando en las lógicas del desarrollismo paternalista en el cual se mantuvo hasta la década de los años 1990, proyecto que culminaría con la firma del TLCAN y el "ingreso" del país al proyecto neoliberal y globalizador.

Ahora bien, es importante destacar que este proyecto racional desarrollista del Estado mexicano que buscaba desembarazarse del heroísmo sangriento ejemplificado por el cuerpo del macho revolucionario, hizo una crítica de clase al machismo (pues en la época intelectuales como Octavio Paz o Samuel Ramos lo emparentaron prácticas culturales propias de la clase obrera y del campesinado), funcionaba sólo como una ficción política que moderniza discursivamente a las poblaciones urbanas (especialmente a las clases pudientes y medias de la Ciudad de México) en detrimento de las poblaciones pobres, marginales, racializadas y/o rurales.

Sin embargo, ni en el ámbito citadino ni en el rural se criticó a fondo el machismo que atravesaba a todas las clases sociales en México, puesto que el sexismo institucional y cotidiano, el clasismo, el racismo y la homofobia, siguieron vigentes y robustecidos por las instituciones que acompañaron al cambio del proyecto nacional. Dicho cambio consistió en adherirse a los ideales biopolíticos de la segunda industrialización del género y la sexualidad, es decir, la incorporación de las mujeres al trabajo remunerado y al espacio público en concordancia con la idea de "progreso y modernización", pero sólo a nivel discursivo y en beneficio del Estado.

Pese a que es un proceso complejo, considero importante haber retomado brevemente estos elementos para realizar un análisis de las producciones culturales asociadas a la narcocultura porque lejos de resultar una subcultura o una práctica periférica "anómala" y reciente, se emparenta con la construcción de una subjetividad endriaga[9] heredera de las lógicas coloniales del racismo y del machismo endógeno embebido en la cultura mexicana y fomentadas por el Estado a través del capitalismo gore.

De este modo, las figuras de los criminales mexicanos representados en narcocorridos, narconovelas, teleseries, *videohomes*, memes y *gifs* no representan una ominosa excepción a la regla social mexicana sobre la virilidad, sino la obediencia exacerbada a la masculinidad necro-patriarcal distribuida por el Estado mexicano y a las demandas dicotómicas del género y la sexualidad. Demandas donde el poder adquisitivo y la proveeduría son consideradas como condiciones intrínsecas del performance de la masculinidad heterosexual para certificarla como legítima y pertinente. En este sentido, estas figuras, grotescas o nocivas, pueden leerse como la metabolización e intersección de las lógicas dominantes

---

9. Con estos términos propongo una analogía entre el endriago (como personaje literario medieval que pertenece a los Otros, a lo no aceptable, al enemigo) y las subjetividades capitalísticas y violentas representadas por los criminales mexicanos. Retomo esta figura de la teratología medieval porque considero fundamental tomar en cuenta que la construcción del endriago se basó en una óptica colonialista que sigue presente en muchos territorios del planeta considerados como ex-colonias y que recae sobre las subjetividades capitalísticas tercermundistas por medio de una recolonización económica que se afianza a través de demandas de producción e hiperconsumo globales, que a través de la creación de nuevos sujetos ultra violentos y demoledores –que conforman las filas del capitalismo gore y del narcotráfico como uno de sus principales dispositivos – mantienen "funcionando la expansión de ideales truncados de humanidad y subjetividad, así como de poder y de conocimiento" (MALDONADO-TORRES, 2008, p. 64) y que además reafirman proyectos contradictorios que los excluyen pues fortalecen "jerarquías de ser y de valor que dividen al mundo, por un lado entre blancos y sujetos de color en el Norte, y entre distintos tipos de mestizos y poblaciones excluidas de proyectos nacionales en el sur" (p. 64).

de las masculinidades g-locales y las demandas trasnacionales del neoliberalismo[10].

En este sentido, la narcocultura constituye "una prolongación de las ordenaciones ideológico-políticas" (ROMERO, 2015, p. 2) de regímenes estatales complejos que se sirven de la visualidad y la sonoridad como dispositivos políticos y económicos de largo alcance. No es casualidad que la difusión del estilo de vida de los criminales asociados al narcotráfico se haya introducido en las poblaciones a través de los narcocorridos, pues como sabemos el sonido se distribuye de manera contagiosa y alcanza lugares que lo visual no puede.

En principio, la expresión de la narcocultura a través de los narcocorridos se proponía como un desafío al régimen sonoro oficial y en ese sentido, contribuía a lo que Mayra Estévez comenta sobre la desestabilización o al menos tensión de postulados dominantes a través de un régimen sonoro otro. Los narcocorridos entonces, en su primera fase exponían los conflictos internos de las poblaciones rurales y empobrecidas y su relación con la situación económica y política de México. En este primer momento, la figura del narcotraficante se mostraba como un triunfador con un trabajo ilegal que lo sacaría de su existencia precarizada.

Sin embargo, el lugar de lo sonoro en la narcocultura como lugar de disputas culturales, como lugar de luchas y resistencias

---

10. Para reflexionar sobre las masculinidades locales debemos hacerlo en su relación con *un orden de género mundial* que Raewyn Connell define como aquel que "conecta los regímenes de género de las instituciones con los órdenes de género de las sociedades locales" (CONNELL, 2006, p. 188), los cuales tienen sus intersecciones en procesos históricos, sociales, económicos, políticos y culturales, que en el caso de América Latina nos remiten la conquista y ocupación europeas como primer momento de intercambio, cuyos resultados han sido "síntesis culturales profundas" (p. 188). Connell refiere también a un segundo momento de conformación de este orden de género global que pasa por la conexión y el intercambio a escala mundial de la economía capitalista global, instaurada por "las corporaciones transnacionales y multinacionales, el Estado Internacional, los medios internacionales de comunicación y los mercados globales" (p. 189). Podríamos argüir que este *orden de género global* es una forma de dar continuidad a la *colonialidad del género* propuesta por María Lugones y su mutua constitución con *la colonialidad del poder* propuesta por Aníbal Quijano.

se ha ido disolviendo en favor de la narco-modernidad, la cual siguiendo las lógicas voraces de las industrias culturales se ha reconfigurado, dinamitando las estéticas de la narcocultura rural y acogiendo de manera visible y ostentosa la lógica del neoliberalismo exacerbado y transnacional a través de la figura de los Buchones.

El término Buchón es un regionalismo peyorativo mexicano, que designaba a varones provenientes de las sierras sinaloenses, originalmente del municipio de Badiraguato, se les denomina así también a varones jóvenes no sinaloenses que muestran afición e imitan comportamientos relacionados con la pertenencia a las organizaciones criminales del narcotráfico y/o son consumidores asiduos de los productos derivados de la narcocultura y *el movimiento alterado,*

El *movimiento alterado* es un estilo musical que se inscribe dentro de los narcocorridos, tiene como característica principal que el contenido de sus letras es explícitamente violento, en las que se describen minuciosamente las formas en que los grupos de narcotraficantes ejercen sus acciones sanguinarias frente a grupos contrarios o en contra de las fuerzas policiales y militares. Este estilo musical se creó de manera transnacional entre Culiacán Sinaloa y Los Ángeles California y es un movimiento reciente, creado en 2009 y manufacturado para rentabilizar la explosión de violencia en la que está sumido México. Una característica importante de este movimiento es que no ha necesitado los medios de comunicación tradicionales para difundirse, ha sido a través del internet y de las redes sociales que se ha hecho de millones de seguidores.

Dicho movimiento representaría al narcotráfico en su versión 2.0, pues no se limita sólo a la producción musical, sino que ha diversificado sus productos y genera millones de dólares a través de la venta de música, videos musicales, películas, ropa, es decir, el movimiento alterado como la cristalización de la rentabilización de la violencia extrema en México contemporáneo.

Así, este movimiento puede interpretarse como la última actualización de la cultura del narcotráfico y el crimen organizado y nos muestra una violencia ritualizada a través de códigos estéticos que mezclan múltiples referentes del hampa g-locales, sociales e históricos, pero que a diferencia de lo que podría pensarse, no resultan transgresores, pues sus representaciones, aunque vinculadas con luchas culturales y simbólicas, son profundamente reaccionarias al vincularse con el imaginario de machismo tradicional mexicano que se intercepta con el neoliberalismo entendido como "el proceso de modernización en permanente expansión, que es también un proceso de colonización en permanente curso" (SEGATO, 2015, p. 88).

Retomo la idea de Segato sobre la colonización como un proceso en permanente curso ya que como he planteado en otros trabajos, el concepto de raza y racialización vinculados al colonialismo quedan regularmente invisibilizados en el análisis del crimen organizado en México, quizá esto se deba a procesos intensos de blanqueamiento impuestos autoritariamente por el los estados republicanos del siglo XIX, que desembocaron en una corpo-política donde lo racializado sería aceptado solamente en tanto que se des-identifique de su ser racializado como elemento de orgullo, es decir que se identifique con la blanquitud y sus valores. Este travestismo racial se ve reflejado en múltiples representaciones del imaginario mexicano, donde el cuerpo mestizo o racializado es borrado de la ecuación interpretativa de lo social y donde las categorías de clase no develan la compleja intersección con "la raza" y el género de las poblaciones precarizadas o como menciona Segato: "Debido a que clase no 've' raza, la teoría de las clases se torna ineficaz para hablarle a nuestro continente" (SEGATO, 2015, p. 225).

En este sentido, la des-identificación con lo no-blanco es persistente entre las sociedades de los estados del Norte de México, en los cuales la gente se adscribe a la versión de las élites blanqueadas, las cuales se prescriben como una nueva urbanidad que debe asumirse criolla y cosmopolita, para así emparentarse fidedignamente con el proyecto de modernización anglo-eurocéntrica. Sin embargo, los cuerpos mestizos no blancos se nos presentan como un cuerpo-territorio, un cuerpo que en su representación y aparición corresponde a "un conjunto de claves para su localización en un paisaje que es geografía e historia al mismo tiempo" (SEGATO, 2015, p. 234).

Esta localización y adopción de lógicas criollas y cosmopolitas lo podemos observar en el video de "Trato de muerte"[11] interpretado por dos representantes del movimiento alterado, el grupo musical *Los Buchones de Culiacán* y el cantante solista conocido como *El Komander* en el cual se puede analizar la actualización de los códigos de racialización y travestismo racial, en el cual los cantantes aparecen con cuerpos no-blancos (es decir no anglo-europeos) que configuran un aparato complejo entre los anti privilegios de clase y raza que se interconectan con los privilegios de género, concedidos a los varones racializados, por el pacto patriarcal.

En la primera escena se muestran las banderas de Estados Unidos y México, lo cual ubica el discurso de la narración en la geopolítica fronteriza, en la segunda escena se hace un *close up* a la marca del auto deportivo de alta gama, como metáfora del poder adquisitivo de quien lo conduce y en la siguiente imagen aparece el cuerpo racializado de uno de los cantantes que encarna los estereotipos de masculinidad ultra violenta y narco modernidad hiperconsumista en una mezcla de indumentaria campirana y estética del reggaetón. Sin embargo, algo que llama la atención es que su cuerpo puede leerse también como marcado, en el sentido de que tanto "el paisaje natural y el cuerpo del sujeto colonizado son convertidos en un espectáculo, en el que el hombre occidental se contempla y produce, por inversión, su propia imagen" (ROMERO, 2015, p. 5).

Además de los cuerpos masculinos marcados por la raza, el video distribuye códigos semióticos de la masculinidad y la feminidad, producidos en concordancia con la industria de la imagen que los reproducen con cierta homogenización g-local, nociones diseminadas a través de los medios de entretenimiento y el ocio y adoptadas en la vida social cotidiana.

Este vídeo resulta paradigmático no sólo por su contenido, pues resume visualmente ¨una serie de estructuras de dominación y jerarquización de género, raza, clase y nacionalidad que

---

11. "El Komander Feat. Los Buchones de Sinaloa 'Trato de Muerte'". In: *YouTube* [Disponível em: http://www.youtube.com/watch?v=wGd8LHWg3FQ].

permanecen hasta hoy" (ROMERO, 2015, p. 5) sino porque lo presentado en él, y en otros del movimiento alterado, es una iteración de estos códigos y jerarquías, que se traducen en ciertas estéticas e indumentarias adoptadas por las subjetividades capitalísticas g-locales. El vídeo visibiliza un tránsito entre la mafia mexicana de la vieja escuela con valores asociados a lo campirano local nacionalista y lo que podría entenderse como la nueva mafia, más conectada con un orden de género global, en la cual los jóvenes criminales racializados, aspirantes o imitadores de tal cultura, se conciben a sí mismo como emprendedores y empresarios y se certifican a través de un estética que tiene consecuencias epistemológicas, políticas y ontológicas que se conectan con el uso de la violencia extrema como forma de vinculación social.

La indumentaria tradicional de la narcocultura de los años 1990 y 2000, representada en videos musicales de agrupaciones de música norteña como Los Tigres del Norte y su famoso corrido *Jefe de Jefes*[12] o bandas de música sinaloense como El Recodo y su emblemático narcocorrido *Clave privada*[13] nos presentan una indumentaria *cowboy*, adoptada desde hace muchas décadas en el Norte de México, con vehículos todo terreno que nos remiten a la vida del campo y el trabajo agrario, pick ups, SUVs, corridos y narcocorridos con raíces y mezclas folklóricas. Mientras que la nueva mafia se presenta más emparentada con un pastiche transnacional de indumentarias en el cual se mezclan de manera ecléctica, signos y códigos de vestimentas distintas, en la que conviven el *look* de cantante de reggaetón y su persistente uso de gafas negras tipo espejo, con una estética del gánster americano que usa trajes de diseñador o ropa sport y cabello rapado propias de las estéticas de las pandillas. Coches de lujo que representan el poder adquisitivo. Todos estos elementos orquestados por narcocorridos *reloaded* o canciones enfermas [sic], como el mismo movimiento las denomina, una especie de apología psicópata que exacerba el uso y la des-

---

12. "Los Tigres del Norte, 'Jefe de Jefes'". In: *YouTube* [Disponible en: https://www.youtube.com/watch?v=tKQwOuTiY-A].

13. "Banda El Recodo, 'Clave Privada'". In: *YouTube* [Disponible en: https://www.youtube.com/watch?v=cyH1-sJe30A].

cripción del ejercicio de la violencia y la tortura como herramienta de trabajo e incluso como una modalidad de ocio cotidiano.

Este agravamiento en el culto de la violencia no es una transvalorización real a través del narco, sino que es una renegociación de la axiología rural con la ideología de la globalización que tiene como fin homogeneizar y rentabilizar fenómenos y repertorios culturales en su beneficio, a través del acomodo bursátil sin importar su ideología en donde se conserva como figura central la masculinidad machista y ultraviolenta.

Así, la diversificación de los nichos del mercado gore y sus prácticas de consumo, son un centro neurálgico de lo que se distribuye y consume en México e incluso por la comunidad latina fuera de éste. Dicho dato no es inofensivo ni casual, pues se sabe que es un mercado importante para las industrias culturales transnacionales.

En un artículo de la revista Proceso, escrito por Florence Toussaint en agosto de 2015, se habla de los *clusters* económicos y conglomerados mediáticos integrados por televisoras de USA, México y Colombia que han unido esfuerzos y capitales para la producción de entretenimiento y consumo vinculados con la narcocultura. De esas uniones entre empresas como Telemundo, la productora Argos en México y Caracol Televisión en Colombia, se han producido narconovelas y narcoseries que se distribuyen en los tres países. Producciones como *El señor de los cielos*, *El cartel de los sapos*, las teleseries *Pablo Escobar*, *Rosario Tijeras*, *Las Muñecas de la Mafia*, *La Reina del Sur*, entre otras que suman más de una veintena producidas y distribuidas en la última década, las cuales tienen como hilo conductor el despliegue de técnicas necropolíticas estatales y paraestatales, violencia gratuita y glamurización del hampa, que robustecen visualmente la depreciación de la cultura del trabajo asalariado y la presentación del acceso fácil al dinero y al prestigio social a través de la vida criminal.

Esta distribución no sólo es televisiva, sino que se transmite cada vez más masivamente a través de plataformas de internet como Netflix. La distribución de estas mercancías visuales nos habla de una especie de narco-programación que obedece a proyectos nacionales que rentabilizan la violencia y se desembarazan de sus responsabilidades estatales. Construyendo un aparato mercantil de distribución transnacional que incorpora "psicopolíticamente"[14] (HAN, 2004, p. 33) una fascinación por la violencia al mismo tiempo que crea un espacio de gobernabilidad que desactiva la crítica a las condiciones materiales de las poblaciones precarias y legitima el uso de la violencia como herramienta eficaz para el enriquecimiento rápido.

Las narconovelas, narcoseries y toda la parafernalia asociada a la narcocultura podrían leerse como una conquista del territorio visual y auditivo que distribuye múltiples didácticas de la violencia en las cuales se nos presenta los procesos de construcción y mantenimiento de negocios ilegales a través del necro-emprendimiento, el narco-marketing y la adopción de las lógicas del *selfmade man* en su versión kamikaze, que además de glorificar a aquellos que optan por la opción del enriquecimiento ilícito y violento, trivializan y espectralizan las consecuencias atroces del "negocio" o bien las mistifican bajo una lógica del desafío y de la heroificación trágica de la masculinidad, que en pos de la realización de sus demandas se auto-inmola, creando una continuidad especular entre las lógicas de los criminales mexicanos, las del narco-Estado y las del proyecto necro-neoliberal mexicano.

Esta saturación de imágenes de la narcocultura opaca la necesidad de discusiones profundas sobre la centralidad de la masculinidad necropolítica como piedra angular del heteropatriarcado neoliberal y sus conexiones con el proceso de invisibilización de las lógicas de recolonización económica y corporal en la cual los sujetos endriagos, representados por los criminales mexicanos, son leídos superficialmente por la población espectadora desde juicios de valor emparentados a la moral o desde perspectivas académicas clasistas donde el argumento central es apelar al mal gusto de los códigos culturales del narcotráfico pero que dejan intactas las complejidades entre género, clase, raza y su relación con el colonialismo.

---

14. Entiendo psicopolítica como la gestión política de las poblaciones que utiliza los afectos y los deseos que conforman la psique para instaurar pactos escópicos y sociales en torno a la realidad y producirla como verosímil dentro del marco neoliberal.

Así, los criminales mexicanos serían una versión actualizada del bestiario medieval donde estos sujetos son leídos bajo condiciones de infra-humanidad que los sitúa en un estado de excepción en el cual el Estado-nación debe mantener al grueso de la población con la excusa de someter a las redes criminales, delegando derechos de la ciudadanía general en pos de la "seguridad", lo cual tiene consecuencias contraproducentes para la población general en México pues la amalgama narco-política es una síntesis encarnada de las lógicas del Estado necropolítico en un ejercicio de *body-snatching*[15] o robo de cuerpo, en el cual la figura del criminal es propuesta por el discurso estatal como una ominosa excepción del cuerpo social y no como un cuerpo que ha sido robado y usado como caballo de Troya para encarnar la distopía del entramado estatal y sus lógicas predatorias vinculadas con "la expansión de los tentáculos del Estado modernizador en el interior de las naciones, entrando con sus instituciones en una mano y con el mercado en la otra, rasgando el tejido comunitario, llevando el caos e introduciendo un desorden profundo en todas las estructuras" (SEGATO, 2015, p. 78).

Más allá de la distribución cultural de los imaginarios del crimen organizado a través de la televisión, las redes sociales o el entretenimiento por internet en países como México, Colombia o Brasil, existe una distribución global de esta fascinación por la violencia como herramienta de trabajo, socialización y enriquecimiento rápido. En este sentido, identifico la instauración de un régimen necro-escópico que podríamos denominar necro-pop que disemina códigos semiológicos y técnicos donde la muerte se propone de manera desrealizada y seductora como una constante en producciones neoliberales de la cultura pop. En la última década, la proliferación de la narcocultura a nivel transnacional ha ido en auge con series como *Narcos* (Netflix, 2015 a la fecha), *La Reyna del Sur* (Estados Unidos/México/España/Colombia), *El señor de los cielos* (Argos, Telemundo/Caracol Televisión, 2013 a la fecha), *Breaking Bad* (AMC, 2008-2013, Estados Unidos) y *Deadpool* (Fox, 2016/ Estados Unidos).

---

15. Retomo el término de una novela de ciencia ficción de 1955, escrita por Jack Finney.

Propongo entonces que el régimen necro-escópico de la narcocultura es también un régimen económico que alimenta nichos importantes del mercado global, que asociado al imaginario cultural g-local, producido por las industrias culturales, recupera la estetización de la violencia ultra-especializada (heredadas del colonialismo y del fascismo) y las re-combina con técnicas de gestión de la subjetividad a través de la sumatoria de herramientas psico/necro/biopolíticas.

Esta identificación de la producción de la necro-visualidad nos lleva a revisar el tránsito entre dos momentos importantes: el colonialismo como raíz del fascismo/nazismo alemán (pero no sólo) y el narco/necro mundo contemporáneo que se enfocan en la producción y reforzamiento de la voluntad de muerte donde está es entendida como una voluntad motora de destrucción masiva, al estilo de lo que proponía Schumpeter cuando hablaba del capitalismo como un proceso de destrucción creativa.

Esto da pie para pensar en cómo las economías de la muerte rentabilizan ciertas imágenes para mantener funcionando ciertos imaginarios fundados en fantasías racistas, clasistas y machistas que secuestran y definen el sentido de las imágenes violentas a través de un proceso de *whitewashing* que busca conservar "una jerarquía marcada entre sistemas occidentales y no-occidentales desplegada a partir de una serie de mecanismos tecnológicos, iconográficos, psicológicos y culturales integrados a sistemas coloniales de poder y conocimiento" (LEÓN, 2012, p. 115). Porque en estas técnicas de reproducción de imágenes y producción de imaginarios el sujeto heroico es representado por un hombre blanco, heterosexual, europeo, patriarcal y militar que instaura su axiología en detrimento de los sujetos colonizados, quienes son representados como bestiales, salvajes, incivilizados, herejes, infra-humanos y que en mis indagaciones sobre el capitalismo gore denominó sujetos endriagos.

Estética-política de la diferencia sexual en la narcocultura

A pesar de que los modelos de construcción del género son diversos y van mutando entre épocas y contextos, dentro de la variedad de dichos modelos, en la sociedad mexicana pueden identificarse dos tipos, diametralmente diferenciados e incluso opuestos/complementarios, de lo que es ser hombre y mujer desde la perspectiva esencialista. Por ello, la manera en la que, en México contemporáneo, se sigue asociando el género a ciertos valores del siglo XIX – que se configuran como ideales biopolíticos a partir de la división sexual del trabajo de la era industrial – pueden observarse también en los productos de la narcocultura.

Por tanto, los aparentes avances respecto a nuevas formas de vivir y actuar el género se circunscriben a la legitimidad social que está filtrada por una axiología económica que a través de la estandarización de coreografías sociales del género[16] que reafirman un proyecto necesario para perpetuar las lógicas del discurso heteropatriarcal sobre el género, la clase, la raza manteniendo así la condición metaestable del proyecto neocolonial y heteropatriarcal del capitalismo gore.

En la era de las comunicaciones, la transmisión visual de las formas tangibles e intangibles de los sistemas de significación de la narcocultura es tan importante como el trasiego de drogas o el asesinato por encargo, ya que reporta plusvalía en múltiples niveles: a nivel simbólico, cultural, psicopolítico, social. O más precisamente, trasciende la mera plusvalía monetaria e inaugura un capital social y cultural, que aunque distópicos, configuran un espacio de agenciamiento y comunidad para poblaciones diversas, que van desde las que se vinculan en la práctica directa con la narcocultura hasta aquellas que sólo se sienten identificados con ella y consumen sus productos. Ambas posiciones desarrollan una filiación cultural y hasta emocional con estos repertorios culturales, que se han adoptados como espacios propios. En estas representaciones existe una simbiosis entre las dinámicas rurales y la idea transnacional de la masculinidad que guarda relación con

---

16. Entendidas como una economía política del movimiento, que interconecta las *tecnologías del yo* (Foucault), *las tecnologías del género* (De Lauretis) y el concepto de *pancoreográfico* (Del Val) en donde los modos de subjetivación y los espacios de singularización (atravesados por el momento histórico y el contexto), se articulan de manera performativa en la repetición estandarizada del género, el consumo y los afectos.

arquetipos conservadores de lo nacional, donde los hombres son "bien hombres" y las mujeres "bien mujeres", propuestas como el lado opuesto de la masculinidad: la feminidad seudo-pasiva de la mujer-objeto encarnada por las Buchonas.

En el lenguaje coloquial se conoce como buchonas a las mujeres que mantienen relaciones sexuales-sentimentales con un buchón. La buchona puede leerse como un prototipo de mujer que da continuidad a varias figuras de la feminidad, contradictorias entre sí, como la madresposa que es definida por Marcela Lagarde en su mundo centrado en la función de agradar y cuidar a los otros. Además incorpora la estética de las actrices porno en sus lógicas de exhibición del cuerpo para placer de otros a cambio de una remuneración económica.

También recoge la feminidad de las mujeres heterocentradas que buscan su legitimidad de género en la encarnación acrítica de ciertos códigos semiótico-estéticos de la producción de la feminidad como construcción prostética, en donde conviven de manera deliberada la hipersexualización del cuerpo con la adopción abigarrada y estrafalaria de elementos como el cabello largo y abundante, el cuerpo curvilíneo, las uñas extra largas y coloridas, las cirugías de adelgazamiento y las cirugías de aumento de senos. Es decir, la producción de un cuerpo-objeto que generará plusvalor económico y simbólico en el mercado del género en el que también se inscribe la narcocultura.

Los modelos aspiracionales de feminidad necro-empoderada diseminados por narconovelas o narcocorridos se entretejen con la precariedad existencial y económica de muchas poblaciones, que hacen que el reacomodo económico traído por el neoliberalismo cree también una nueva veta de lo que formalmente se conoce como "la feminización del trabajo", la cual supone la integración cada vez más visible de las mujeres a las filas de lo que denomino *proletariado gore* (VALENCIA, 2010, p. 109) y que son representadas en narcoseries como la de *Rosario Tijeras*.

Las mujeres sicarias encarnan esta nueva etapa de la feminización del trabajo. Donde sus cuerpos, son en muchos niveles, parte activa de la sangre que alimenta a las industrias de la muerte. Me interesa abordarlas desde esta perspectiva, puesto que, pese a que la figura de él y la criminal se presentan como glamurosa dentro de las lógicas de representación de la narcocultura, ambas figuras son encarnaciones atroces del sueño del "progreso y la Modernidad" y pueden leerse como lo que Susan Sontag define como los precursores distópicos de la aldea global.

En el mismo sentido, las mujeres sicarias como parte del precariado gore nos hablan de una intersección de clase y género evidente que, por un lado, parece subvertir las coreografías sociales del género pues se desplazan al terreno de las necroprácticas contradiciendo la versión del género tradicional en la que la feminidad no se emparenta con "trabajos masculinos" como es dar la muerte, sino por el contrario se le concibe en el lado opuesto de la diada de la producción, es decir, en el trabajo de reproducción y de cuidados. Sin embargo, esta subversión del género es contradictoria, pues conserva códigos y signos de enunciación de la feminidad esencializada y los metaboliza con una visión pornográfica donde la violencia y el sexo se conciben como parte del repertorio de las fantasías sexuales de la heteronormatividad que se evidencian tanto visual como sonoramente por medio de la sexualización de los cuerpos femeninos de series televisivas como *La Reina del Sur* o narcocorridos como *Las plebes High Class* en donde se dice que "siempre andan bien a la moda" o que son "más cabronas que bonitas/y en lo bonito exageran" de Los Buitres de Sinaloa, citados por Juan Carlos Ramírez-Pimienta (2011, p. 344-345).

De esta forma se mantiene una continuidad con la estandarización impuesta sobre los cuerpos y los afectos para el género femenino, pero cosmetizando los discursos conservadores a través en un halo de empoderamiento emancipatorio, donde la neoliberalización del cuerpo hace que las mujeres buchonas devengan empresarias de sí mismas dentro de las economías neoliberal y libidinal. No obstante, aunque las mujeres del narco "reivindiquen su derecho a ser violentas y a intervenir en el negocio del contrabando" (RAMÍREZ-PIMIENTA, 2011, p. 350) eso no crea una simetría entre los géneros ya que su incorporación al escenario de la violencia como ejecutoras de ésta se vincula más a la necesidad de supervivencia dentro del régimen heterosexual, en donde los cuerpos masculinos detentan el poder en primera instancia y lo delegan hacia sus mujeres como una especie de herencia *post-mortem*.

Contradictoriamente, las mujeres del narco comparten perversamente una axiología común con las mujeres conservadoras y partidarias de la ideología de derecha, pues como afirmó Simone De Beauvoir sobre éstas ninguna quiere la revolución y en el caso de las buchonas el deseo es pertenecer a los circuitos de enriquecimiento neoliberal. Son madres, esposas devotas a sus hombres. Y cuando son agitadoras, lo que ellas quieren es un pedazo mayor del pastel. Es decir, no sería posible considerar que las mujeres adscritas y/o representadas en los productos de la narcocultura estén fuera del orden de la feminidad tradicional, por el contrario, participan activamente de las intersecciones entre clase, género, raza y exacerban sus funciones en torno a la estética-política de la diferencia sexual.

Conclusiones

La saturación de imágenes de la narcocultura presentadas en múltiples pantallas y dispositivos que representan variaciones del modelo del género, vinculados a la mítica de la masculinidad y a la mística de la feminidad promovidos por el Estado necropatriarcal hunde sus raíces en la reconfiguración de las lógicas del Estado-Nación devenido en Mercado-Nación mexicano, el cual establece una axiología donde se interceptan el régimen necro-soberano de la necropolítica con el régimen neoliberal de la flexibilización del trabajo en los cuales la división dicotómica y contradictoria de los géneros es fundamental para mantener el proyecto de neoliberalización del sentido común para gestionar a las poblaciones.

El aparato de la industria cultural asociada a la explotación y diseminación de la narcocultura ha entendido que debe diversificarse como modelo empresarial, a fin de consolidarse como una industria rentable que no vende sólo drogas sino modos aspiracionales vinculados al género, a la clase, a la raza y a la sexualidad. Modelos que serán explotados y consumidos diferenciadamente según estas variables. Dichos modelos actúan como dispositivos aspiracionales simbólicos que brindan posibles vías para exorcizar la posición de subalternidad en la que se encuentran las poblaciones confinadas al subconsumo y también para hacer frente a la inmovilizadora victimización a la cual se les delega desde el discurso hegemónico de los "triunfadores".

Así el consumo de estos productos culturales vinculados al imaginario de la narcocultura crean relaciones de intercambio *prosumer*[17] respecto al género, a la cis-heteronormatividad, la integridad corporal, la clase y la raza. Es decir, construyen una performatividad que intersecciona los elementos ya mencionados y los despliega en distintas combinaciones a través de las industrias del entretenimiento-consumo, las cuales diseminan estos repertorios culturales, permeando múltiples espacios con el objetivo de que las coreografías sociales del género puedan seguir afianzando al cis-heteropatriarcado necro-liberal y para que el capitalismo gore pueda ser entendido y vivido no sólo como un sistema de producción sino como una construcción cultural (casi) bio-integrada al cuerpo social que se disfraza con códigos semióticos, prostéticos, estéticos y somáticos pertenecientes a los campos de contestación y de oposición a los regímenes tradicionales.

Referencias

BOURDIEU, P. (2000). *La dominación masculina*. Barcelona: Anagrama.

CONNEL, R. (2006). "Desarrollo, globalización e masculinidades". In: CAREAGA, G. & CRUZ SIERRA, S. (coord.). *Debates sobre masculinidades*: poder, desarrollo, políticas públicas y ciudadanía. México: Unam.

DE LAURETIS, T. (1989). *Technologies of Gender* – Essays on Theory, Film and Fiction. London: Macmillan, p. 1-30.

---

17. El prosumerismo está integrado por consumidores que pasan a ser desarrolladores de contenidos. Los prosumidores, complejizan las lógicas del consumo y del mercado, pues difuminan las fronteras entre las funciones y los actores de éste, ponderando al mercado como un dispositivo fundamental para el mantenimiento de las subjetividades capitalísticas y retroalimentado por éstas. Reforzando el entramado de capitalizar la extimidad.

DEL VAL, J. (2009). "Cuerpo común y guerra de los afectos. Coreografías globales y cuerpos en serie del Afectocapital". *Cuadernos de Información y Comunicación* 14, p. 121-139.

ESTÉVEZ, M. (2013). "Mis 'manos sonoras' devoran la histérica garganta del mundo – Geopolítica y régimen colonial de la sonoridad". *El Telégrafo* 22/jul. [Disponible en: http://www.eltelegrafo.com.ec/noticias/carton-piedra/1/mis-manos-sonoras-devoran-la-histerica-garganta-del-mundo-geopolitica-y-regimen-colonial-de-la-sonoridad-1].

FOUCAULT, M. (1990). *Tecnologías del yo*. Barcelona: Paidós.

GUATTARI, F. & ROLNIK, S. (2006). *Micropolítica. Cartografías del deseo*. Madrid: Traficantes de Sueños.

HAN, B.-C. (2014). *Psicopolítica*. Barcelona: Herder.

LAGARDE, M. (2011). *Los cautiverios de las mujeres*: madresposas, monjas, putas, presas y locas. 5. ed. Ciudad de México: Unam.

LEÓN, C. (2012). "Imagen, medios y telecolonialidad: hacia una crítica decolonial de los estudios visuales". *Aisthesis*, n. 51, p. 109-123 [Disponible en: https://scielo.conicyt.cl/scielo.php?script=sci_abstract&pid=S0718-71812012000100007&lng=es&nrm=iso].

MALDONADO-TORRES, N. (2008). "La decoloniazación y el giro decolonial". *Revista Tabula Rasa*, 9, jul.-dic., p. 61-72.

MBEMBE, A. (2012). "Necropolítica. Una revisión crítica". In: CHÁVEZ McGREGOR, E. (ed.). *Estética y violencia*: necropolítica, militarización y vidas lloradas. Ciudad de México: Muac/Unam.

MONSIVÁIS, C. (1981). "¿Pero hubo alguna vez once mil machos?" *FEM* abr.-mai., p. 9-20.

RAMÍREZ, J.C. (2011). "Sicarias, buchonas y jefas: perfiles de la mujer en el narcocorrido". *The Colorado Review of Hispanic Studies*, Fall, 210, p. 327-352.

ROMERO, B. (2015). "La colonialidad de la naturaleza. Visualizaciones y contra-visualizaciones decoloniales para sostener la vida". *Extravío. Revista electrónica de literatura comparada*, p. 1-22 [Disponível em: https://ojs.uv.es/index.php/extravio/article/view/4528 – Acesso: 15/12/2015].

SÁNCHEZ, J.A. (2009). "Procesos de institucionalización de la narcocultura en Sinaloa". *Frontera Norte*. jan.-jun., p. 77-103.

SEGATO, R. (2015). *La crítica de la colonialidad en ocho ensayos y una antropología por demanda*. Buenos Aires: Prometeo.

SONTAG, S. (1996). *El sida y sus metáforas*. Barcelona: Taurus.

SUBCOMANDANTE MARCOS (1997). "La quatrième guerre mondiale a commencé". *Le Monde Diplomatique* ago., p. 1-5. *Le Monde Diplomati-*

que [Disponível em: http://www.monde-diplomatique.fr/1997/08/MARCOS/4902 – Acesso: 08/11/2015].

SUBSECRETARÍA DE PREVENCIÓN Y PARTICIPACIÓN CIUDADANA, DIRECCIÓN GENERAL DE PREVENCIÓN DEL DELITO Y PARTICIPACIÓN CIUDADANA (2010). "Jóvenes y narcocultura". *Secretaría de Seguridad Pública* [Disponível em: http://www.ssp.gob.mx/portalWebApp/ShowBinary?nodeId=/BEA%20Repository/1214169//archivo – Acesso: 11/02/2014].

VALENCIA, S. (2010). *Capitalismo gore*. Barcelona: Melusina.

7
LOS MOVIMIENTOS COMUNITARIOS Y SUBJETIVIDAD

Dolores S. Miranda Gierbolini

Una mirada a la discusión en torno a lo que constituye la psicología política nos sugiere que la misma tiene una trayectoria que varía de acuerdo con contextos geográficos. Las líneas de trabajo han variado desde aquellos que se ubican en la psicología social como lo son estudios sobre actitudes (BEM, 1967) dominancia social (SHERIF, 1936) influencia social (ASCH, 1952; MILGRAM, 1974). Trabajos como los de Lewin (1948), se dirigieron a asuntos políticos destacando el papel de los pequeños grupos y promoción de democratización, otros entender el fenómeno de la personalidad autoritaria y fenómeno fascista en Alemania (ADORNO, FRENKEL-BRUNSWIK et al., 1950).

Producir teoría e investigación que afirme un posicionamiento de índole político-ideológico implica un cuestionamiento ético y moral desde la lógica aséptica de una ciencia libre de ideología. Es la lógica de asepsia científica que ocultaba el hecho que la producción de conocimiento, de entrada, cuenta con posicionamientos ideológicos de quienes investigan, igual la realidad está atravesada por las condiciones sociales, económicas y políticas. Es una negación de la condición pragmática que asumió la ciencia y la psicología en particular, desde su incepción. Ibáñez Gracia (2004) elabora sobre esta relación economía-política y conocimientos, o sea su construcción social.

El debate en torno a la crisis de confianza en las ciencias colocó en el foro público de la psicología las tensiones sociales y epistemológicas de las mismas (LÓPEZ, 1988). Este debate resultó en reorientaciones epistemológicas como lo fue el construccionismo social que subrayó la interrelacionalidad entre la psicología y su contexto sociohistórico. De igual manera, la tensión social fue un emplazo a la complicidad de la psicología, entre otras ciencias del *complejo psy* (ROSE, 1989) en la normalización de desigual y justicia social. Siendo así la política era un asuntos urgente e inevitable en la agenda de la psicología.

En el caso de Puerto Rico, a mediados del siglo XX, la disciplina de psicología fue emplazada por varios sectores de académicos a los efectos de asumir el problema de colonialidad y pobreza con sus implicaciones políticas. Siendo esto así, es de sorprender que no se desarrollara la psicología política con la claridad que se hiciera en otros países. Más recientemente ha habido alineamientos con la teoría crítica y liberación entre algunos académicos (Miranda). Este ha sido el caso de la psicología social comunitaria. Se puede afirmar que, aunque no hay un currículo o líneas de investigación dentro de la formalidad disciplinaria de psicología política, sus problemas de estudios coinciden con la agenda de trabajo de universitarios particularmente de la psicología social y psicología comunitaria.

Dávila, Fouce, Gutierrez, Lillo de la Cruz y Martín (1998) proponen una definición de psicología política como:

> un conjunto de conocimientos científicos, desarrollados y transmitidos por una comunidad que se autodenomina psicólogas y psicólogos políticos, que están reconocidos socialmente como tales y que tienen en común el pretender describir y explicar el comportamiento político humano; entendiendo por comportamiento político aquellas acciones – fisiológicas, emocionales, cognitivas y conductuales – de las personas que: (1) Influyen en un colectivo amplio de personas, en asuntos de interés públicos o colectivos, sin que los intereses se definan exclusivamente por una delas partes. Las acciones que tratan de impactar o impacten en el orden social. (2) Ordenan, regulan o prohíben algo vinculante para toda la sociedad, esté situado ese algo en el terreno de lo social, lo económico, lo ideológico lo cultural o en cualquier otra esfera. Se trata de fijar normas, de reglar. (3) Distribuyan, asignen, movilicen o extraigan recursos, o produzcan bienes y servicios generales. (4)

Tengan comportamientos alternativos, distintas opciones o planteamientos sobre los que se debe hacer. Y a la vez que esos comportamientos, se producen fenómenos sociales y ambientales externos al individuo.

Esta mirada sostiene como el objetivo de la psicología política entender el comportamiento político. Visto en diversos comportamientos que influyen (persuasión, ideología), ordenan (ley y orden), distribuyen recursos (servicios sociales), y alternos (resistencia) con respecto al colectivo. Algunos ejes temáticos son identificados por Garzón (2010) como ideologías y actitudes políticas, personalidad política y liderazgo, participación política, movimientos de protesta, poder y relaciones internacionales, socialización política, medios de comunicación y opinión pública. Martín-Baró (1991) destaca la investigación en torno a los asuntos del Estado, sus actores, organizaciones, los juegos del poder, relación del comportamiento político con un orden social y el impacto que produce. Montero y Dorna (1993) subrayan los ejes de nacionalismo, ideología y liberación. Psicología política ha tenido sus saltos desde la lectura del comportamiento de la tradición estadounidense hacia los fenómenos ideológicos y liberación que se resalta en Latinoamérica.

En este trabajo se presenta una lectura de los movimientos sociales en Puerto Rico con los cuales hemos trabajado en el marco de investigación-acción-participativa. Tiene como problema de estudio las subjetivaciones en el contexto de una acción de comunidades de base desde las cuales emergen subjetividades críticas y alternativas al quehacer político. La pregunta que nos guía es, si nuevas formas de hacer política construyen una visión de mundo o episteme alternativo a la modernidad conducente a nuevas formas de relacionarnos en una humanidad igualitaria y justa.

Las transformaciones sociales y las rupturas de las relaciones de poder dentro y fuera de las organizaciones comunitarias nos remiten a lo político. Alvarado, Botero, Ospina (2010) se refiere a lo político como la organización y gobernanza de las comunidades humanas. Según los autores, involucra varias formas de gobierno de gobierno y organizaciones sociales asociadas con las relaciones de poder entre los seres humanos. Lo político constituye subjetividad, que se vive y encarna con sus aspectos institucionales y estructurales (ALVARADO; BOTERO & OSPINA, 2010). Nuestro trabajo ofrece una mirada desde conceptualizaciones preliminares que sirve de aproximaciones entretejidas a las subjetividades en continuo devenir.

Trasfondo movimientos comunitarios

La literatura sobre movimientos sociales relata cambios en las maneras de hacer política desde los espacios populares, siendo éste el lugar de nuestro interés. Las estrategias tienen punto de encuentros a la vez que sus propósitos, protagonistas y subjetividades varían. La movilización que es propuesta desde una línea y agenda centralizada (por ejemplo, proletario *versus* capital) contiene elementos que se distancia de la interpretación fenomenológica de aquellas de corte más espontáneas dirigidas a instancias locales. Además, la manera de enfrenta el capital tiene sus variantes desde diversas gestiones de las comunidades de bases. Sobre esto elaboramos más adelante.

La mirada desde la cual se relata este trabajo no puede desprenderse del trasfondo social y experiencia vivida en cuanto acción política de la autora. A través de su incursión acompañando movientes comunitarios desde hace varias décadas se ha sido partícipe y reflexión como parte de un colectivo. Se ha vivido los cambios de la gestión comunitaria a través de diversos momentos y espacios.

Durante la década de los años 1980, varios autores conceptualizaron en torno a los movimientos sociales prestando particular interés a aquellos alternativos o populares (FALS & BORDA, 1985; CASTELLS, 1981; SAENZ, 1989; CAMACHO & MENJIVAR, 1989). Esta literatura reconoce las transformaciones o nuevas formas de los movimientos sociales y cómo se distancian de las prácticas de los movimientos clasistas que cobraron mucha fuerza hasta la década del 1970. Les antecede la mirada desde el obrerismo y lucha de clase que no deja de ser de interés, pero se trata de otra mirada. Los movimientos sociales, en su acepción general, tienen participación de los grupos hegemónicos y populares. Los acercamientos a la sociedad política tienden a variar entre ambos grupos. El primero no se inclina a cambiar la sociedad política, por el contrario, hace ajustes, mientras que los sectores populares tienden a reformar y alterar la misma. La movilización de comunidades de base se puede colocar en la gesta de la sociedad civil (espacio de persuasión y convencimiento). Camacho y Menjivar (1989) afirman que la activación en la sociedad civil procura cambios en la sociedad política, pero no necesariamente les interesa asumir el poder. A su vez, destaca que los movimientos populares expresan los intereses de quienes, contrario a los grupos hegemónicos, no pretenden mantener la estructura social dominante. Señala que los mismos pueden ser locales, regionales, clasistas, pluralistas o por reivindicaciones específicas. Pueden funcionar de modo desarticulados y discontinuos, no obstante, tienen la capacidad de constituirse en movimientos estructurados y con objetivos políticos.

A partir de la década de los años 1990, cobra fuerza los denominados nuevos movimientos sociales. Gunder Frank y Fuentes (1989), contribuyeron a la caracterización de movimientos, aunque cuestionaban si eran "nuevos". Algunos autores hacen referencia a estos movimientos como los de la etapa postindustrial. Reichmann y Fernández (1994) ofrecen ocho caracterizaciones con las cuales, en cierto modo coincide la literatura sobre este tema. Estos son los siguientes.

1) Tienen una orientación emancipatoria.

2) Son un punto intermedio entre aquellos cuya orientación es hacia el poder y aquellos cuya orientación es hacia lo cultural.

3) Tienen una orientación relativamente antimodernista en la no comparten la concepción lineal de la historia.

4) Su composición social es heterogénea.

5) Sus objetivos y estrategias de acción muy diferenciadas donde se combinan intereses temáticos en una fuerza sociopolítica preservando la autonomía de los distintos movimientos.

6) Su estructura organizativa es descentralizada y anti-jerárquica.

7) Se ha dado una politización de la vida cotidiana y ámbito privado.

8) Generan métodos de acción colectiva no convencionales.

Guigni (1998) destaca la racionalidad entre movimientos sociales y cambios sociales. El cambio social puede tener punto de partida los movimientos seguido de la incorporación, transformación y democratización. Desde su perspectiva, el papel de los movimientos sociales en el cambio social debe estar orientada a fortalecer la democratización. Los movimientos sociales tienen la posibilidad de incorporase en este espacio de la sociedad política por la vía de la institucionalización y políticas sociales, entre otras. Esto ha sido el caso de los movimientos sociales obrerista y feminista. El alcance en cuanto transformación social queda emplazado en función de los cambios sociales coprotagonizados por los movimientos sociales. Según este autor se deberá fortalecer la democratización. Estos son según ciudadanía amplia, ciudadanía relativamente igualitaria, vinculación clara de las propuestas ciudadanas con las políticas y personal del Estado, y proteger a la ciudadanía de las acciones arbitrarias del Estado.

Algunos autores como Guillem Mesado (1994) se refiere a ellos como movimientos de la post-industrialización. Señala que nacen de intereses individuales que al ser compartidos en la búsqueda de soluciones se hacen colectivas. Destacan dos rasgos de los mismo: valores post-materiales y búsqueda de principios más participativos en la gestión pública. Esta perspectiva sugiere que los movimientos sociales con las características de los nuevos movimientos tienen resuelto sus problemas materiales o de subsistencia. No obstante, se podría sugerir que reclamos de asuntos materiales o de subsistencia pueden ir acompañados de valores post materiales y simbólicos. En el caso de Puerto Rico como en otros países latinoamericanos (CALDERÓN, 1995) y Estados Unidos, algunos se inician alrededor de los asuntos materiales y dan un giro hacia prácticas políticas y culturales.

Santamaría (2008) establece una cronología de los movimientos sociales. Señala que los mismos han dado saltos desde el movimiento obrero en una primera etapa, a la etapa de nuevos movimientos sociales iniciadas con las revueltas del 1968, una tercera etapa a finales de los 1980 caracterizados por nuevos acercamientos teóricos, su incremento y diversificación y nuevos modelos de estructuración política. La cuarta etapa, más reciente, se le refiere a la globalización, el debate sobre la institucionalización y normalización de los movimientos como su teoría. Esta última perspectiva parte de la experiencia de Estados Unidos y Europa. Appadarai (2000) elabora sobre esta última etapa haciendo referencia a la globalización de los movimientos de base y la globalización desde abajo. Se trata de atender el hecho de que las movilizaciones de base o populares fuera del Estado han ido en aumento a través del globo, conectándose de maneras inéditas. Hace referencia de la posibilidad de una sociedad civil internacional. El planteamiento de fondo es cómo estos movimientos de base globales pueden hacer frente a la globalización de los estados y el capital.

Los entramados culturales, simbólicos y la actividad constituyen la fenomenología de los protagonistas de los movimientos sociales. Una perspectiva desde estudios culturales nos propone un análisis de sus códigos, contextos e instituciones. Nos propone trascender los actores particulares y analizar la cultura de los movimientos sociales. Es importante señalar el salto desde los movimientos sociales que aspiraban y lograron asumir la sociedad política como las revoluciones a aquellos que no aspiran asumir ese poder Holloway (2010).

No es nuestra intención agotar la literatura sobre los movimientos sociales. Hemos compartido alguna de la revisada. La misma ofrece algunas respuestas a nuestras curiosidades. No pretendemos en este momento asumir o proponer una teoría que nos explique nuestras observaciones y mucho menos de nuestras acciones. Hay un debate en torno a los nuevos y viejos movimientos sociales. No es nuestro interés ubicar en alguna categoría nuestras observaciones. La literatura que hemos revisado no necesariamente contiene el conocimiento generado desde los actores sociales. Integrar este conocimiento ha sido, y sigue siendo, el reto mayor de nuestra labor. Darle voz en nuestra teorización y conocimiento ha sido elaborados y propuesto por Fals Borda (1985) y Freire (1970). Sus planteamientos nos sugieren que las acciones parten de y generan conocimiento que a su vez sirve de base para la reflexión y transformación al interior de los movimientos sociales.

Movimientos comunitarios en Puerto Rico

Desde finales de la década del 80 del siglo pasado se conformaron gestiones comunitarias ante las transformaciones neoliberales y su impacto en la economía y servicios sociales del país. Se trataba de los asomos de los embates que acompañan el neoliberalismo, el cual se había madrugado con una serie de movimientos comunitarios que dirigían sus reclamos al Estado. Estos esfuerzos mantuvieron reclamos al Estado y el capital, para luego articular una autogestión que resultó en una transformación en la visión de mundo de los actores sociales. Este activismo social nos pareció el lugar de respuestas a los problemas sociohistóricos que vive un país ocupado en dos ocasiones durante los pasado siglos. Nos parecía que estos procesos colectivos podrán construir discursos (IÑIQUEZ-RUEDA, 2005) y espacios de subjetivación que alterarán esta historia de subyugación.

Actualmente Puerto Rico es una colonia de los Estados Unidos de América. El 16 de junio del 2015, el Comité Especial Sobre la Situación con Respecto a la Implantación de la Declaración de Independencia de los Países y Pueblos Coloniales, le instaban a los Estados Unidos a crear las condiciones necesarias para la implantación plena de la Resolución 1514 (XV) de la Asamblea de las Naciones Unidas. La pasada década fue un tiempo y espacio en el cual la deuda pública y la crisis financiera de Puerto Rico ha exacerbado las tensiones entre Puerto Rico y Estados Unidos. La situación es crítica y ha sido acompañada de alternativas, las cuales han recrudecido las tensiones que acompañan el estatus colonial de Puerto Rico. La dominancia del capitalismo y gobierno de los Estados Unidos sobre crisis financiera, cotidianidad y el Estado de derecho puertorriqueño, ha dejado claro la situación insostenible del gobierno local, en la cual el estatus colonial es parte del problema y un impedimento a su solución. Mientras el pueblo de Puerto Rico ha realizado esfuerzos para afirmar prácticas políticas y económicas alternativas, las restricciones del estatus colonial y territorial se han intensificado y como resultado ha creado la urgencia de una pronta solución a esta relación.

Mientras la historia ha seguido su curso dentro de un desarrollo colonial y capitalista en Puerto Rico, la alianza universidad-comunidad ha generado posiciones trabajando desde una perspectiva liberadora. La construcción social-histórica de la dependencia y la desvalorización del Pueblo de Puerto Rico ha tenido un costo en sus vidas, retando los supuestos normalizadores de la psicología.

La trayectoria de los movimientos de base comunitaria en Puerto Rico nos invita a ubicar nuestro quehacer académico fuera del aula para el entender cómo crear una historia que nos liberara de lo que interpretamos como un Estado de asistencialismo y desvalorización. Una psicología o psicologías que pudieran generar una acción colaborativa con las comunidades de base que contribuya a construir una subjetividad decolonial.

Las diferentes orientaciones conceptuales desde las cuales partimos coinciden en que los movimientos populares: (1) parten de una acción colectiva organizada hacia un objetivo común a raíz de las contradicciones estructurales de las sociedades (2) tienen un proceso de identificación donde se enfrentan sectores adversariales (3) elaboran un proyecto alternativo transformador que trasciende su objetivo inmediato. Desde esta referencia podríamos interpretar que los movimientos comunitarios en Puerto Rico son la organización de la sociedad civil alrededor de asuntos de producción (proyectos económicos, vida cotidiana (por ejemplo, vivienda, salud, educación etc.) y simbólicos o subjetivos tales como la resistencia cultural. En su mayoría identifican al Estado como el adversario y la experiencia los ha llevado a proponer alternativas de organización social y políticas sociales. Los niveles de desarrollo entre los mismos varían. Sus contenidos y organización no son categóricos. Por ejemplo, existen movimientos en los cuales convergen diversas reivindicaciones. Esto es particularmente característico de los movimientos comunitarios socioeconómicos con los cuales hemos trabajado. Contrario a la experiencia con el movimiento ambientalista, existen organizaciones más amplias a nivel nacional, no obstante, los organizados a nivel municipal reafirman su autonomía.

Los movimientos comunitarios que nos sirven de referencia en este trabajo son aquellos donde la organización comunitaria inmediata es instrumental para adelantar sus objetivos. Se originan desde la comunidad y sus protagonistas son de la misma.

Hacemos referencia a movimientos comunitarios debido a que entendemos que un movimiento comunitario con una propuesta de convergencia claramente articulada tiene posibilidades, pero se encuentra en proceso.

Utilizaremos algunos de los elementos esenciales de los movimientos sociales que propone Saenz (1989) con el propósito de focalizar y organizar nuestra presentación de los movimientos comunitarios en Puerto Rico. Estos son: el contenido estructural, la base social, ambiente y territorio, organización, reivindicaciones, las acciones, los adversarios, la línea política y los efectos.

En cuanto al contenido estructural los movimientos comunitarios se pueden entender que parten de las contradicciones al interior de la tríada capital, Estado y partidos. Estos son configuradores de nuestra realidad que se constituyen mutuamente. Trabajos como Muñiz (1989) y Pratts (1994) han elaborado sobre las transformaciones que han dado estos componentes. Por ejemplo, la tecnología al servicio del capital resulta en desplazamiento de trabajadores, a la vez que el Estado que se sostiene en función de los partidos políticos, se des-responsabiliza de servicios como salud y educación orientados hacia la privatización en los que se conoce como neoliberalismo y ruptura con el pacto social. Esta movida le sirve a su vez, a los intereses económicos del capital viabilizado por las dinámicas de los partidos políticos.

Las movilizaciones tienen las características organizativas que observamos a partir de los ochenta. Hay activación social que identifica como su adversario al Estado al cual le reclaman derechos, servicio, asistencia y protección contra los intereses del capital. Hay movilizaciones contra los atropellos de las grandes corporaciones, defensa de los recursos naturales y el ambiente, así como luchas para rescatar playas y objetar la intervención militar de los Estados Unidos. Gran parte de los movimientos sociales comunitarios fueron promovidos por la izquierda y movimientos religiosos de la teología de liberación. Algunas luchas continúan hoy y algunas han cobrado nuevas expresiones.

La base social son trabajadores desplazado y grupos de sectores sociales organizados alrededor del problema de desempleo y servicios públicos. Aquí es importante destacar que gran partir de los participantes (en el caso de los proyectos de desarrollo económico) son recipientes de los beneficios del Estado Benefactor, tales como ingresos de asistencia pública. Desde estos escenarios la pobreza y desigualdad social es el eje fundamental.

El ambiente y territorio es a nivel municipal. Existen movimientos a nivel más amplio como el caso del ambientalismo y feminismo. Los organizados a nivel local procuran mantenerse a ese nivel a la vez que se movilizan en solidaridad de organizaciones más amplias. Esto es motivo de debate interno con una tendencia a no dejarse absorber por estructuras nacionales.

Los niveles de organización varían entre los movimientos comunitarios. Existe una tendencia hacía la mayor organización en los proyectos socio económicos. Esto es así dado la necesidad de una estructura administrativa que fortalezca los proyectos sociales y económicos que han generado. El aspecto organizacional constituye un asunto de mucha discusión ya que la formalidad implicada se contrapone a los estilos informales y fraternales existentes. Además, se ha producido diferenciación social. Se promulga una estructura anti-jerárquica, pero las prácticas han generado jerarquías y problemas del género.

El Estado como adversario es predominante. Este ha servido de proveedor de servicios, empleos y asistencia económica. El Estado se ha significado como el responsable de proveer empleo y servicios. La dependencia con el mismo continúa. En ausencia de capital, los proyecto sociales y económicos han recibido financiamiento del Estado, de modo que no se ha configurado un real antagonismo. Se transforma esta relación en lo que denomina Calderón (1994) en una acción dirigida al Estado y no necesariamente en su contra.

Las líneas políticas varían entre los movimientos. En algunos se observa una línea de izquierda y pro-liberación nacional. En su mayor existe el pluralismo político en cuanto a los partidos nacionales. Parte del liderato tiene como trasfondo su inserción en la izquierda de los años 1960 e 1970. No obstante, asumen el pluralismo de su organización. La propuesta política general está más relacionada con propuestas de políticas sociales que adelante el bienestar social en general con respecto a asuntos específicos (educación, ambiente etc.). La política es una instancia de negociación donde la misma se agencia. No se pretende asumir el poder. Además, no existe interés en constituir una línea política.

Las acciones varían desde las tácticas de movilización tradicional, desobediencia civil, prensa plana propia, expresiones creativas variadas tales como teatro popular y festivales alrededor de alguna consigna.

Entre los efectos que han tenido estos movimientos comunitarios se encuentra que se adelantaron en elaborar propuestas alternativas ante el desempleo y deterioro de servicios básicos. Más importante, lograron trascender su necesidad e interés inmediato proponiendo alternativas ante los fracasos de los proyectos socioeconómicos del Estado. En términos psicosociales se privilegia la solidaridad y accionar colectivo transformando la subjetividad de dependencia. Esto último ha sido una de mayor dificultad dada la historia del Estado Benefactor y sus desventajas ante el capital.

Han planteado asumir algunos de servicios ahora privatizados, por ejemplo, administrar residenciales públicos, proveer educación entre otros. Estos asumieron protagonismo ante la incapacidad del Estado y capital de resolver problemas de desempleo y el deterioro de los servicios básicos. Es precisamente este el protagonismo que alimenta el Estado en estos momentos. Por un lado, delega responsabilidades e inicia su financiamiento, pero se fortalece controlando las reglas del juego. Esto es, ofrece fondos para iniciar proyectos de desarrollo, pero éstos tienen que seguir al pie de la letra las exigencias administrativas y legales. Dada esta realidad, se hace difícil competir y subsistir. El Estado, cuando habla de privatizar no está pensando en los sectores pobres de la base popular organizada. Está pensando en el sector de grandes empresas y técnico profesional que cuentan con el capital y crédito para asumir la privatización. Se han creado nuevos incentivos para las empresas internacionales por un lado y por otro iniciado desreglamentación laboral en perjuicio de las conquistas del movimiento obrero.

Nuestras observaciones nos llevan a reafirmar que los diversos movimientos comunitarios han vivido la experiencia exitosa del trabajo solidario, cooperativo y colectivo. Su socialidad les ha beneficiado y pretenden hacerla prevalecer como alternativa a la visión individualista privilegiada en la cultura dominante donde la solidaridad entre nosotros se esfuma.

Los movimientos comunitarios privilegian los recursos naturales, contribuyen al rescate de la agricultura y pesca, han elaborado propuestas de desarrollo social y económico, propuesta de cultura alternativa y nuevas socialidades. Estos desarrollos son fundamentales para combatir la ideologización de escasos recursos naturales, sobrepoblación, dependencia, desvalorización, incompetencia aprendido y el pesimismo ante la crisis social y económica. Se ha rescatado la historia de resistencia y luchas sociales. Propone una visión del puertorriqueño capaz y solidario ante las luchas por reivindicaciones humanas.

La propuesta de trabajo enfrenta a varios retos no señalados:

1) Rescatar algunos aspectos de la acepción anarquista de la autogestión. De otra manera se reproduciría la dependencia, la empresa capitalista y organizaciones autoritarias y jerárquicas.

2) Laborar una organización municipal de modo que la distribución de los ingresos públicos, lleguen directamente a las comunidades y no entidades públicas y privadas intermediarias. Se lidiaría con la corrupción en los municipios donde la tendencia es beneficiar a aquellos grupos que responde a sus intereses políticos partidistas.

3) Tienen que probar su eficacia administrativa y gerencial con todas las implicaciones que esto tiene.

4) Fortalecer la alternativa de proyectos económicos comunitarios y acelerar la creación de empresas de trabajadores dueños.

5) Ocupar espacios en el mercado a nivel local e internacional. Este esfuerzo requiere de la colectivización de la producción y servicios. Es necesario las redes colaborativas a nivel nacional e internacional. Actualmente se proyecta la colaboración en Caribe.

6) Desarrollar opciones educativas a las del Estado y mantener una educación popular afirmativa y consistente. El pro-

ceso de reflexión y sistematización de experiencia es fundamental para la conceptualización y atender los problemas de la organización.

7) Hacer valer su participación en el proceso de formulación de política social, su implantación y fiscalización fuera de los partidos políticos. Un aspecto importante es deslegitimizar las políticas del Estado que atentan contra sus derechos e intereses. Además, desreglamentar al Estado para agilizar el desarrollo de los proyectos sociales y económicos que se generen, de la misma manera que el Estado desreglamenta para implantar las estrategias gerenciales que atentan contra los derechos y bienestar de los trabajadores.

Los retos constituyen las fortalezas y esperanza de los movimientos comunitarios. En la medida que los supera se irá construyendo nuevas formas de amplia participación ciudadana, se ejercerán los derechos humanos en una sociedad más igualitaria, justa y libre.

Durante los últimos cuatro años el Estado ha articulado con mayor claridad su política neoliberal y define su papel como el de facilitador promoviendo el desarrollo comunitario como la fuerza para el éxito de su modelo político y económico. Esto implica mayor cooptación de los movimientos comunitarios. Los desarrollos, de entrada, son financiados y dirigidos por el Estado. Ya éste ha asumido el discurso del empoderamiento y autogestión. La privatización promovida por el Estado politiza los movimientos comunitarios desde su perspectiva partidista.

Los análisis preliminares sustentan la transformación en la práctica. En su primera etapa se encontraban dos posiciones con respecto a propósitos: (1) reclamos al Estado por servicios en el área de la educación, salud y protección ambiental, (2) la descolonización desde el pluralismo político. En su segunda etapa los esfuerzos se dirigieron hacia el desarrollo de proyectos económicos desde una perspectiva solidaria. En su tercera etapa, la creación de proyectos económicos y sociales con el fin propiciar la sostenibilidad. En la etapa actual se afina una subjetivación colectivista y ecologista radical.

Los resultados sugieren que a través de la gestión de desarrollo económico asociativo o colectivista se construye socialmente un sentido de ser colectivo que sirve de fundamento para la gestión liberadora en el plano personal, local y nacional. Los resultados aportan a la tradición social y comunitaria de la psicología que destaca la relación cara a cara, acción hacia un fin común exitoso y la interrelacionalidad del ser humano, sociedad y naturaleza. La experiencia de veinte años en una relación universidad-comunidad ha resultado en lecciones, retos y estrategias que retoma la decolonialidad como alternativa conceptual. Nuestra investigación ofrece respaldo a la posición crítica, tridimensional de la colonialidad del ser que propone Maldonado Torres (2007) como uno de los ejes fundacionales de la decolonialidad. La investigación nos sugiere que la decolonialidad es un proceso que requiere constituirse como una finalidad de la acción psicosocial de las psicología política, social y comunitaria que pueden contribuir en una gestión transdiciplinaria y globalizada. Los conocimientos y saberes que se producen en colaboración transforman, a su vez, prácticas psicosociales, políticas y la vida cotidiana.

Alvarado, Botero y Ospina (2010) ha señalado que el sujeto en relación con su contexto y circunstancias construye y des-construye significados. Son significados que conforman creencias, afectos y prácticas. Iñiguez-Rueda (2003) la transformación social nos desborda. No obstante, considera que la producción de contra-discursos es un arma política.

Castells (2004) llama la atención de la limitación de la sociedad civil (sobre la que descansan los movimientos sociales) y las comunidades para generar proyectos sociales alternos. En el primer caso porque su éxito estriba en su capacidad de afirmar propuestas dentro del estatus quo. La segundo debido a que el comunitarismo implica exclusión. Las personas se organizan alrededor de un asunto con el que se identifica y se organizan para excluir quienes los excluyen. Esta observación es relevante y es imperativo considerarse en nuestras discusiones y acciones. En lo que podemos coincidir con Castells (2004) es con la complejidad de las identidades y sus consecuencias no intencionadas.

Una mirada a organizaciones de base comunitaria que forman parte de los movimientos comunitarios nos ofrece varias lecciones que debemos resaltar. La labor de académicos se conceptualiza como parte de los movimientos comunitarios y sus organizaciones. No se trata de ser colaboradores o investigadores/as. Se nos constituye como parte mediando la amistad como vínculo de importancia. Esto implica un emplazamiento de compromiso y acción que nos coloca éticamente en posicionamiento político que debemos tener de frente. Implica a su vez una relación horizontal por lo que nuestra producción académica tiene que contar con el debido reconocimiento de las autorías compartidas. El conocimiento producido es colectivo y resultado de las relaciones con los contextos y protagonistas de nuestros haberes académicos.

La gestión ciudadana es un acto educativo. Hacer política requiere un proceso reflexivo que como ya indicamos construye y des-construye significados. Significados que conforman creencias, afectos y prácticas. El resultado entre otros ha sido iniciar la construcción de una práctica política alterna a la electoral y la cual no tiene como propósito asumir el poder, en su acepción típica de la política electoral. Se propone elaborar propuestas que conduzcan a lecciones locales, sin desvinculación a los homólogas nacionales y globales. Las rutas de influencias y cambio en lo político no es la electoral, más bien asambleas entre comunitarias similares al concepto de Juntas de Buen Gobierno del movimiento zapatista (Martín). Se comienza a elaborar acciones y propuestas desde esta ciudadanía alternativa y habrá de elaborarse más. Lo cierto es que la participación y expectativas de resolver a través de los partidos políticos se van desvaneciendo o rearticulando. A su vez, se ha afirmado la autogestión frente a los partidos, capital y Estado.

Las categorías de opresor y oprimido suele ser problemático. Nos remite a las identidades sociales construidas desde la violencia y dominancia social de unos sobre otros. Estas han contado históricamente con diversas expresiones. Cuando se vive la colonización y su violencia uno entiende cómo se vive la misma. Como sujetos históricos somos descentrados moviéndonos en diversas direcciones transitando diversas subjetivaciones. Estas pueden ser híbridos, nuevas o inciertas. Al decir de Anzaldúa (1987) es estar en la Nepantla, vivir entre mundos, en los entremedios sin fronteras claras. La decolonialidad es una mirada que retomamos con diferentes miradas desde los movimientos sociales que prometen caminos de nuevas visiones alternas a la episteme de la modernidad. En esa dirección nos dirigimos.

El futuro...

Al inicio sugerimos que lo político y subjetividad se constituyen mutuamente en continuo devenir haciendo y deshaciendo realidades. La política como la conocemos estará entre nosotros por buen rato. No obstante, la experiencia y conocimiento que emerge de los movimientos sociales, en nuestro caso movimientos comunitarios, son lecciones que nos conducen a nuevos senderos. La perspectiva antagonista o la frontera de la opresión y oprimido se hace borrosa y las subjetividades transitan entre ambas. No podemos negar o ignorar el hecho que reproducimos la visión de mundo de las conquistas europeas y estadounidense. Como ser colonial reproducimos las formas del opresor de la cuales pretendemos liberarnos. De igual manera el sujeto capitalista. Desde esa misma opresión surge la reflexión crítica que genera prácticas que construyen nuevos caminos. Hay asomos de cambio en lo político y la política si hacemos referencia a la nomenclatura de Mouffe (2013) haciendo una distinción entre lo ontológico y las prácticas institucionales. Mouffe (2013) propone el pluralismo agonístico como modelo de democracia en un pluriverso donde la democracia puede significarse de variedad diferente en diversos contextos.

Existen la propuesta de formas alternas de hacer política desde quienes eliminan o minimizan el papel del Estado como las multitudes de Negri y Hardt (2004). La agonista de como alternativa a la posición antagonista que sirviendo como modelo de democracia (MOUFFE, 2013). Kalayjian y Palourzian (2010) sugiere el perdón y reconciliación como rutas psicológicas. Kelman (BARON, 2010) propone un acercamiento lewiniana y sistemas proto-dinámicos ante los conflictos. Desde la experiencia de las comunidades populares con la educación popular y reflexión crítica se han desarrollado estrategias de hacer política paralela a la tradicional partidista- -Estado (VILLAFUENTE, 2015). En este escenario los movimientos sociales cobran un papel desde los espacios locales haciendo política mediante la democracia directa negociando en los espacios formales con las asambleas comunitarias. En los espacios tradicionales se depende de los balances que hace los partidos e instancias del Estado con los grupos de presión ejecutando políticas sociales y distribución de recursos. Desde los espacios populares se negocia en asambleas abiertas, pluriclasista, pluripartidista, o sea desde la diversidad llegando a acuerdos que puedan ejecutar. En ambos escenarios se convive en diversidad, las resistencias y la dominación social. Señalaba Freire "que nuestro papel no es hablar al pueblo sobre nuestra visión del mundo, e intentar imponerle a él, sino dialogar con él sobre su visión y la nuestra"

La solidaridad ha sido un eje fundamental en él, lenguaje de los movimientos comunitarios de base. Gaztambide (2012) siguiendo la línea de Freire (1970) afirma que la solidaridad como un acto de entrada en una relación solidaria con otros. Solidaridad requiere que uno entre en la situación con quien se es solidario. Se trata de luchar a su lado para transformar la realidad objetiva que nos ha hecho oprimidos es "estar con para el otro" (FREIRE, 1970, p. 49).

Confiemos que la psicología política y demás psicologías tengan presencia en los diversos caminos de los movimientos de comunidades, cualquiera que sea el punto de encuentro en el mundo. Seamos protagonista de la esperanza...

Referencias

ADORNO, T. et al. (1950). *The authoritarian personality*. New York: Harper & Row.

ALVARADO, S.V.; BOTERO, P. & OSPINA, H.F. (2010). "Subjetividades políticas: sus emergencias, tramas y opacidades en el marco de la acción política – Mapeo de 61 experiencias con vinculación de jóvenes en Colombia". *Utopía y Praxis Latinoamericana*, 15 (50), jul.-set., 39 (55) [Disponível em: http://redalyc.uaemex.mx/src/inicio/ArtPdfRed.jsp?iCve=27915750004].

ANZALDÚA, G. (1987). *Borderlands/La Frontera*: The new mestiza. San Francisco: Aunt Lute.

APPADARAI, A. (2000). "Grassroots globalization and the research imagination". *Public Culture*, vol. 12, n. 1, p. 1-19.

ASCH, S.E. (1952). *Social Psychology*. Englewood Cliffs: Prentice Hall.

BARON, R.B. (2010). "The contributions of Herbert C. Kelman: Reinvigoration Lewin and anticipating dynamical systems models". In: EAGLY, A.H.; BARON, R.M. & HAMILTON, V.L. *The social psychology of group identity and social conflict*. Washington: American Psychological Association.

BEM, D. (1967). "Self-perception: An alternative interpretation of cognitive dissonance phenomena". *Psychological Review*, vol. 74, p. 183-200.

CALDERÓN, F. (1995). *Movimientos sociales y política*: la década de los ochenta en Latinoamérica. México: Siglo XXI.

CAMACHO, D. & MENJIVAR, R. (1989). *Los movimientos populares en América Latina*. México: Siglo XXI.

CASTELLS, M. (1981). *Crisis urbana y cambio social*. México: Siglo XXI.

CHILISA, B. (2009). *Indigenous Research methods*. Londres: Sage.

DOBSON, A. (1997). *Pensamiento político verde*: Una nueva ideología para el siglo XXI. Barcelona: Paidós.

FALS BORDA, O. (2001). "Participatory (Action) Research in social theory: origins and challenges". In: REASON, P. & BRADBURY, H. (orgs.). *Handbook of action research*. London: Sage, p. 27-37.

FREIRE, P. (1970). *Pedagogía del oprimido*. Mexico: [s.n.].

GARAY, A.; INIGUEZ, L. & MARTINEZ, L. "La perspectiva discursiva en la psicología social". *Subjetividad y Procesos Cognitivos*, n. 7.

GARZÓN, A. (2010). "Psicología política veinte años después: Nuevas tendencias en España". *Psicología Política*, n. 40, p. 81-105.

GAZTAMBIDE-FERNÁNDEZ, R. (2012). "Decolonization and the pedagogy of solidarity". *Decolonization: Indigeneity, Education and Society*, 1 (1), p. 41-67.

GERGEN, K. (2009). *Relational Being*: beyond self and community. Oxford: Oxford University Press.

GUIGNI, M.G. (1998). "Social Movements and Change. Incorporation, Transformation, and Democratization". In: GUIGNI, M.G.; McADAM, D. & TILLY, C. *From Contention to Democracy*. New York: Rowman & Littlefield.

GUILLEM MESADO, J. (1994). *Los movimientos sociales en la sociedad industrial*. Barcelona: Eudema.

GUNDER FRANK, A. & FUENTES, M. (1989). "Diez tesis acerca de los movimientos sociales en América Latina". *Revista Mexicana de Sociología*, ano LI, vol. 51, n. 4.

HARDT, M. & NEGRI, A. (2004). *Multitudes*: guerra y democracia en la era del Imperio. Barcelona: Limpergraf.

HOLLOWAY, J. (2010). *Cambiar el mundo sin tomar el poder*. Mexico.

IBÁÑEZ GRACIA, T. (2004). "El como y porqué de la psicología social". In: IBÁÑEZ GRACIAS, T. (coord.). *Introducción a la psicología social*. Barcelona: UOC, p. 53-90.

IÑIQUEZ-RUEDA, L. (2003). "La psicología social como crítica: continuismos, estabilidad y efervescencias: tres décadas después de la crisis". *Revista Interamericana de Psicología*, vol. 32 n. 2, p. 221-238.

LEAVY, P. (2016). *Essentials of transdisciplinary research*: using problem centered methodologies (qualitatives essentials). New York: Routledge.

LEWIN, K. (1948). *Resolving Social Conflicts*: Selected papers on group dynamics. New York: Harper & Brothers.

LÓPEZ, M. (1988). "Hacia una reorientación en la psicología social: después de la crisis". In: LÓPEZ, M. & ZÚÑIGA, R. (orgs.). *Perspectivas críticas en la psicología social*. Río Piedras: Editorial de la Universidad de Puerto Rico, p. 383-426.

MALDONADO TORRES, N. (2007). "On the coloniality of being". *Cultural Studies*, vol. 21, n. 2, p. 249-270.

MARTÍN-BARÓ, I. (1991). "El método en la psicología política". In: MONTERO, M. *Acción y discurso*. Caracas: Eduven, p. 39-56.

MIGNOLO, W. (2008). "La opción de-colonia: desprendimiento y apertura – Un manifiesto y un caso". *Tabula Rasa*, vol. 8, p. 243-281.

MILGRAM, S. (1974). *Obedience to authority*: An experimental view. New York: Harper & Row.

MONTERO, M. & DORNA, A. (1993). "La psicología política: una disciplina en la encrucijada". *Revista Latinoamericana de Psicología*, vol. 25, n. 1, p. 7-15.

MOUFFE, C. (2013). *Agonistics*: Thinking the World Politically. London/New York: Verso.

MUÑIZ VARELA, M. (1986). *Crisis Económica y Transformación Social en Puerto Rico (1973-1983)*. Río Piedras: Centro de Investigaciones Sociales.

PRATTS, S. (1994). *La Privatización del Pacto Social*. San Juan: Porta Coeli.

REICHMANN, J. & FERNÁNDEZ BUY, F. (1994). *Redes que dan Libertad*: Introducción a los nuevos Movimientos Sociales. Barcelona: Paidós.

SAENZ, O.Z. (1985). "Acerca de los movimientos sociales urbanos". In: VV.AA. *Los Movimientos sociales y participación comunitaria*, p. 97-115.

SANTAMARÍA CAMPOS, B. (2008). "Movimientos sociales: una revisión teórica y nuevas aproximaciones". *Boletín de Antropología*, vol. 22, n. 39, p. 112-131.

SHERIF, M. (1936). *The psychology of social norms*. Oxford: Harper.

TEO, T. (2015). "Critical psychology: A geography of intellectual engagement and resistance". *American Psychologist*, vol. 70, n. 3, p. 243-254.

TINT, B.S. (s.d.). "Dialogue, forgiveness and reconciliation". In: KALAYJIAN, A. & POUTZIAN, F. *Forgiveness and reconciliation*: Psychological paths to conflict, transformation and peace building. London: Springer.

VILLASANTE, T. (2014). *Redes de vida desbordantes*. Madrid: Catarata.

8
DISSIDENZ: A RADICALIDADE ONTOLÓGICA DA DISSIDÊNCIA COMO FUNDAMENTAÇÃO ÉTICA DA POLÍTICA

André Guerra
Pedrinho Guareschi

Introdução

Com este capítulo não pretendemos elaborar uma discussão em torno da política, mas antes disso uma reflexão sobre os pressupostos filosóficos que articulam ética e política. Mais especificamente, intentamos propor um campo de discussão política que tome a radicalidade da dimensão ética como seu fundamento. Ou seja, consideramos que, como espécie humana, há consenso sobre o fato de que inúmeros problemas políticos devem ser resolvidos; porém, apartado esse consenso, só resta conflito sobre *o quê, como, quais, quando* e *por que* resolver esses problemas, além de *quem* e *para o que* se os deveria resolver.

Aquilo que consideramos comum a essas questões em conflito é o fato de que hoje parece ser mais candente a constatação de que, para uma mesma questão, podem haver respostas absolutamente divergentes, sem que necessariamente alguma delas possa ser considerada totalmente errada ou falsa, sintoma de uma possível nova era, uma era pós-verdade. A ampliação surpreendente dessa margem de possibilidades pode ser considerada um dos efeitos positivos daquilo que poderíamos passar a entender por democracia. No entanto, com isso advém também uma dificuldade em encontrar pontos de consenso, inclusive sobre como consensuar modos de lidar com a emergência de todas essas possibilidades de consensos divergentes.

Essa necessidade de elaborar – ou reelaborar – um campo de debate político emerge da constatação de que talvez aquilo que ainda entendemos por democracia esteja fundamentado em pressupostos não totalmente democráticos. Ou melhor dizendo, que o próprio fato de buscarmos fundamentos para democracia já seja, em si mesmo, uma prática não democrática, pois, como diz Jacques Rancière (1996), a especificidade da perspectiva democrática seria a de não tomar como dados ontologicamente quaisquer fundamentos que assegurariam uma legitimidade transcendente para o governo, para a lei, para o domínio, restando apenas a igualdade ontológica como um princípio fundante de uma democracia radical. Essa paradoxal desfundamentação ontológica que acreditamos constituir o fundamento da democracia parece apontar para um espaço vazio, em que os fundamentos podem ser considerados mais como o produto de um movimento constituinte das pretensões humanas do que uma pretensa qualidade constitutiva e pacífica do real.

Isso tudo nos leva a pensar o papel da psicologia política nesse contexto. Reconhecer e tornar reconhecível que a democracia – como um espaço vazio de fundamentos – é o campo propriamente político em que os problemas políticos devem se dar é reconhecer que está em disputa na política também a própria constituição do que deve ou não estar em disputa no campo político, isto é, o que deve ser valorizado como tendo *valor* político, o que deve ser disputável. Nesse sentido, o problema político contemporâneo pode ser considerado também um problema radicalmente ético, no sentido de que é preciso, antes de tudo, valorizar, dar valor de problema político ao problema ético (o problema de onde e como se deve desenrolar a política). Se assim ética e política interligam-se ao serem atravessadas pelo problema da valorização dos valores – e valores nada mais são do que a matéria-prima, a substância da dimensão simbólica –, então podemos dizer que um modo de compreender a psicologia política é o de ela ser o campo que toma como seu objeto de estudo a compreensão da dinâmica da valorização dos valores.

Até aqui interligamos pontos muitas vezes considerados apenas separada e individualmente. Com essa ligação entre política, ética, democracia, valores e psicologia política pretendemos constituir um campo político que consideramos originário e primordial em relação ao problema político, isto é, o campo constitutivo e constituinte de produção da própria subjetividade que coloca o problema político e as condutas possíveis derivadas dessa subjetividade. Desde uma perspectiva política (a condução ético--existencial). Didaticamente é possível restringir a duas direções antagônicas possíveis a nossa condução ético-existencial, isto é, a condução global de nossa singularidade, de nossa existência no mundo em um processo de valorização dos valores: uma delas é a condução que visa *conservar* nossa relação com o mundo; a outra que visa *transformar* nossa relação. O objetivo deste capítulo é se debruçar sobre esse segundo modo e problematizá-lo buscando compreender as condições de possibilidade elementares dessa conduta bem como suas potencialidades e limites. Para isso, realizaremos uma reflexão que teve seu início em nosso Mestrado em Psicologia Social (GUERRA, 2015), em que um de seus resultados foi a criação de uma noção que consideramos útil na compreensão dos pressupostos oportunos para um debate político que pretenda apontar para uma transformação transformadora: essa noção é a de *Dissidenz*.

Apontaremos também para a importância de resgatarmos e ampliarmos o reconhecimento da relevância da dimensão simbólica para os estudos efetuados desde a psicologia política; para isso é importante elevarmos a dimensão simbólica para além da estrita capacidade cognitiva de representar, isto é, de tornar presente o que de fato está ausente; é preciso conceber as adjacências da dimensão simbólica com a capacidade corpórea de *perceber* o mundo, tocá-lo, constituí-lo, apropriá-lo, imaginá-lo e vivenciá-lo por meio da forma elementar afeto-saber (JOVCHELOVITCH, 2008). Desse modo, a dimensão simbólica é ressignificada como fazendo parte da dimensão primária da relação ser-no-mundo, constitutiva, portanto, das dimensões política, moral e, sobretudo, ética. Como exploraremos adiante, entretanto, a Modernidade, em seu afã de um conhecimento puro, tentou afastar da dimensão simbólica todos os elementos que julgou obstrutores de uma racionalidade pretensamente transparente, segregando a razão de todos os outros aspectos simbólicos derivados da relação afetiva com o mundo. Nesse processo, todavia, terminou excluindo não só a moral e a ética, mas também a política como dimensões constitutivas e necessárias da existência.

O que sustentaremos aqui é que pode estar nos efeitos dessa segregação do simbólico a origem das crises que atravessamos contemporaneamente, principalmente a nossa patente incapacidade, por um lado, de alcançar o consenso, e nossa incompetência, por outro lado, para lidarmos com o dissenso. Ambos, efeitos materializados naqueles fenômenos que se estão chamando de pós-verdade e pós-democracia, problemas para os quais parece estarmos constatando não só a insuficiência dos instrumentos que a Modernidade nos relegou, como também, inclusive, que os próprios fenômenos possam ser frutos da instrumentalização e tecnicização produzida pela Modernidade. O que tudo isso significa é que talvez pudéssemos pensar que residem nos próprios fundamentos da Modernidade os elementos que hoje deterioram por dentro alguns dos mais importantes avanços oferecidos por ela: os ideais de ciência e de democracia.

Com este capítulo pretendemos sugerir que uma discussão desde a psicologia política em torno do problema ético pode auxiliar a criação de alternativas às diversas crises que estão se abatendo sobre nós. As inovações prático-teóricas derivadas desse campo podem nos auxiliar na difícil tarefa crítica de darmos um passo atrás em relação ao problema político e nos perguntarmos pelas condições de possibilidade do próprio questionamento político, isto é, perguntarmos quais devem ser os pressupostos de um campo de debate político que se propõe a ser transformador. Uma das principais razões da importância de se buscar compreender a pertinência das contribuições da psicologia ao campo ético-político deriva do fato de que vivemos, como destaca Moscovici (2011), "em uma era econômica e sociológica", e segue o autor afirmando que, portanto, "a inclinação natural é explicar os fenômenos, quaisquer que sejam, a partir da economia e da sociologia. Até o absurdo, se necessário for" (p. 14). Isso não significa que a sociologia e a economia não sejam necessárias para compreendermos o fenômeno político; a questão é que elas não são suficientes. E isso por uma causa muito simples: é certo que o ser humano não existe independentemente do "social", entretanto é igualmente correto que não pode ser reduzido a isso. E, contemporaneamente, a necessidade desse resgate ou criação do espaço psicológico como um problema ético-político volta a ser – se é que um dia deixou de ser – uma questão crucial, pois somos arrebatados pelo seguinte desafio inescapável: ou encontramos não só novas soluções, mas também novos modos de colocar os problemas a serem solucionados, ou as soluções e a própria possibilidade de se colocar problemas de modos renovados poderá ser eliminada – o que não seria inédito, nem na história recente da América Latina, nem na do mundo. Isso porque precisamos entender que as crises e golpes que espreitam não só o nosso continente parecem ter em comum a latência, emergência ou reemergência de um certo tipo de subjetividade autoritária, violenta, ignorante ou, para dizer sucintamente, totalitária.

> Faz parte da própria natureza das coisas humanas que cada ato cometido e registrado pela história da humanidade fique com a humanidade como uma potencialidade, muito tempo depois da sua efetividade ter se tornado coisa do passado. Nenhum castigo jamais possuiu poder suficiente para impedir a perpetração de crimes. Ao contrário, a despeito do castigo, uma vez que um crime específico apareceu pela primeira vez, sua reaparição é mais provável do que poderia ter sido a sua emergência inicial. As razões particulares que falam pela possibilidade de repetição dos crimes cometidos pelos nazistas são ainda mais plausíveis. A assustadora coincidência da explosão populacional moderna com a descoberta de aparelhos técnicos que, graças à automação, tornarão "supérfluos" vastos setores da população até mesmo em termos de trabalho, e que, graças à energia nuclear, possibilitam lidar com essa dupla ameaça com o uso de instrumentos ao lado dos quais as instalações de gás de Hitler pareceriam brinquedos de uma criança maldosa – tudo isso deve bastar para nos fazer tremer (ARENDT, 2013 [1963], p. 295).

Pós-verdade, pós-democracia e o espírito dos novos velhos tempos

Não vivemos mais na era da verdade, porém a constatação de que estejamos atravessando uma era pós-verdade possivelmente ainda será negligenciada por muito tempo. Entretanto, é importante frisar que está em jogo nesta relação com a verdade também a relação que estabelecemos com o poder. Reconhecer um novo estatuto para a verdade, todavia, seria reconhecer também a necessidade de refundar valores passados, destruir valores presentes e dar espaço a novos valores emergentes. Em outras palavras, o que anuncia a pós-verdade é o esgotamento de muitos aspectos centrais da Modernidade.

> Entendemos que a pós-verdade surgiu como uma reação à categorização dicotômica característica da Modernidade, como um impensável, um estranho ao espírito moderno (a pós-verdade é o estranho da verdade e da mentira) que compreenderia e aceitaria apenas a verdade e a mentira e qualquer anomalia deveria ser suprimida. A pós-verdade emergiu resistindo a essa mentalidade e neste sentido ela é, em si, crítica. Sedimentando-se como mais um elemento de ambivalência no mundo hoje, colocou-se também como um obstáculo a qualquer tipo de relação com os fatos, quer seja de associação ou de negação, como a verdade ou a mentira. A pós-verdade renegou o projeto da Modernidade ao deslocar o espaço da verdade contido pela ciência para situá-lo distante, à margem da empiria, junto às crenças e às emoções, aquelas que a mentalidade moderna se esforçou por suprimir ao interceder pelo sucesso da racionalidade instrumental. A pós-verdade, como um adjetivo que caracteriza o mundo hoje, expressa a dificuldade, senão impossibilidade, do empreendimento de compreensão absoluta dos fenômenos, porque renunciou a qualquer relação com eles, desmanchando os alicerces do ato de fé da Modernidade, de que é possível compreendê-los em sua totalidade, encaixando-os em um universo explicativo ordenado e sem ambivalências. Os muros que a sociedade moderna acreditou ter erguido para barrar a fé, o mistério, o desconhecido, o segredo e a contingência foram derrubados e a sociedade hoje anseia pela inclusão de todas essas dimensões, sendo a pós-verdade uma expressão (AMON, 2019, p. 56).

Concordar com essa constatação nos possibilitaria tomá-la como um dos elementos fundamentais para uma interpretação consistente de por que, uma a uma, todas as democracias liberais do

Ocidente foram tendo seus fundamentos mais caros implodindo, direta ou indiretamente, explícita ou sutilmente, de uma só vez ou a conta-gotas, consolidando, assim, aquilo que hoje já está se chamando de *pós-democracia*.

> A democracia, então, torna-se vazia de significado, o que guarda relação com o "vazio do pensamento" inerente aos modelos em que o autoritarismo acaba naturalizado. Já não há Guerra Fria a justificar uma defesa "incondicional" dos valores democráticos. Não por acaso, tal como o fascismo clássico (que ainda tinha preocupações sociais), o neoliberalismo, que permitiu o surgimento do Estado pós-democrático, também pode ser apresentado como um "capitalismo sem luvas", um "estágio do capitalismo mais puro" (Ernest Mandel), sem direitos democráticos nem resistência, próprio de uma época em que as forças empresariais e financeiras, maiores e mais agressivas do que em qualquer outra época, normatizaram seu poder político em todas as frentes possíveis, tanto em razão da crença no uso da força, que se materializa a partir do poder econômico, quanto na ausência de reflexão, que permite a dominação tomando por base mensagens passadas pelos meios de comunicação de massa, pela "indústria das relações públicas" (segundo o filósofo e linguista norte-americano Noam Chomsky), pelos intelectuais orgânicos a serviço do capital e por outras instâncias que fabricam as ilusões necessárias para que o neoliberalismo e o Estado pós-democrático pareçam desejáveis, racionais e necessários (CASARA, 2017, p. 32).

Apesar de não pertencerem a um mesmo campo semântico, consideramos que ambas as constatações – de que não estamos mais numa era da verdade e de que os valores liberais democráticos estão em processo acelerado de desconstituição – estabelecem uma relação, senão de causa e efeito, ao menos de necessária e intrínseca correlação, o que torna pós-verdade e pós-democracia faces de um mesmo fenômeno. Sugerimos que o elemento unificador entre essas duas crises pode ser encontrado na ruína da pedra angular que serviu de fundamento não só às pretensões democráticas, mas também aos mais elementares valores sob os quais a Modernidade assentou suas pretensões revolucionárias contra o Antigo Regime.

Esse fundo basilar comum a ambas as crises sobre o qual a Modernidade se ergueu pode ser considerado a identificação da noção de verdade com à de certeza. Essa identificação se construiu por meio de ao menos duas táticas que a nova sociedade opôs àquela decadente: contra o domínio intelectual e espiritual da Igreja, os modernos interpuseram a ciência; e, contra o domínio estatal da monarquia, a democracia. Porém, para superarem ambas as dominações, os modernos tiveram de manter nas ideias emergentes de ciência e democracia ao menos um elemento do Antigo Regime: a noção de verdade como fonte de toda a legitimidade possível – ainda que a verdade dos modernos se tornasse absolutamente diversa da verdade dos antigos por se constituir na relação com as pretensões de certeza e exatidão.

Apesar de um conteúdo razoavelmente renovado – já que os modernos também fizeram da verdade seu baluarte –, manteve-se intacta uma certa transcendência, uma certa distância significativamente intransponível entre as ações e a fonte de legitimação dessas ações. Assim como a Igreja e os monarcas faziam fonte de legitimidade de seus atos mundanos uma verdade divina, os modernos passaram a fazer fonte de legitimidade de seus atos uma verdade científica – materializada no campo político nas pretensões juspositivistas do direito liberal e no campo científico, na matemática e na física. A grande distinção entre ambas as verdades, porém, se deu no plano de sua fundamentação, já que a verdade moderna não adotava como paradigma a revelação religiosa, mas a descoberta da física mecânica pautada pelas noções de certeza e exatidão.

Com Galileu, Descartes, Newton e tantos outros que inspiraram a possibilidade de uma filosofia natural finalmente liberta das amarras impostas pelos dogmas, cada vez mais se buscou a possibilidade de uma filosofia que descobrisse também o funcionamento dos seres humanos como relógios, extraindo igualmente regras exatas e universais que regulariam o mundo humano de uma vez por todas e para todo o mundo. É nesse momento em que as narrativas sobre os seres humanos, bem como sobre suas relações, distanciaram-se cada vez mais da dimensão fundamental da existência humana, a dimensão simbólica, a dimensão do sentido, do imaginário, dimensões estas, por princípio, desde sempre inacessíveis para uma ciência delimitada unicamente pelo paradigma da certeza e da exatidão.

> Un paso más en este proceso de modernización se experimenta en la obra de Galileo (1564-1642), en quien se produce el tránsito de lo cualitativo a lo cuantitativo, lo que acelera la homogeneización de la realidad. Tal como señala en su obra *Il saghiatore*, es necesario establecer una radical separación entre las realidades objetivas, susceptibles de ser conocidas con exactitud como el número, la figura, la magnitud, la posición y el movimiento, y lo que es sólo posible de aprender subjetiva y aproximadamente: los sonidos, los sabores, los olores. Insistiendo en la tesis de Leonardo subraya que el oído, el tacto y el gusto no pueden proporcionar conocimientos rigurosos, sino tan sólo confusos y ambiguos, que no merecen el carácter de científicos (BALLESTEROS, 2000, p. 21)[18].

Percebe-se que a repulsa à dimensão simbólica é também – quem sabe principalmente – uma repulsa ao corpo e a tudo que diga respeito a esse saber "confuso e ambíguo" que ele produz por meio de uma conexão imanente com o mundo que é incapaz de fornecer um conhecimento exato por meio de sua percepção (MERLEAU-PONTY, 2015). Essa verdadeira revolução epistemológica efetuada pelo surgimento dos pressupostos da Modernidade possibilitou a emergência de muitos aspectos de nossa existência contemporânea, como, por exemplo, o fim da legitimidade de alguns privilégios de nascimento, bem como os confortos e facilidades produzidas pela tecnologia. No entanto, esse mesmo

---

18. Um passo a mais neste processo de modernização se verifica na obra de Galileu (1564-1642), a partir de quem se produz a passagem do qualitativo para o quantitativo, o que acelera a homogeneização da realidade. Assim como destaca em sua obra *O ensaiador*, é necessário estabelecer uma radical separação entre as realidades objetivas, passíveis de serem conhecidas com exatidão como o número, a imagem, o tamanho, a posição e o movimento, e o que só é possível de se apreender subjetiva e aproximadamente: os sons, os sabores, os odores. Insistindo na tese de Leonardo, sublinha que o som, o tato e o gosto não podem proporcionar conhecimentos rigorosos, e sim conhecimentos apenas confusos e ambíguos, não merecendo o caráter de científicos [tradução livre].

movimento também trouxe no bojo de suas soluções e garantias novos entraves e inseguranças, sobretudo em razão dessa ruptura ter sido extremamente radical e abrupta, já que, em ao menos cinco mil anos de história humana, nunca havia ocorrido uma cisão como essa que se deu ao longo dos últimos 300 anos.

A questão central que parece atravessar todos os problemas oriundos da Modernidade é a seguinte: por um lado, a nova sociedade, para escapar das amarras de dogmáticas religiões, deslegitimou qualquer ambição à verdade que não se pautasse em justificações estritamente empíricas ou matemáticas – a isso chamou ciência; por outro lado, para se libertar de qualquer forma de arbítrio tirânico, desenvolveu formas e sistemas políticos que excluíram a dimensão afetiva dos assuntos da *polis* – a isso chamou democracia. Para que essas pretensões artificiais pudessem funcionar foi preciso a invenção de centenas de ficções, de tipos-ideais, de universais, a tal ponto que essa hipertrofia da racionalização, somada à anulação da dimensão simbólica, terminaram produzindo uma distância abissal entre as ambições do *citoyen* kantiano, de um lado, e do ser humano de carne e osso, aquele que perambula pelas ruas, de outro. Porém, essas já seculares tentativas de tratar os assuntos humanos de modo completamente apartados de uma compreensão hermenêutica da existência, isto é, ignorando que somos seres que não apenas reagem ao mundo, mas que o dotamos de sentido e o interpretamos constantemente, começam a já não mais se sustentarem, sobretudo pelo enfraquecimento do cimento simbólico que deu suporte a esses edifícios. Um dos efeitos mais contundentes advindos dessa compreensão mecânica da existência é o esvaziamento da ética e da política, dimensões que expressam e constituem a alma, a *psiquè*, das sociedades.

> Em sua juventude, Marx escreveu: "toda a história é a história da preparação e desenvolvimento do ser humano como objeto da consciência material e da necessidade do ser humano como ser humano". Os direitos humanos constituíram a formulação mais geral dessa necessidade. Foram vistos como a exigência normativa mais abstrata e universal da exigência humana por encontrar a si mesma na luta histórica pela dignidade. Entretanto, essa generalidade e essa pretensão de registrar as características básicas da humanidade

conduziram em muitas ocasiões a idealizações e fundamentações transcendentes. A mais abstrata é a que afirma que os seres humanos têm direitos pelo simples fato de terem nascido; direitos que lhes pertencem além de sua própria inserção em contextos particulares. Direitos, pois, que estão situados no vazio de uma natureza humana desvinculada das situações, dos espaços e a da cultura onde desenvolvemos nossa luta por uma vida digna de ser vivida. Ao se apresentarem como postulados generalizáveis a toda a humanidade, os direitos humanos se tornaram o campo de batalha em que os interesses de poder se enfrentam uns aos outros para institucionalizar "universalmente" seus pontos de vista sobre os meios e os fins a conseguir. Por isso, toda classe social em ascensão formula suas pretensões em nome da humanidade; toda ideologia hegemônica pretende justificar os interesses a que se vinculam sob a forma do universal; e toda cultura dominante exige a aceitação geral de "seus" pressupostos básicos (HERRERA, 2009, p. 165).

A invenção de uma política moralizante

> *Consideramos estas verdades autoevidentes: que todos os homens são criados iguais, dotados pelo seu Criador de certos direitos inalienáveis, que entre estes estão a vida, a liberdade e a busca da felicidade. – Que para assegurar esses direitos, governos são instituídos entre os homens, derivando seus justos poderes do consentimento dos governados. – Que, sempre que qualquer forma de governo se torne destrutiva desses fins, é direito do povo alterá-la ou aboli-la, e instituir novo governo, assentando sua fundação nesses princípios e organizando os seus poderes da forma que lhe pareça mais conveniente para a realização da sua segurança e felicidade* (Declaração de Independência dos Estados Unidos, 1776).

Como dissemos anteriormente, a definição que buscaremos produzir da política pressupõe necessariamente a ética, e, por consequência, a moral. A título de clarificação, então, antes de prosseguirmos, é importante deixarmos explícito o que entendemos por cada um desses termos. Em primeiro lugar, tomamos a moral como aquilo que diz respeito aos critérios de aceitação ou recusa das configurações da realidade, isto é, dos *valores valorizados* em dado contexto. Ela desempenha o papel de selecionar, entre os infinitos valores possíveis, aqueles que devem ser valorizados para um determinado grupo, sociedade ou pessoa. Já a ética, por sua vez, entendemos como a reflexão crítica sobre a moral, ou seja, a filosofia moral, a reflexão crítica sobre os critérios de aceitabilidade das configurações da realidade que valorizam determinados valores em detrimento de outros (GUARESCHI, 2009, p. 111-118). Como ficará claro mais adiante, porém, não é possível haver uma reflexão transparente, sem valores, sem critérios, portanto, a própria reflexão sobre os critérios morais não deixa também de pressupor critérios igualmente morais, por isso a ética, mais do que uma disciplina, é um movimento que se debruça sobre a totalidade, mas uma totalidade sempre infinita, como discutido por Lévinas (2000).

Na mesma linha de definição dos termos que utilizamos, tomamos a política como a ação de impor – ou contrapor – critérios de afirmação ou negação das configurações existenciais que resultam na conservação ou transformação dos valores valorizados em dado horizonte existencial. Esse horizonte existencial se materializa por meio de regimes de factibilidade, sensibilidade, visibilidade, logicidade e dizibilidade, isto é, de campos – ou ambiências –, no interior das quais determinadas práticas são factíveis, afetos são sentíveis, fenômenos são visíveis, argumentos são racionalizáveis e certos enunciados são dizíveis. A esse campo ou ambiência damos o nome de *ethos*. O *ethos*, portanto, é o arcabouço corporal e simbólico, o produto da imbricação de todas as dimensões humanas, o nó relacional constitutivo do ente humano, o *locus* que produzirá o regime existencial que expressará uma moral, por meio de um *estilo* existencial inédito e irrepetível, seja de uma pessoa, seja de uma comunidade. Esse estilo existencial é aquilo que chamamos *práxis*, que nada mais é do que a face visível dos valores valorizados, ou seja, da moral, que é a expressão e produto dos regimes constituídos do *ethos*. Em outras palavras, enquanto o *ethos* é um conteúdo, porém um conteúdo abstrato, intangível, acessível apenas reflexivamente, a *práxis* é esse *ethos* em movimento, a face visível e concreta do fenômeno existencial.

Dito isso, agora vamos abordar como a Modernidade, ao retirar do campo político a dimensão simbólica, terminou por esvaziar não só a política, mas a própria possibilidade de fundamentar a si própria enquanto regime existencial. Isso porque o que subjaz a um modo que se poderia chamar "cientificista" de configurar o político é a afirmação de que, em política, o que deveria estar em disputa é apenas a imposição de quem detém a certeza mais razoável sobre o melhor modo de condução dos assuntos humanos. Em um horizonte hermenêutico no qual a verdade é justaposta à certeza e que os valores são comunitários e coesos, essa concepção de política até pode ser eficaz, pois os pressupostos sociais estão razoavelmente pacificados, todavia num contexto pós-verdade, no qual a certeza deixa de ser um referencial sólido, esse estilo político perde força drasticamente, pois desaparece o consenso originário a respeito do valor dos próprios critérios primeiros, os quais deixam de ter valor de fato. Isso quer dizer que, antes mesmo do desafio de se alcançar o consenso, sempre deve estar pressuposto, consensualmente, que o consenso deve ser algo a ser alcançado. Ou seja, as conquistas que a Modernidade trouxe à infância – ou menoridade – do pensamento ocidental produziram e foram produzidas, não só pelo consenso em torno dos valores liberais de liberdade, igualdade e fraternidade, institucionalizados nos diversos acordos políticos representados pelas constituições, bem como pela constitucionalização de direitos universais, mas também pelo consenso de que era preciso entrar em consenso em torno de alguns valores que pudessem colocar em xeque todos os resquícios do Antigo Regime.

Hoje, porém – quando se esperaria estarmos na adolescência do pensamento ocidental –, parece que estamos andando para trás ou vislumbrando a revolta adolescente contra a autoridade dos *pais fundadores* de nossa era, mas isso não deveria ser tratado como um fenômeno absolutamente inesperado. As grandes revoluções, Americana e Francesa, por exemplo, consagraram seus feitos e ambições na afirmação de que os direitos dos "homens" não só são naturais, como também universais. Essa conquista representou, por um lado, um enorme avanço frente ao despotismo vigente, todavia, por outro lado, a consequência de os movimentos políticos modernos terem fundamentado suas ações não em seus respectivos poderes e força imanentes, tampouco no seu desejo e vontade concretas, mas em uma metafísica da certeza, contribuiu para uma despreocupação com o cuidado desse modo de viver, já que, supostamente, ele não só era o melhor que poderia ser, como também estava garantido de uma vez por todas. A segurança – antípoda da liberdade –, produzida pela certeza, invariavelmente favorece o florescimento da irresponsabilidade – ou apatia – para com a manutenção dos fundamentos necessários à continuidade desse modo de viver.

Podemos pensar que esse distanciamento terminou retirando dos valores, por exemplo, justiça e igualdade, seu estatuto de criações humanas – mundanas –, portanto perecíveis, e cuja perpetuação necessita, obrigatoriamente, mais do que de formalizações em mera "folha de papel", como de fato são as declarações e constituições (LASSALLE, 1985 [1862]). Toda criação humana precisa reiteradamente materializar sua atualidade, já que o ser que nós humanos somos, como elabora Heidegger (2012 [1927]), é um ser temporal, em que, a cada instante, está em jogo aquilo que se é. Sendo assim, todos os valores são produtos de lutas constantes e ininterruptas pela revalorização desses valores, os quais não estão dispostos na natureza para serem descobertos como as propriedades inorgânicas; mas, ao contrário, são produzidos, inventados, isso valendo, inclusive, para aquilo que hoje consideramos os direitos mais fundamentais e elementares de nossa sociedade.

> Acredito que a mudança social e política – nesse caso, os direitos humanos – ocorre porque muitos indivíduos tiveram experiências semelhantes, não porque todos habitassem o mesmo contexto social, mas porque, por meio de suas interações entre si e com suas leituras e visões, eles realmente criaram um novo contexto social. Em suma, estou insistindo que qualquer relato de mudança histórica deve no fim das contas explicar a alteração das mentes individuais. Para que os direitos humanos se tornassem autoevidentes, as pessoas comuns precisaram ter novas compreensões que nasceram de novos tipos de sentimentos (HUNT, 2009, p. 33).

Ao ignorarmos esse caráter radicalmente temporal e, portanto, precário e perecível de nossa existência política, não apenas inviabilizamos a ação propriamente política (a busca ininterrupta por consenso e convencimento em um estatuto de dissenso permanente), mas também passamos a atuar em um modo existencial antipolítico por excelência, um modo existencial que, no lugar da dinâmica política, impõe uma estrutura de moralidade. Esse modo ambíguo de exercer a política que nasce com a Revolução Francesa, isto é, o de impor, por um lado, que o exercício político legítimo deva ser tomado não mais como legado da tradição – obras divinas e eternas –, e sim como uma fabricação humana de valores e acordos; mas, por outro lado, fazer de tudo para que os produtos dessa fabricação se coloquem de algum modo acima das caóticas e imprevisíveis investidas das vontades e paixões contextuais que colocariam em xeque esses mesmos valores e acordos, terminou gradativamente consolidando uma outra ordem dogmática que se poderia denominar de *moralizante*. Ainda que desta vez não fosse propriamente divina, não se pode reconhecer essa ordem moralizante como propriamente humana, já que as instituições modernas, sobretudo encarnadas agora na figura do Estado, terminaram buscando sua perpetuação na aura de revestimentos tão sagrados como de outras instituições do Antigo Regime. Aquilo que em uma sociedade teológica se poderia chamar de "valores religiosos", sob a égide do Estado moderno assumiu o nome de "valores políticos".

Assim como os valores religiosos em determinado momento de nossa história entraram em crise, hoje os valores políticos seguem o mesmo caminho. No entanto, essas crises supervenientes não devem ser consideradas como derivadas de uma simples recusa das coletividades em serem sobredeterminadas por valores, mas da recusa de reconhecerem a legitimidade e a fundamentação dos critérios que supostamente dão valor e suporte a esses valores. Ou seja, menos do que uma crise de valores, tais crises se caracterizaram pela insuficiência de alguns valores em serem reconhecidos e valorizados como fundamentos de determinadas práticas. Ao fecharmos os olhos para toda essa dimensão humana que não é estável, previsível ou passível de controle, não afastamos de nós essa realidade, apenas nos deixamos ser arrastados por ela e por aqueles que, não ignorando a condição humana propriamente dita, puderam se tornar os melhores pastores da sociedade contemporânea.

Para compreendermos essa mutação que nos trouxe até aqui, precisamos perceber que, desde o princípio, o regime político do Estado moderno se fundamentou, ao menos explicitamente, em valores – e não nas demonstrações de força e de poder como no Antigo Regime. Porém, visando a permanência desse Estado, buscou-se fundamentar esses valores em um estrato humano tido como menos suscetível a oscilações passionais: a racionalidade – esta materializada na doutrina positivista. Para isso, atrelou-se esses valores à noção de certeza, apartando completamente a política da dimensão afetiva do sentido, de sua dimensão propriamente existencial, isto é, de sua dimensão ético-estética. Em outras palavras, optou-se por assegurar a certeza dos valores em detrimento do valor dessa certeza. O resultado disso é que, hoje, apesar de alguns até poderem estar seguros de finalmente termos alcançado, com o Estado democrático de direito, a defesa dos valores "certos", ao mesmo tempo parece que estamos sendo arrebatados pela insegurança generalizada de que, para muitos dos nossos concidadãos, talvez essa certeza já não tenha mais valor algum. É por isso que o abalo na estrutura fundamental de como nos relacionamos com a verdade parece estar implicando uma completa desestabilização de todo o edifício social sobre o qual nos constituímos, abalando aquilo que aprendemos a chamar de democracia.

Esses ataques que assistimos atualmente à noção de democracia, contudo, podem não ser frutos da intromissão da moral na política como se quer afirmar, mas justamente do contrário: do distanciamento da política da dimensão valorativa fundante dos valores morais. Isso porque, em proveito de uma racionalidade instrumental, não se excluiu dos assuntos humanos a moralidade, apenas se assumiu a moralidade moderna como não sendo uma moral, e sim uma "ciência política" despreocupada e apática em relação ao cuidado e à responsabilidade que exige a constatação de que toda moral é um produto político. Sendo assim, o projeto político da Modernidade pode ser reconhecido como aquele que, ao tornar tabu a politização da moral, fez alçar voo determinados valores morais como segurança e certeza, conquistando, finalmente, uma completa moralização da política.

O estatuto ontoepistemológico dos valores como centro da disputa política contemporânea

Sustentamos aqui que a compreensão de como se dá a imbricação das dimensões ética e política é o elemento significativo que talvez possa resgatar a instância corpórea, física, humana, da política. Apesar de não se poder falar de uma anterioridade da ética em relação à política, ao se ignorar a presença da ética, o fenômeno político é obnubilado. A pretensão deste capítulo não é inverter os polos da dicotomia ética-política afirmando, por exemplo, a preponderância da ética sobre a política. Ao invés disso, a pretensão é, ao nos determos e destacarmos a relevância primordial da ética e de seus elementos, poder contribuir para uma compreensão integradora do fenômeno.

Nossa hipótese é de que, no cerne das crises contemporâneas, está a busca pelo preenchimento do espaço vazio deixado pela Modernidade ao ter excluído dos assuntos humanos suas dimensões afetiva e simbólica, isto é, a dimensão valorativa, corpórea. E desponta dessa constatação uma nova exigência: ao invés de pensar a política apenas como uma disputa entre os valores tomados como fins em si mesmos – ou autoevidentes –, pensar a política em um nível ainda mais radical, onde ela se materializa como uma disputa *ontoepistemológica* (GUERRA & BARBOSA, 2019), isto é, uma disputa pela construção das próprias autoevidências que se enfrentarão para o estabelecimento e cristalização das possibilidades de hierarquização desses valores. Como seres hermenêuticos que somos, contudo, nada pode ser autoevidente de modo propriamente dito, já que toda evidência deve remeter a algo que lhe evidencie como tal, por essa razão é que a disputa pela autoevidência dos valores se dá, antes de qualquer coisa, a partir de um conflito originário, isto é, que tem como objeto a própria fundamentação de sua evidência, o que importa, portanto, um retorno à dimensão valorativa dos valores.

Com a noção de ontoepistemologia pretendemos dar ênfase ao caráter indissociável entre ontologia (o estatuto da realidade, daquilo que é ou não real) e epistemologia (o estatuto do processo de conhecimento, de como se dá a compreensão da realidade e de seus fenômenos). Pode-se fazer uma analogia entre ontoepistemologia e a noção de cosmovisão sustentada por Guareschi (2009, p. 28), já que esta é concebida por ele como a totalidade com a qual compreendemos a nós mesmos, os outros, o mundo, bem como as relações de todos esses termos entre si. Assim como a cosmovisão, a unidade ontoepistemológica nunca está dada de uma vez por todas, mas quando constituída determinará a configuração dos regimes de factibilidade, sensibilidade, visibilidade, logicidade e dizibilidade por meio dos quais somos constituídos enquanto sujeitos e agentes.

À medida que reconhecemos o intrincado caminho que une a ética, a moral, o real, o saber e a política, o problema se torna mais complexo, mas é preciso que ele fique claro para podermos avançar. Portanto, tentando relacionar todos esses termos, devemos entender que a ética, por essencialmente se ocupar de valores, ocupa-se da moral; a moral – os valores valorizados – é o efeito simbólico da constituição dinâmica entre o real e o saber; já o real é a conclusão ontológica, o ponto de chegada, o pertencimento, refletido ou irrefletido, de onde deriva o nosso saber; o saber, por seu turno, é o campo onde se estabelece uma relação indissociável, constitutiva e constituinte, com aquilo que se entende por real; e, por fim, a determinação do que se entende por real, bem como a hierarquização, a repartição dos valores atribuídos a esse real, bem como a imposição dessa valorização, é a especificidade da política. Assim, a ação política é um jogo que busca impor e definir o *ethos* político, isto é, a materialização do campo em que circularão os valores que balizarão o jogo político, instituindo suas regras, possibilidades, bem como seus modos e agentes legitimados. Isto é, antes ainda daquilo que poderíamos entender como sendo uma expressão ôntica da dimensão simbólica (a moral), subsiste sua expressão ontológica, isto é, a camada ainda anterior à constituição da moral propriamente dita. Como dito anteriormente, essa anterioridade da dimensão simbólica que recebe a denominação *ethos* deve ser entendida como o *locus*, espaço ou ambiência cuja constituição é dada pelos regimes de factibilidade, sensibilidade, visibilidade, logicidade e dizibilidade que se entrelaçam, configurando e tornando possível em um determinado contexto a emergência e perpetuação de dada moralidade.

Sendo assim, a política, compreendida como um jogo originário, é a prática que busca definir aquilo que será a política e seus limites. Desse modo, resgatando a dimensão ética intrínseca ao exercício propriamente político, a produção ontoepistemológica dos valores políticos valorizados se torna o próprio desafio político numa era pós-verdade e pós-democrática.

> Isso porque as formas da democracia não são outra coisa senão as formas da constituição da política como modo específico de um estar-junto humano. A democracia não é um regime ou um modo de vida social. É a instituição da própria política, o sistema das formas de subjetivação pelas quais se requestiona, se a entrega à sua contingência toda ordem da distribuição dos corpos em funções que correspondem à sua "natureza" e em lugares que correspondam a suas funções. E não é, como já dissemos, o seu *ethos*, a sua "maneira de ser" que dispõe os indivíduos para a democracia e sim a ruptura desse *ethos*, a distância experimentada pela capacidade do ser falante em face de toda harmonia "ética" do fazer, do ser e do dizer. Toda política é democrática nesse sentido preciso: não o sentido de um conjunto de instituições, mas o de formas de manifestação que confrontam a lógica da igualdade com a da ordem policial. É a partir daí que entenderemos aqui a noção de pós-democracia. Não entenderemos por esse termo o estado de uma democracia que se desiludiu tristemente de suas esperanças ou que aboliu felizmente suas ilusões. Não procuraremos aí um conceito da democracia na Idade Pós-moderna. Esse termo nos servirá apenas para designar a prática consensual do apagamento das formas do agir democrático. A pós-democracia é a prática governamental e a legitimação conceitual de uma democracia *depois* do *demos*, de uma democracia que liquidou a aparência, o erro na conta e o litígio do povo, redutível portanto ao jogo único dos dispositivos de Estado e das composições de energias e de interesses sociais. A pós-democracia não é uma democracia que encontrou no jogo das energias sociais a

verdade das formas institucionais. É um modo de identificação entre os dispositivos institucionais e a disposição das partes e das parcelas da sociedade apta a fazer desaparecer o sujeito e o agir próprio da democracia. É a prática e o pensamento de uma adequação, sem resto, entre as formas do Estado e o estado das relações sociais (RANCIÈRE, 1996, p. 104 [grifos no original]).

A política como configuração de regimes existenciais

O fenômeno político como tomamos aqui, então, estabelece relações radicais e importantes com a dimensão humana fundamental que é a dimensão simbólica, nesta compreendida a moral e os afetos. É ao fazer o exercício de criticar não só aquilo que entendemos por realidade, mas também o próprio entendimento que temos daquilo que tomamos por realidade, que ingressamos na dimensão ontológica da política, que é a dimensão propriamente ética. Sendo assim, o fenômeno político entendido em sua verve radical diz respeito, antes das manipulações da dimensão ôntica de um dado contexto, à disputa pelas possibilidades de configuração do estatuto ontoepistemológico desse contexto.

As diversas formas de configuração que podem assumir um estatuto ontoepistemológico constituem modos de viver, ou estilos existenciais, diversos. Nesse sentido, o próprio modo como entendemos o que é o exercício político (sua dimensão ôntica) já é efeito de um jogo político originário (dimensão ontológica) que delimita e produz também os modos de entender determinado fenômeno. É por isso que o par ética-política se torna indissociável nessa compreensão de política, já que, para nos engajarmos radicalmente no jogo político, precisamos, antes de mais nada e ininterruptamente, colocarmos a nossa própria constituição simbólica ôntica (nossa moralidade) em questão, já que ela balizará também todos os nossos processos fundamentais de valorização dos valores, interferindo, desse modo, também no próprio entendimento produzido acerca dos fenômenos.

Como sustentado na primeira parte deste capítulo, sugerimos que um dos fatores que contribuem para as crises que atravessamos é o fato de termos negligenciado a própria dimensão de politicidade da política em proveito de uma dimensão moralizante, a qual, no afã de garantir a pacificação e coesão sociais, terminou por produzir o exato oposto, já que, se tomarmos a política em suas implicações radicalmente existenciais, subjaz como fundamento último sua abertura ontológica, ou seja, sua potência de suscitar abertura. Sendo assim, se tomarmos a arte política como o jogo de criar, impor, administrar e reproduzir ficções relacionais, e aceitando também que tal arte encontra sua matéria-prima na dimensão simbólica, e que, a partir desta, realiza-se o produto da política – que são os regimes de factibilidade, sensibilidade, visibilidade, logicidade e dizibilidade –, então a determinação de quais e de como devem se dar as mais diversas relações sociais não pode ser concebida como um resultado obtido de uma vez por todas, tampouco o modo, a forma, de se obter tais resultados pode ser prolongado indefinidamente no tempo. É claro que essa precariedade constitutiva da arte política termina suscitando a ambição por fundamentos estáveis; todavia, diante do vazio factual com o qual nos deparamos, a moral resta como o último e único fundamento a partir do qual se torna possível assegurar a continuidade de modos específicos de relações de poder, as quais nada mais são do que a cristalização de certos regimes de factibilidade, sensibilidade, visibilidade, logicidade e dizibilidade ficcionados impostos como formas específicas e determinadas de condução da conduta, do imaginário e dos afetos.

Apesar de indissociáveis a relação entre moral e política, como já dissemos, a moralização é a antítese da politização, a antipolítica por excelência, já que a moralização é o fechamento, enquanto a politização é a abertura. Contudo, nem política, nem moral existem sem seus contrastes. E é essa dinâmica, esse constante jogo, essa tensão e conflito o que não torna possível significar a política senão como movimento. Deriva daí que à política não resta nenhum tipo de teleologia capaz de sustentar que "a" política seja isso ou aquilo, tendo como finalidade tal ou qual resultado, seja o bem comum, seja a felicidade, seja a justiça, seja o autointeresse, seja o que quer que se diga. Qualquer tentativa de qualificar a política não é mais do que um exercício igualmente político de impor, não só o conteúdo de uma moral, mas ainda mais profundo do que isso, impor, a partir de um conteúdo moral, uma forma, uma grade, um sistema de critérios que conforma e produz moralmente um modo ou estilo que pretende condicionar todo e qualquer conteúdo posterior.

Pode-se dizer, então, que a única afirmativa que se poderia fazer em relação à política é que ela se dá em um espaço vazio de conteúdo e de sentido. Porém, é justamente esse vazio que permite a infinidade de sentidos e conteúdos que disputam constantemente a possibilidade de prevalecerem sobre os demais como "o" sentido, "o" conteúdo de preenchimento desse espaço. É essa disputa por esse espaço vazio que nunca pode ser completamente preenchido o que constitui o jogo político em sua compreensão mais radical. Essa dinâmica de jogo, todavia, só fica explicitada em momentos de crise (nos raros momentos em que é possível identificar contrastes mais bem definidos entre as diversas moralidades que disputam a hegemonia do espaço vazio). O reconhecimento dessa disputa entre moralidades pela hegemonia do espaço vazio, porém, se dá menos pelo reconhecimento das moralidades em conflito do que pelo reconhecimento originário suscitado pela compreensão de que, não fosse um vazio o fundamento constitutivo da existência, não seria possível que se dessem sucessivos conflitos pelo preenchimento desse espaço. Em outras palavras, a crise explicita o jogo político ao demonstrar que não subjaz às diversas moralidades em disputa nenhum fundamento para além de si próprias e que, nesse sentido, todas são equivalentes. A crise emerge, portanto, da constatação de que não há uma referência externa que possa hierarquizar as diferentes moralidades, pois desse ponto de vista todas são indistintas, independentemente dos antagonismos entre seus conteúdos.

O horror que essa cena pode despertar está atrelado ao fato de que, desde uma perspectiva interna, praticamente todas as formas de moralidade pressupõem que não são meras moralidades, mas algum tipo de expressão universal e totalizante do "real". Essa conclusão que adoraríamos fosse verdadeira, lamentavelmente pode não passar do desespero por afirmação de valores que apenas internamente são valorizados como universais e totais, como, por exemplo, entre nós, "os democráticos" são concebidos os valores de racionalidade, justiça, igualdade...

Contudo, quando emerge o contraste entre moralidades antagônicas que ambicionam afirmar, igualmente, seu caráter de universalidade e totalidade, surge um impasse possivelmente insolúvel que pode ser colocado do seguinte modo: há ao menos duas moralidades convictas de si próprias, de seus fundamentos, porém, acerca de certeza de uma delas implica, necessariamente, a anulação da outra; diante da impossibilidade de uma transcendência valorativa, se há uma equivalência ontológica entre os fundamentos que sustentam a ambas, a partir de qual fundamento se poderia avaliar o valor desses fundamentos, sem nos remetermos sucessivamente, *ad infinitum*, a outro regime existencial equivalente?

O que pretendemos fazer nas próximas seções não é apontar entre as soluções propostas aquela que seria mais adequada. Ao invés disso, procuramos enfatizar o seguinte ponto: até hoje não foi encontrada uma solução definitiva para o problema político, e não sabemos se um dia ela será. Independentemente do futuro, o que nos é evidente é que, no presente, existimos, e, portanto, precisamos dar conta desse problema, mas como? A seguir nos propomos a dar continuidade à reflexão sobre o possível fundamento ético-político de uma condução ético-existencial que visa uma transformação transformadora.

A dissidência política como radicalidade ontológica

Como dissemos, há um paradoxo insolúvel, uma aporia, em remeter o exercício político a um espaço vazio de sentido por meio do qual todos os sentidos se enfrentam. Se o exercício político não é tomado como tendo algum sentido específico, e sim como sendo o *locus* da constituição e enfrentamento desses sentidos, então o exercício político, mais do que a disputa por algum conteúdo ou forma, torna-se o próprio *movimento* de constituição e enfrentamento. A essa noção de política entendida como movimento é que atribuímos a denominação de dissidência política, inspirada na noção de *dissenso* de Jacques Rancière (2006). O autor fabrica esse conceito para pensar no modo de racionalidade que seria próprio da política, pretendendo superar o que entende como sendo um retorno ao irracional presente na ideia da política do consenso que temos contemporaneamente. Ele aponta que "o que chamam consenso é na verdade o esquecimento do modo de racionalidade próprio da política" (p. 368).

> A escolha desse termo [dissenso] não busca simplesmente valorizar a diferença e o conflito sob suas diversas formas: antagonismo social, conflito de opiniões ou multiplicidade das culturas. O dissenso não é a diferença dos sentimentos ou das maneiras de sentir que a política deveria respeitar. É a divisão no núcleo mesmo do mundo sensível que institui a política e sua racionalidade própria. Minha hipótese é portanto a seguinte: a racionalidade da política é a de um mundo comum instituído, tornado comum, pela própria divisão (RANCIÈRE, 2006, p. 368).

Entender a política como uma manifestação do dissenso inverte muito do que habitualmente é compreendido pelo termo "política". Diante de uma compreensão que sustenta a impossibilidade de fundamentos absolutos para a existência humana, o próprio entendimento da política perde todo e qualquer referencial estático. A política passa a ser entendida como um plano de vivência daquilo que é próprio dos seres humanos: o exercício de liberdade possível sobre o mundo da vida, sobre o *lebenswelt* (mundo vivido) husserleano. Nesse sentido, a política se torna jogo, uma vez que, apartada de qualquer anteparo transcendente, ela passa a ser a capacidade, a arte de jogar com as determinações da ordem, bem como com suas dicotomias certo e errado, bem e mal, possível e impossível etc., isto é, com os regimes de factibilidade, sensibilidade, visibilidade, logicidade e dizibilidade. Arte e política, assim, tornam-se indissociáveis, isso porque o próprio viver se torna esse exercício paradoxal de exaltar e negar os limites a que nossa condição nos submete constantemente.

Se reconhecemos que somos seres hermenêuticos e que, portanto, aquilo que somos e aquilo que nos cerca são efeitos interpretativos que se impõem sobre nós; assim como também reconhecemos que o campo político por excelência reside na configuração das condições de possibilidades interpretativas que nos constituem, isto é, no nosso *ethos*; então reconheceremos igualmente que a ética importa fundamentalmente a um exercício político compreendido em sua radicalidade ontológica. Todavia, ainda que esse reconhecimento implique a constatação da imbricação entre ética e política, resta um problema para nos aproximarmos de uma compreensão do fenômeno político que finalmente esteja liberto dos resquícios da tradição que exigem como fundamento da ação um princípio de certeza associado à ideia de verdade. Não basta que a política seja compreendida como movimento, como no caso da dissidência política; é preciso também que se possa situar esse movimento dissidente da política para além de quaisquer fundamentos que limitem o reconhecimento desse espaço vazio no qual se desenrola o jogo político. A importância do reconhecimento desse espaço vazio é que nele pode residir o fundamento último da política. Dizer que reside no fundamento último da política um vazio, um nada, uma negatividade, uma nadidade, assegura, justamente por ser paradoxal, que se mantenha vivo o pressuposto básico da radicalidade ontológica da política: seu caráter de movimento.

Contudo, ainda que uma visada dissidente sobre a política busque manter viva a criticidade ensejada pelo reconhecimento da constituição ética da política, há sempre o risco de se perder de vista a dimensão de movimento constituinte pelo simples fato de identificarmos política e movimento. Dito de outro modo, se a política propriamente dita é um exercício caracterizado pela própria configuração do político e se, quando estamos no jogo político, de certo modo já não estamos mais, porque já nos encontramos constituídos previamente como resultado e efeito de exercícios políticos anteriores, então, por um lado, o único modo de agirmos politicamente é de modo dissidente, isto é, nem a partir do consenso nem a partir da oposição, mas através das margens e possibilidades da tensão da qual se desenrola o dissenso. Entretanto, por outro lado, mesmo essa possibilidade dissidente que se abre para nós não é menos um estilo existencial prévio já nos relegado por um regime existencial determinado, sendo, portanto, também limitado e sob muitos aspectos condicionado a uma certa configuração de regimes de factibilidade, sensibilidade, visibilidade, logicidade e dizibilidade. Desse modo, a própria ação de buscar as condições de possibilidade elementares de uma condução ético-existencial transformadora corre o risco de perder sua radicalidade ontológica e, portanto, a capacidade de transformação transformadora, por paradoxalmente se limitar e restringir aos pressupostos de uma identidade dissidente.

Percebe-se assim que, ao se radicalizar o problema político da transformação, chegamos no problema radicalmente ético da liberdade, ou, em outras palavras, ao problema do exercício crítico da crítica que exige a paradoxal não absolutização de nenhuma identidade, nem mesmo daquela que visa a superação das identidades. Ou seja, a dissidência política efetua a superação das identidades conservadoras, porém daí deriva um problema: qual movimento supera, ao mesmo tempo, além das identidades conservadoras, a própria identidade dissidente instaurada para superar as identidade conservadoras?

A necessidade da superação da política conservadora pela dissidência e, por sua vez, também a necessidade de superação da própria política dissidente, não é um objetivo alcançado de uma vez por todas, mas parece ser possível por meio da manutenção de uma constante circularidade entre ética e política, cujo movimento tem como motor a aceitação da tensão não como um limite das possibilidades de ação, mas como a origem de sua potencialidade. Ao reconhecer constantemente como limitadas nossas possibilidades existenciais (tendo em vista como exemplo mais geral a finitude e precariedade de nosso corpo), reconhece-se também uma exigência de ultrapassamento em direção às possibilidades sempre inéditas de um existir ainda por vir. Essa remessa ao ainda-não-ser, esse apontamento à abertura, não apenas como estatuto primeiro, mas também como estatuto último, nos leva a um modo de compreensão da política atravessado por um modo de compreensão existencial, este modo é a *Dissidenz*.

Dissidenz: em direção a uma refundação ético-existencial da política

A radicalidade da *Dissidenz* como estatuto ontoepistemológico de uma condução ético-existencial transformadora se dá a partir do reconhecimento de que a própria abertura à dimensão ética, promovida pela dissidência política, pode levar a um paradoxo fundamental: a dimensão ética que problematiza a valorização dos valores subjacentes ao exercício político de imposição de valores conservadores não está imune aos efeitos políticos valorativos datados e, portanto, fundamentados em moralidades que, ontologicamente, são equivalentes e, portanto, hierarquicamente indiferentes. Como, então, se o ponto de partida de uma transformação transformadora é a negação da legitimidade de qualquer fundamento, é possível legitimar uma condução ético-existencial transformadora? Aqui se precisa fazer um último e importantíssimo refinamento: afirmar que não há ética sem política, tampouco política sem ética, é diferente de afirmar a indistinção entre essas duas dimensões. Enquanto a ética – como política – é o exercício de decisão sobre os critérios que devem ser impostos politicamente às relações estabelecidas, a política – como ética – é o próprio exercício da imposição desses critérios decididos eticamente. O que, portanto, une ética e política, o seu elemento primordial comum, é a *decisão*, já que esta, não estando ontologicamente fundamentada senão no movimento, cria, inventa, a partir de si – como o artista o faz – o próprio fundamento fundante dos fundamentos.

Nesse sentido, uma condução ético-existencial transformadora desvia do problema do fundamento de sua legitimidade porque, nesta perspectiva, o problema político não se soluciona na consolidação da legitimidade, aliás, o problema político não visa solução, ele é justamente a negação de qualquer possibilidade definitiva. O problema político, desse modo, remete necessária e infinitamente ao problema ético, e ambos ao problema existencial, isto é, ao drama que acomete o ente humano que se reconhece lançado, tendo de viver, tendo de existir, tendo de agir, independentemente de saber como ou por quê, convicto apenas de que esse jogo possivelmente não aponte a fim algum superior à própria finalidade inventada no ato mesmo de estar existindo.

> Nietzsche retorna às origens do pensamento, aos pré-socráticos. Estes suprimiam as causas finais para deixar intacta a eternidade dos princípios que eles imaginavam. Só é eterna a força sem objetivo, o "jogo" de Heráclito. Todo o esforço de Nietzsche é no sentido de demonstrar a presença das leis do devir e do jogo na necessidade: "A criança é inocência e esquecimento, um recomeço, um jogo, uma roda que gira por si só, um primeiro movimento, o dom sagrado de dizer

sim". O mundo é divino porque é fortuito. Por isso, só a arte, por ser igualmente fortuita, é capaz de entendê-lo. Nenhum julgamento explica o mundo, mas a arte pode nos ensinar a reproduzi-lo, assim como o mundo se reproduz ao longo dos retornos eternos. Na mesma beira da praia, o mar primordial repete incansavelmente as mesmas palavras e rejeita os mesmos seres espantados com a vida. Mas aquele que pelo menos consente em seu próprio retorno e no retorno de todas as coisas, que se faz eco e eco exaltado, participa da divindade do mundo (CAMUS, 2011 [1951], p. 94).

Desse quadro paradoxal, com a *Dissidenz* se reconhece que, ao fim e ao cabo, assim como no princípio, o que parece subsistir é apenas a diferença e o movimento incessantes. Todavia, com a *Dissidenz* não se reconhece a diferença ou movimento particulares encarnados concretamente em cada uma das possibilidades abertas pelas infinitas dissidências políticas, mas se reconhece uma especificidade da própria existência: a abertura. Ou seja, assim como o empírico não pode mais servir como fundamento pretérito e transcendente, também as configurações e organizações presentes desse empírico não o podem. A abertura radical elucida que a própria noção de fundamento não pode mais ser fundamentada a partir do modelo ontoepistemológico moderno que adotamos, já que, na origem de qualquer movimento, não há mais identidade ou imobilidade, apenas mais diferença e movimento, não havendo, portanto, nem mais a noção de origem propriamente dita.

> Eis o que arruína a visão que tínhamos da vida em comum, substância modelada por uma força exterior e fixada em um lugar permanente. Não podemos procurar nela uma essência dos fenômenos coletivos e materiais, fora de suas relações recíprocas. Assim como a troca proíbe pensar no valor de um bem isolado dos outros. Não existe objeto em si, apenas o contínuo deslocamento que o mede e o permuta com os outros objetos. Portanto, não pode mais existir âmbito absoluto e independente em relação ao qual conceber o movimento dos indivíduos e das coisas. Quando nos conscientizamos disso, vemos que se trata de uma mera ilusão, sem dúvida necessária (MOSCOVICI, 2011 [1988], p. 512).

A noção de verdade tomada como certeza e exatidão apontava para a promessa de um lugar fixo, absoluto, o que sustentava a pretensão de ascender à universalidade por meio de um certo tipo de racionalidade. Essa promessa foi o que ensejou e legitimou a constituição de formas de governo ditas democráticas. A partir de alguns princípios supostamente incontestáveis, afirmou-se como inatacáveis alguns valores, como igualdade, liberdade, fraternidade, além da dignidade da pessoa humana, entre tantos outros que logo culminariam na afirmação de direitos universais. O paradoxo desse movimento, entretanto, se deu logo na saída, e talvez seja essa tensão que gerou as crises que estamos vivenciando agora. Por um lado, se tomou a certeza e a exatidão como pressupostos para constituição e afirmação de valores; todavia, por outro lado, se tomados em sua radicalidade, os valores são sempre inapreensíveis, pois ancorados em uma dimensão pré-reflexiva – ou *estética* se preferirmos. Portanto, estes valores se constituem também afetivamente, e por isso são sempre incertos, inexatos e relativamente particulares, mutáveis, transitórios, inclusive anteriores à própria racionalidade que valoriza o valor da certeza e da exatidão atribuída aos valores por ora valorizados.

Esse paradoxo e tensão constitutivos das nossas recentes sociedades pode ser resumido no fato de que o fundamento sobre o qual nossas democracias se ergueram não possui um fundamento propriamente dito, ou, ao invés disso, possui um fundamento radicalmente diverso e até mesmo incompatível com aquilo que, por princípio, é exaltado como devendo ser o fundamento em nossas democracias: os valores constituídos (ônticos). Em outras palavras, quando pretendemos sustentar a democracia em valores já valorizados, ignoramos que a democracia mesma é justamente a negatividade que lança sempre para frente a valorização última de quaisquer valores, inclusive os supostamente democráticos.

> Embora a discussão "racional" possa, em um momento dado, colocar algum grupo ou pessoas em conflito em uma posição superior à das demais em função da qualidade e do poder e convicção de seus argumentos, na verdade ela não exerce qualquer influência na mudança da emocionalidade do outro, já que se apoia em uma organização de sentidos que está definida a partir de uma

forma de poder da qual o outro – o "derrotado" – não faz parte. É por essa razão que só o verdadeiro diálogo pode representar o verdadeiro caminho para uma nova produção de sentidos capaz de pôr em contato os grupos em tensão. Todo grupo de poder tenta legitimar sua posição com relação aos demais por meio de uma racionalidade que é, sobretudo, uma produção retórica apoiada em uma posição de poder (REY, 2012, p. 131).

Se vivemos uma crise democrática, talvez seja porque não conseguimos transmitir essa importante lição: a democracia é a luta sem fim pela democratização e, portanto, o mais profundo do desejo democrático não reside, em última instância, na afirmação da democracia; mas, antes disso, na negação da legitimidade da dominação de qualquer poder, isto é, na afirmação da pura contingência de toda e qualquer ordem.

> Existe política porque – quando – a ordem natural dos reis pastores, dos senhores de guerra ou das pessoas de posse é interrompida por uma liberdade que vem atualizar a igualdade última na qual assenta toda a ordem social. Antes do *logos* que discute sobre o útil e o nocivo, há o *logos* que ordena e confere o direito de ordenar. Mas esse *logos* primeiro já está mordido por uma contradição primeira. Há ordem na sociedade porque uns mandam e outros obedecem. Mas, para obedecer a uma ordem, são necessárias pelo menos duas coisas: deve-se compreender a ordem e deve-se compreender que é preciso obedecer-lhe. E, para fazer isso, é preciso você já ser o igual daquele que manda. É essa igualdade que corrói toda a ordem natural. Sem dúvida, os inferiores obedecem na quase totalidade dos casos. Resta que por aí a ordem social é remetida à sua contingência última. A desigualdade só é, em última instância, possível pela igualdade. Existe política quando pela lógica supostamente natural da dominação perpassa o efeito dessa igualdade. Isso quer dizer que não existe sempre política. Ela acontece, aliás, muito pouco e raramente. O que comumente se atribui à história política ou à ciência do político na verdade depende, com frequência muito maior, de outras maquinarias, que por sua vez provêm do exercício da majestade, do vicariato da divindade, do comando dos exércitos ou da gestão dos interesses. Só existe política quando essas maquinarias

são interrompidas pelo efeito de uma pressuposição que lhes é totalmente estranha e sem a qual no entanto, em última instância, nenhuma delas poderia funcionar: a pressuposição da igualdade de qualquer pessoa com qualquer pessoa, ou seja, em definitivo, a paradoxal efetividade da pura contingência de toda ordem (RANCIÈRE, 1996 [1995], p. 31).

O reflexo mais imediato desse paradoxo é que os valores, de âmbito ético-moral – portanto simbólicos, afetivos –, se é que são considerados no âmbito político contemporâneo, somente o são de modo subsidiário, não central. Assim, o fundamento político evanescente das sociedades é absolutamente relegado da política. Essa despolitização da moralidade, por consequência, implica uma moralização da política. Essa política moralizada – e, portanto, antipolítica – não pode ser considerada democrática sob nenhum aspecto, pois a democracia, antes de garantias de direitos, é a possibilidade ontológica, inalienável, de se criar, instituir, proteger, transformar e ultrapassar os próprios direitos, estes emergentes dos conflitos políticos derivados da maior ou menor intensidade de divergência entre as moralidades que coexistem, enfrentam-se e sucedem-se socialmente na disputa pela afirmação desse direito pré-jurídico que é a igualdade ontológica. Porém, se não se pode considerar essa política moralizada democrática, igualmente não se pode desconhecer do fato de que um movimento antipolítico não é menos político e, portanto, que coloca a exigência de respostas igualmente políticas.

O risco que constantemente nos assombra é que, uma vez vitorioso o movimento político moralizado, imediatamente se busca apagar os rastros dos embates ocorridos para instaurar os fundamentos morais das ficcionadas arquiteturas administrativas e jurídicas impostas. Porém, a persistência da igualdade ontológica tensiona na direção de reafirmar que todo e qualquer instituto social é necessariamente criado a partir da imposição de alguns valores não menos particulares que outros, apenas que em determinado momento contextual alcançam a oportunidade de serem valorizados como universais, distintos, superiores. Porém, sempre permanece conosco a intuição de que residem particularismos morais em toda pretensão de universalidade e superioridade de quaisquer valores.

Tal intuição até pode permanecer adormecida por longas datas, sobretudo em contextos de grande coesão social que favoreçem o enfraquecimento de divergências morais em relação à moralidade sobreposta; todavia, o estatuto próprio da política permanece inabalável na insistência em direção à abertura. Estar em sintonia com esse movimento insistente da política que emula o movimento próprio da existência é a característica singular da *Dissidenz*.

Fomos conformados, entretanto, em uma tradição ético-política, epistemológica e metafísica com a suspeita de que, toda e qualquer pretensão que não esteja alinhada aos valores de certeza, exatidão e universalidade não possui os pré-requisitos para ser valorizada. Essa postura que dicotomiza, de um lado, o corpo e os afetos, e, de outro lado, a mente e a razão, atribuindo valor apenas a este segundo polo, termina excluindo do embate político grande parte – uma parte fundamental – de nossa existência. Porém, o que vemos hoje em dia é que o descompasso entre aquilo que deveria ser excluído e incluído na política foi tão acentuado que a parte excluída se tornou demasiadamente avantajada em relação à parte incluída, restando que o polo da racionalidade terminou se tornando irrelevante para o polo afetivo, fazendo com que muitas vezes a acusação de que "Isso não tem lógica, isso não é racional!" não mereça mais do que um dar de ombros: "E daí?"...

> Por isso, precisamos ser conscientes de que, *em nosso mundo* – apesar da influência da filosofia platônica e sua divisão da realidade em um mundo de essências puras e outro de aparências impuras –, não há espaço para essencialismos de um ou outro tipo. Todo essencialismo, de qualquer classe, é o resultado de uma tendência filosófica, infelizmente muito ampla, de considerar *uma forma de reagir frente ao mundo* sobre qualquer outro modo de perceber e atuar nele. Postular essências consiste, portanto, em sobrepor a uma pluralidade de significados e símbolos – que nós, seres humanos, propomos para nos entender mutuamente – uma esfera unitária e homogênea de produtos culturais que reduz a complexidade do real ao que se considera ideologicamente como algo absoluto e separado da capacidade humana de criação, interpretação e transformação do mundo. Essa tendência, ao final, resulta em alguma forma de dogmatismo a partir do qual uns – os privilegiados

por ele – querem ou pretendem convencer os desfavorecidos de que, ainda que sejam vítimas de uma determinada ordem, isso não é mais que uma aparência ou um momento temporal que acabará culminando por si mesmo na felicidade universal (HERRERA, 2009, p. 45).

Considerações pós-iniciais

O desdém e o descaso para com a dimensão afetivo-simbólica do ser humano não apenas terminou restringindo a discussão política à pequena margem mecânico-matemática das relações sociais (sua dimensão econômica e sociológica), como também, contraditoriamente, expandindo vertiginosa e incontrolavelmente o papel desempenhado pelos afetos nesse campo. A consequência disso é que, hoje, ter razão ou estar certo parece não poder mais ser considerado um critério fundamental, isto é, fundante do enfrentamento político, pois a dimensão política fundamental recuou um passo para atrás do *logos*, colocando-se pareada com o *ethos* e, muito mais, com o *pathos*. Isso pode querer dizer que há uma impossibilidade de a retórica política continuar adotando como seu princípio e objeto os valores já constituídos, pois esses estão desacreditados, *desvalorizados*.

Desse modo, devemos aventar a possibilidade de que o *locus* político tenha recuado e que, se quisermos atuar nele, deveremos nos debruçar não tanto na defesa de valores constituídos, mas sobre o processo constitutivo dos princípios constituintes da valorização desses valores, e até, quem sabe, mais aquém disso, recuado a um ponto em que, na ausência de princípios, o próprio movimento de recuo aos princípios tenha se convertido no ponto de partida do campo político. Assim, o embate político deixa definitivamente de se dar no âmbito do constituído, passando a se dar em torno da própria constituição dos valores constituintes, ou seja, na constituição e recriação disso que hoje está devassado: o *ethos* político, esse campo primordial onde se dará a valorização dos valores a serem constituídos.

A razão científica apresenta-se como objetiva, racional e universal, sempre potencialmente aplicável a qual-

> quer contexto e a qualquer forma cultural, relegando a arte ao subjetivo, ao emocional/passional e ao particular, quer dizer, ao não generalizável além do contexto cultural em que se produziu. A imagem do cientista é a flecha; ao passo que a do artista é a espiral, ascendente e descendente, vertical e horizontal, como a escada de caracol que conduzia ao escritório onde se inventaram os ensaios de Montaigne, ou como os desenhos "impossíveis" de Escher. A razão científica procura um ponto-final, a verdade, o resultado. A arte, como defendeu Freud em seu artigo "Análise terminável e interminável" (1937), submete-se à contínua e fluida interpretação sempre renovada; é compreensão das relações, dos processos (HERRERA, 209, p. 167).

Para terminar, mas não para encerrar, a *Dissidenz* enfatiza, então, a necessidade do reconhecimento de que, no centro do embate político contemporâneo, parecem não estar mais os valores democráticos, mas a própria constituição do estatuto ontoepistemológico desses valores, o que exige da política que ela possa ser retomada em sua afinidade inextricável com a ética, já que agir politicamente passa a visar menos a administração de algum modo específico do estado das coisas vigentes e muito mais à constituição e/ou desconstituição dos regimes existenciais que produzirão valor e sentido constituintes. Todavia, as crises pelas quais estamos atravessando nos âmbitos da democracia e da verdade nos fazem lembrar que a constituição e desconstituição dos regimes existenciais que produzirão valor e sentido não podem ser esquecidos como sendo eles também produzidos por exercícios políticos pretéritos e, portanto, já constituídos como produtos de valor e sentido. Ou seja, não se pode esquecer que a produção de todo e qualquer regime existencial não é apenas fundante, mas também fundada. Sendo assim, um modo de condução ético-existencial que visa à transformação transformadora, ao invés de buscar a configuração de um regime existencial que assegure de uma vez por todas a transformação, poderia se ocupar da constituição de regimes existenciais que se remetessem continuamente à abertura ontológica, à nadidade constitutiva da própria existência, inaugurando, assim, um campo de debate político democrático e radical no qual a democracia seria derivada de uma equivalência igualitária ontológica que coloca em questão não só os supostos "melhores valores", mas inclusive a valorização do que seja o *melhor* como um valor. Essa disposição do estatuto ontoepistemológico da *Dissidenz* em superar a si própria e seu próprio campo parece ser uma clareira possível que permite a produção de diálogo em tempos sombrios.

Buscar eliminar o totalitarismo contemporâneo e suas diversas expressões autoritárias com base exclusivamente na força, com sorte, até pode ser eficaz, porém, essa solução ao paradoxo da intolerância que sempre acomete o pensamento democrático, apesar de parecer solucionar o sintoma, não cura a doença. O homicida do homicida até pode eliminar o assassino, mas não o assassinato. Enquanto no fundo do imaginário democrático residirem pressupostos autoritários, o valor da igualdade democrática estará condenado a ser valorizado apenas como um fim a ser alcançado e não como um princípio de onde o movimento político da democracia se origina.

A sabedoria da *Dissidenz* nos ensina que não podemos ser ingênuos em acreditar demasiadamente em nossas próprias convicções sobre o problema político, porém ela também adverte que não podemos ser ignorantes sobre o fato de que, do campo adversário, não surgirão alternativas.

Referências

AMON, D. (2019). "O contexto socioantropológico da pós-verdade". In: GUARESCHI, P.; AMON, D. & GUERRA, A. (orgs.). *Psicologia, comunicação e pós-verdade*. 3. ed. Florianópolis: Abrapso.

ARENDT, H. (2013). *Eichmann em Jerusalém*: um relato sobre a banalidade do mal. São Paulo: Companhia das Letras.

BALLESTEROS, J. (2000). *Postmodernidad*: decadencia o resistencia. Madri: Tecnos.

CAMUS, A. (2011). *O homem revoltado*. 9. ed. Rio de Janeiro: Record.

CASARA, R.R.R. (2017). *Estado pós-democrático*: neo-obscurantismo e gestão dos indesejáveis. Rio de Janeiro: Civilização Brasileira.

GUARESCHI, P. (2009). *Psicologia social crítica como prática de libertação*. 4. ed. Porto Alegre: EDIPUCRS.

GUARESCHI, P.; AMON, D. & GUERRA, A. (orgs.) (2019). *Psicologia, comunicação e pós-verdade*. 3. ed. Florianópolis: Abrapso.

GUERRA, A. (2015). *Dissidenz*: ética & política na psicologia absurda. Porto Alegre: Universidade Federal do Rio Grande [Dissertação de mestrado em Psicologia Social e Institucional].

GUERRA, A. & BARBOSA, C. (2019). "Crítica e pós-verdade". In: GUARESCHI, P.; AMON, D. & GUERRA, A. (orgs.). *Psicologia, comunicação e pós-verdade*. Florianópolis: Abrapso.

HEIDEGGER, M. (2012 [1927]). *Ser e tempo*. Campinas/Petrópolis: Ed. Unicamp/Vozes.

HERRERA FLORES, J. (2009). *A reinvenção dos direitos humanos*. Florianópolis: Fundação Boiteux.

HUNT, L. (2009). *A invenção dos direitos humanos*: uma história. São Paulo: Companhia das Letras.

JOVCHELOVITCH, S. (2008). *Os contextos do saber*: representações, comunidade e cultura. Petrópolis: Vozes.

LASSALLE, F. (1985 [1862]). *A essência da constituição*. Rio de Janeiro: Liber Juris.

LÉVINAS, E. (2000). *Totalidade e infinito*: ensaio sobre a exterioridade. Lisboa: Edições 70.

MERLEAU-PONTY, M. (2015). *Fenomenologia da percepção*. 3. ed. São Paulo: Martins Fontes.

MOSCOVICI, S. (2011). *A invenção da sociedade*: sociologia e psicologia. Petrópolis: Vozes.

RANCIÈRE, J. (2006). "O dissenso". In: NOVAES, A. *A crise da razão*. Rio de Janeiro: Companhia das Letras.

_____ (1996). *O desentendimento* – Política e filosofia. São Paulo: Editora 34.

REY, G.F. (2012). *O social na psicologia e a psicologia no social*: a emergência do sujeito. 3. ed. Petrópolis: Vozes.

9
PSICOLOGIA E LUTAS DE CLASSES: RELAÇÕES POSSÍVEIS?

Isabel Fernandes de Oliveira
Fellipe Coelho-Lima

Em 28 de abril de 2017, dezenas de milhões de pessoas distribuídas em todo o território brasileiro entraram em greve. Cem anos depois da primeira greve geral brasileira ocorria uma nova mobilização que entrou para os marcos das grandes movimentações de massa no país. Essa manifestação foi organizada por sindicatos, centrais sindicais, partidos políticos e movimentos sociais, tendo como centro o combate à reforma trabalhista e previdenciária proposta pelo governo (golpista) de Michel Temer (BOULOS, 2017).

Contrariando a expectativa de acadêmicos, militantes e políticos profissionais, emergia no Brasil um movimento amplo, organizado, que congregou diversas categorias profissionais, de diversas faixas de renda, idade e gênero em manifestações de rua em torno de uma pauta eminentemente trabalhista. Para além dos efeitos políticos desse acontecimento – como ter conseguido retirar da ordem do dia o projeto de reforma previdenciária e fragilizar ainda mais o governo federal –, a ocorrência da greve geral avivou um debate espinhoso: o conceito de classe social ainda é pertinente quando falamos dos processos de lutas e resistências?

Essa pergunta interessa àquelas e àqueles que se engajam na transformação da sociedade em direção a um sociometabolismo justo e verdadeiramente humano, incluindo as psicólogas e psicólogos que se circunscrevem nesse projeto ético-político. Dessa forma, o objetivo deste escrito é discutir as relações possíveis entre luta de classes e a psicologia. Para tratar dessa temática, contudo, é necessário cumprir duas tarefas anteriores. A primeira é percorrer os caminhos áridos da conceitualização de classe social, problematizando as suas apropriações distintas e sua atualidade. E, em seguida, como essa classe se encontra organizada na atual etapa do capitalismo. Apenas com essas discussões no horizonte é que será possível problematizar se há alguma articulação possível entre essa ciência e profissão e os processos de luta em curso em todo o mundo.

1 Luta de classes: confusões conceituais

O conceito de classes sociais já foi explorado por diversas tradições que remetem aos primeiros momentos das análises sobre o capitalismo. Desde a economia política clássica, articulada por Adam Smith (2017 [1774]), até socialistas utópicos como Saint-Simon (2014 [1814]), esse debate está presente. Contudo, duas tradições se destacaram e seguem até os dias de hoje: a conceitualização weberiana e a marxista.

Em linhas gerais, Weber (1982) teoriza que a divisão da sociedade ocorre por três fatores específicos: o poder, o prestígio e a riqueza. Correlata a eles estão as formas de organização da sociedade, respectivamente, o partido, o *status* e a classe social. Portanto, o último elemento figura vinculado à capacidade de acesso de um determinado grupo à riqueza produzida em uma sociedade. Consequentemente, é um conceito vinculado à dinâmica de mercado em um determinado contexto histórico-social. Sem dúvida, esse conceito é o que se popularizou tanto no âmbito da sociologia como no senso comum. De um modo geral, ele consegue *descrever* de forma adequada como se agrupam as pessoas, do ponto de vista econômico. Todavia, descrever não é explicar, e é nesse último processo que essa conceituação encontra a sua limitação. Descrever que um determinado grupo de pessoas pertence a uma classe A, B ou C pouco explica a origem dessas classes, nem sobre a dinâmica de funcionamento da sociedade.

Alternativamente, é em um autor anterior a Max Weber que pode ser encontrado um debate acerca das classes sociais que tanto se pretende determinar radicalmente a sua origem, a sua dinâmica de funcionamento e, ainda mais, o seu processo de dissolução.

Em outra direção, o debate marxista vincula o conceito de classe ao modo de produção como um todo, isto é, não apenas ao acesso à riqueza (que também será afetado pela vinculação a determinada classe social), mas ao modo como cada grupo participa da sua produção (NETTO & BRAZ, 2007).

Uma primeira demarcação necessária é quanto à ambiguidade do estado dessa discussão na obra marxiana. Por um lado, ela é decisiva para a orientação teórico-política dos escritos de Karl Marx e Friedrich Engels. Desde os seus primeiros escritos, um ponto em comum foi a produção de conhecimentos que munissem os trabalhadores e as trabalhadoras no projeto de "supressão da exploração do homem pelo homem" (MARX & ENGELS, 1998 [1848], p. 56). Ou como caracteriza Lukács (2013), ser a ideologia da classe trabalhadora, para permitir a apreensão das determinações da realidade, das limitações das atuais relações sociais e impulsionar a construção de um projeto societal justo e igualitário. Portanto, compreender a sociedade como cindida em classes e a implicação com uma delas em específico, foi o que determinou o rumo da teoria social marxiana. Por outro lado, é consenso que esses autores não apresentaram uma definição consolidada do que seria uma classe social, cabendo aos seus continuadores sistematizá-la e desenvolvê-la (BOTTOMORE, 2001).

Uma primeira pista nessa direção é a seguinte passagem de *O capital*: "É na relação direta entre os proprietários das condições de produção e os produtores diretos [...] que encontramos o segredo mais profundo, a base oculta de todo o arcabouço social" (MARX, 2017 [1894], p. 852). Isto é, a compreensão da dinâmica de qualquer sociedade seria determinada pelo modo como essa organiza a sua produção material. Logo, revela-se uma das diferenças com o conceito weberiano: em vez de atentar apenas para a renda ou para o acesso aos bens produzidos, o foco está na participação da produção (que também determinará o acesso à riqueza socialmente produzida).

Essa conclusão ganha corpo principalmente quando se observa o capitalismo – modo de produção em que a organização social baseada em classe ganha melhores contornos. Nesta, do ponto de vista da produção material da sociedade, duas classes se apresentam como fundamentais: a burguesia e o proletariado. Isso acontece pela conformação como ocorre a produção do capital – a novidade histórica que caracteriza a peculiaridade desse modo de produzir e relacionar-se socialmente.

Capital pode ser definido como "valor em movimento de autoexpansão" (DUAYER, 2011), portanto, é um processo. Um modo mais simples de compreender a sua dinâmica – e como ela determina as classes no capitalismo – é comparando com o dinheiro (em muitos momentos, sua aparência). A moeda (ou dinheiro) surge na humanidade como um mediador entre os produtos do trabalho, representando a equivalência do valor de dois bens (SCHIAVO, 1978; FERGUNSON, 2013). Uma fórmula que representa essa relação é M-D-M: uma pessoa possui uma mercadoria, e por meio do dinheiro, a troca por outra mercadoria. Em suma, é a processo de troca simples que ocorreu durante milênios em todas as sociedades humanas com complexificação das relações econômicas, tendo como o centro a satisfação de necessidades por meio da realização do valor de uso das mercadorias (MARX, 2013 [1867]).

Todavia, no capitalismo os termos dessa relação são alterados. Sendo o capital "valor em movimento de autoexpansão", ele precisa de um veículo para garantir a sua infinita multiplicação. Nos termos colocados, a forma aparente do capital é o dinheiro e, portanto, a equação apresentada se transforma. Passa de uma lógica de compra e venda de mercadorias para o seu consumo, para a compra e venda de mercadorias para a geração de mais dinheiro. Esse novo movimento pode ser representado pela fórmula D-M-D, em que, agora, a pessoa, com uma quantia inicial, utiliza a mercadoria (compra e venda) para obter uma quantia superior ao final. Assim, a reprodução do capital converte-se em um fim em si mesmo, portanto, é um movimento desmedido (MARX, 2013 [1867], p. 228).

Se, por um lado, o capitalismo tem como centro a reprodução do capital e, pelas ferramentas construídas historicamente pela humanidade, isso pode ser feito mediado pelas mercadorias, por outro, abre-se a questão de como fazer com que a mercadoria viabilize o incremento de dinheiro (a rigor, capital) dentro dessa relação.

Para que a mercadoria figure como mediadora da multiplicação do capital é necessário que ela seja valorizada. Isto é, que o dinheiro inicial seja empregado na produção da mercadoria de tal forma que ao final do processo seja possível, após a sua circulação e consumo, obter um montante de dinheiro quantitativamente superior que será novamente empregado na produção de novas mercadorias. O que aparece como aplicação de dinheiro para a valorização da mercadoria corresponde, na realidade, à compra de elementos que permitem que a essa mercadoria cristalize mais trabalho, garantindo o seu incremento de valor. Portanto, é o mais-valor agregado à mercadoria que possibilita que o possuidor de dinheiro consiga obter ganhos nessa relação.

Mesmo se o possuidor do dinheiro comprasse diversas mercadorias e as colocasse juntas, ainda não conseguiria obter uma quantidade superior de dinheiro ao final do processo, pois os custos da compra equivaleriam ao preço da venda. É necessário que entre essas mercadorias haja uma que seja capaz de multiplicar o valor das demais. A observação do processo de produção de mercadoria possibilita a identificação de qual mercadoria seria essa: a força de trabalho. Isto é, a compra do tempo de uso, por parte do possuidor de dinheiro, das capacidades físicas e mentais humanas para a produção de bens.

Essa "mercadoria" possui duas características únicas. A primeira é quanto a sua natureza: enquanto as demais mercadorias são estáticas, a força de trabalho é dinâmica e plástica, podendo ser aplicada de formas infinitas. A segunda é que a sua forma de pagamento é distinta. Enquanto as demais mercadorias têm o seu valor pago integralmente, a força de trabalho é paga, tomando como base os recursos necessários para a reprodução do trabalhador que a disponibiliza, na forma de salário. Portanto, não se paga integralmente o valor que a força de trabalho produz, permitindo que o possuidor de dinheiro se aproprie (explore) desse valor a mais não pago (mais-valor). É a partir dessa relação de exploração que o possuidor de dinheiro pode ter o seu montante multiplicado dentro das relações sociais capitalistas, ou, a rigor, permitir a reprodução do capital.

Aplicando corretamente os termos do debate, tem-se que "o antigo possuidor de dinheiro se apresenta agora como capitalista, e o possuidor de força de trabalho como seu trabalhador". Para além, esse encontro não é de duas classes iguais, mas que ocupam posições distintas dentro das relações sociais, nas quais "o primeiro [capitalista] se apresenta, com um ar de importância, confiante e ávido por negócios; o segundo [o trabalhador] se apresenta, tímido e hesitante, como alguém que trouxe sua própria pele ao mercado e, agora não tem mais nada a esperar além da [...] despela" (MARX, 2013 [1867], p. 251).

A partir desse princípio básico sobre a formação das classes fundamentais do capitalismo desenvolvem-se ao menos três implicações importantes: a primeira é que uma possível teoria sobre classes sociais no marxismo está necessariamente vinculada ao processo de luta entre elas; a segunda, de que o processo de luta presume uma relação mediada de produção de interesses comuns entre os membros da classe; e a terceira, de que o interior das classes são muito mais heterogêneos do que o confronto entre elas evidencia e, portanto, que os processos de lutas de classes se manifesta de diversas formas. Na sequência, cada um desses pontos será mais bem desenvolvido.

Primeiramente, é importante observar que essa compreensão das classes vinculadas à produção da riqueza social não equivale a um entendimento economicista e causal dessa relação. Em algumas tradições intelectuais perdurou essa posição que, por um lado, creditava todo o jogo político e ideológico da luta social às movimentações puramente econômicas (recaindo em etapismos, fatalismos e outras tentativas de instituição de destino único para o capitalismo), destituindo qualquer possibilidade de intervenção dos sujeitos sobre os processos que participava (LUKÁCS, 2012a; NETTO, 2017). Esse *marxismo vulgar* e *mecanicista* abandona o pensamento dialético em favor de uma lógica estruturalista de funcionamento da sociedade capitalista, esvaziando um dos grandes achados de Marx: de que se a classe trabalhadora é quem realmente produz a riqueza da sociedade, ela também possui as condições objetivas de derrubar a ordem posta (MARX & ENGELS, 1998 [1848]). É importante ressaltar que, em outra direção, o pensamento dialético marxiano postula essa relação entre a determinação da produção material da vida humana e os modos de vida relacionados a ela como uma dinâmica em constante movimento e determinação. Exemplo disso é o que Marx e Engels (2007 [1845-1846], p. 537) defendem em *A ideologia alemã*, quando afirmam:

> A doutrina materialista de que os homens são produto das circunstâncias e da educação, de que homens modificados são, portanto, produto de outras circunstâncias e de uma educação modificada, esquece que as circunstâncias são modificadas precisamente pelos homens e que o próprio educador tem de ser educado.

Ou seja, ao mesmo tempo que os homens e mulheres são determinados pelas condições que se inserem, também são eles próprios que produzem essas condições. Esse mesmo raciocínio pode ser aplicado às classes e aprofundar o significado do giro de sua compreensão da esfera do consumo para o da produção. Ao passo em que as classes fundamentais são produzidas pelo modo como nossa sociedade organiza a sua produção material – a partir do metabolismo entre a classe possuidora dos meios de produção (burguesia) e os possuidores da força de trabalho (trabalhadores) –, a relação (conflituosa) entre ambas as classes retroage sobre como é operada a produção da riqueza social. Exemplo disso é a conquista de diversas legislações e regulações sobre o uso da força de trabalho (jornada de trabalho, férias, aposentadoria etc.) que, em alguma medida, alteram a própria taxa de exploração dessa força de trabalho. Logo, essa teorização sobre as classes sociais destaca muito mais a dinâmica (dialética) entre elas, do que a lógica (estática) da sua conformação – como fazem teorias como a weberiana.

Outro aspecto relevante é a indissociabilidade entre o caráter econômico (produção material da vida humana) e político (ação sobre um conflito social). Isso fica evidente quando Marx apresenta, em *Miséria da filosofia* (2007, p. 159):

> As condições econômicas inicialmente transformaram a massa do país em trabalhadores. A dominação do capital criou para essa massa uma situação comum, interesses comuns. Essa massa é, pois, diante do capital, uma classe, mas ainda não o é para si mesma. Na luta, de que assinalamos algumas fases, essa massa se reúne, constitui-se em classe para si mesma. Os interesses que defende se tornam interesses de classe. Mas a luta entre classes é uma luta política.

Este trecho indica duas conclusões importantes. A primeira delas é que a relação entre classes é conflituosa, e, portanto, dinâmica, por ser uma luta política. Isso ocorre por estar aliada às condições econômicas da classe trabalhadora, à elaboração de um *interesse em comum* aos sujeitos que a compõe. Em uma leitura desavisada, esse seria um argumento para reafirmar a relação causal entre economia e política, entre a materialidade e a subjetividade: de que a condição econômica de classe *gera* o interesse dos trabalhadores e das trabalhadoras. Porém, o que se evidencia é que a condição material de classe apenas apresenta a *possiblidade* de elaboração desse interesse em comum (LUKÁCS, 2013). O que permite que essa potência se converta em ato é o processo de luta, que é, eminentemente, político. Movimento em que a classe se converte de classe em si (que existe como fenômeno nas relações sociais capitalistas) em classe para si (orientada para os seus interesses radicais dentro do conflito entre capital e trabalho).

Portanto, a existência das classes permite a geração de posições subjetivas distintas dentro da sociedade, contudo essa é uma relação mediada pela própria luta política. O que determina o desfecho dessa luta para a conversão da *classe em si* em *para si* é uma polêmica dentro do próprio campo marxista. Autores como Poulantzas (1975), Bensaïd (1999) e Lukács (2012b, 2013) tem problematizado, a partir de pontos distintos, como ocorre essa relação entre as condições materiais de classe e elaboração de uma política classista específica. O primeiro autor desenvolve essa distinção a partir de dois conceitos, o de *determinação estrutural de classe* e *posição de classe*. Assumindo que a classe envolve tanto determinantes econômicos (estruturais), políticos e ideológicos (superestruturais), é possível um sujeito ou frações de uma classe estarem localizados em uma determinada classe (determinação estrutural de classe), mas assumirem um papel na luta política distinta da condizente com o seu lugar material (posição de classe). Contudo, mesmo que haja essas posições desalinhadas com as determinações estruturais, não está invalidada a luta de classes em si. Ao contrário, o próprio deslocamento dessas posições é reflexo e efeito dessa dinâmica conflituosa.

Já em Bensaïd (1999), destaca-se a determinação da classe alinhada necessariamente com a luta política. Diante de uma longa revisão dos diversos momentos em que as determinações das classes sociais aparecem na obra magna marxiana (*O capital*), tanto quando o autor trata da origem via esfera da produção (por meio da exploração), como da circulação (por meio da venda da força de trabalho), em ambas está presente o caráter dialético e conflituoso que se liga às classes sociais. Dialético, para o próprio Marx, só surge a classe trabalhadora, quando surge a burguesia; e conflituosa, pois desde o aprofundamento dos contornos entre ambas as classes está marcada historicamente a existência de interesses irreconciliáveis. Nesse processo, a passagem da *classe para si* para a *classe em si* apenas ocorreria pelo caráter irrevogável do conflito e da própria luta de classes. Seria apenas por meio dessa operação que a consciência da classe trabalhadora superaria as fetichizações, mistificações e naturalizações próprias da dinâmica econômico-social do modo de produção capitalista.

Em Lukács (2012b) o tema da consciência de classe surge como o modo de pensar a passagem da classe em si em classe para si. Assumir os interesses comuns da classe ocorreria por meio do desenvolvimento da consciência de classe. Essa, por sua vez, não equivaleria à soma dos pensamentos dos indivíduos que a compõe. Para operar esse salto teórico é necessário incluir uma abordagem da *totalidade*, do movimento genérico das categorias que formam o ser social e a sua dinâmica. Portanto, às classes corresponderiam uma consciência e essa congregaria as lições históricas tirada pelos trabalhadores nos diversos momentos dos conflitos sociais, bem como permitiria a propulsão dos embates promovidos pelos trabalhadores. Por sua vez, essa consciência de classe, que não está nos indivíduos, ganharia musculatura na forma dos partidos políticos – mais especificamente, do Partido Comunista. É verdade que essa tese lukacsiana é revisada pelo próprio autor em sua obra de maturidade (LUKÁCS, 2013). Nela a determinação da ação política da classe teria como mediador a ideologia, concebida como conjunto de ideias sobre o conflito social com vista a determinar a práxis dos indivíduos. Ou seja, incorpora-se a necessidade objetiva de atuar sobre as consciências individuais e em vez de se concentrar a consciência de classe em um partido específico, a determinação da subjetividade da classe estaria localizada no embate ideológico (do qual podem participar entes diversos).

Ainda que haja divergências na tradição marxista sobre a cadeia de mediações entre as determinações econômicas e o edifício político, ideológico e cultural das classes, é importante observar que seja nos textos de Marx, seja em seus continuadores – que o fazem com base no pensamento dialético, materialista e histórico que marcaram a obra marxiana – não se defende uma relação simplista e mecanicista entre a vida social e a produção material.

Por fim, cabe atacar o terceiro desdobramento do debate sobre a luta de classes nos textos marxistas e marxianos: a heterogeneidade das classes, em especial, da trabalhadora.

Principalmente após o maio de 1968, surgiram, ao mesmo tempo, críticas ao marxismo hegemônico da época e à defesa da prioridade da luta sindical sobre as demais, e posições teórico-políticas contrárias à tese das lutas de classes. Sob a justificativa que esta desconsiderava a especificidade de setores da sociedade que sofrem historicamente violências de diversas ordens, iniciou-se um intenso ciclo de debates em torno da insuficiência da teoria de classes para explicar os processos de luta no final do século XX (FRASER, 1999).

Conquanto essa afirmativa seja verdadeira para a prática política associada, na época, ao marxismo – principalmente nos redutos partidários comunistas (PARKER, 2014) –, ela era resultado de uma incompreensão da complexidade da teoria das lutas de classes no texto marxiano. Em ampla revisão da obra de Marx e Engels a partir do *Manifesto Comunista*, Losurdo (2015) evidencia a imanência de uma concepção pluralista do processo de lutas de classes. Diferentemente do que se consolidou no senso comum da esquerda marxista, os autores do *Manifesto Comunista* não priorizaram o embate entre trabalhadores e burguesia apenas em torno da pauta trabalhista ou de superação imediata do capitalismo. Ao contrário, o próprio Manifesto já inclui tal compreensão quando imediatamente após o tratamento da questão das lutas de classes entre capitalistas e trabalhadores recorre à análise pormenorizada das questões das lutas pelas independências nas colônias. Como destaca o filósofo italiano, a própria opressão operada pelo homem contra a mulher é concebida como primeira forma de opressão de classe. Ao considerar a complexidade interna da classe, duas conclusões são necessárias.

A primeira delas é que mesmo assumindo que a classe trabalhadora e a classe burguesa são as *classes fundamentais* do capitalismo – ou seja, aquelas que atuam diretamente sobre a dinâmica radical de determinação da forma como ocorre o sociometabolismo da nossa sociedade, no caso, na reprodução do capital – essa afirmação não representa que elas sejam as únicas. Principalmente nos textos de análise da conjuntura política, como *As lutas de classes na França* (MARX, 2015 [1850]), *O 18 de brumário de Luís Bonaparte* (MARX, 2015 [1850]) e o próprio *Manifesto Comunista* (MARX & ENGELS, 1998 [1848]), os autores recorreram, via de regra, a classes intermediárias ou transitórias para explicar a dinâmica política de uma época (BENSAÏD, 1999). Ou seja, ainda que exista uma primazia das classes fundamentais para explicar a dinâmica genérica do modo de produção capitalista, a particularidade como essa formação social se constitui em cada período histórico e contexto local imprime a relação com outras classes com interesses e ideologias específicas.

A segunda é que assumir a cisão da sociedade capitalista em duas classes fundamentais (e, agora, nas intermediárias ou transitórias) não deveria significar que a única luta existente é a trabalhista. Ao contrário, assumir essa forma de determinação das relações sociais atuais é complexificar as apreensões de como operam os demais processos de opressões e dominação sob a égide do capitalismo. A luta contra o machismo, patriarcado, heterossexismo, racismo, LGBTfobia, colonialismo dentre tantas outras opressões e formas de dominações não estão isoladas dos processos de exploração próprias das classes, mas atuam organicamente na vida dos sujeitos. Ou, como metaforizado por Saffioti (1976), se constituem em um nó que não pode ser desatado: sua compreensão e transformação é em conjunto. No plano teórico, diversos intelectuais têm se proposto a compreender a interligação entre essas determinações, como é o caso de Angela Davis (2016), Heleieth Saffioti (1976), D'Emilio (1983), Florestan Fernandes (1989), dentre outros. Os esforços vão na direção de pontuar como os grupos historicamente oprimidos acabam participando de maneira diferenciada do processo de exploração, potencializando-o e tornando-se funcional a atual etapa tardia do capitalismo.

Ainda que tenham sido desenvolvidos alguns desdobramentos teóricos acerca do debate marxiano/marxista sobre a luta de classes, ainda cabe a interrogação pertinente sobre a atualidade desse entendimento para as relações sociais dos dias de hoje.

2 Luta de classes: um conceito ultrapassado?

Logo após a II Guerra Mundial e o acirramento entre os projetos capitalistas (representado pelos Estados Unidos) e comunistas (tendo à frente a União Soviética) surgiram diversos intelectuais defendendo que a teoria do conflito de classe estava ultrapassada (e. g., BELL, 1960; ARON, 1962; DAHRENDORF, 1982). Essa tendência se aprofundou após a queda do Muro de Berlim e o crescimento dos movimentos identitários. Ao que tudo indicava, do ponto de vista teórico, se um dia a luta de classes teve alguma centralidade na dinâmica social, isso se circunscreveria no século XIX ou até o começo do século XX. Após esse período o mundo mergulharia em uma nova configuração em que a tese das lutas de classes estaria ultrapassada (e. g., FUKUYAMA, 1989; FRASER, 1999).

Como apresentado anteriormente, muitas dessas afirmações tomaram como base uma teoria simplista do marxismo acerca das classes, assumindo-as como exclusivamente as lutas em torno das questões diretas do trabalho e conduzidas por trabalhadores organizados, tendo os partidos políticos e sindicatos como principais modos de organização. Atentando novamente para o esforço contido nos parágrafos anteriores, fica evidenciado que a compreensão possível baseada nas obras marxianas aponta em outra direção. As classes seriam produtos da dinâmica do próprio modo de produção que toma como base a produção de capital e o seu surgimento, necessariamente, estaria vinculado a uma dinâmica conflitiva entre essas. Tais embates, por sua vez, não estariam circunscritos exclusivamente àqueles relacionados diretamente ao trabalho (ou, mais precisamente, ao uso da força de trabalho na produção), mas ao conjunto das relações sociais que são construídas com base nos laços capitalistas. Portanto, as diversas lutas empreendidas no seio do modo de produção capitalista pelos grupos oprimidos, dominados e violentados historicamente estão vinculados às lutas de classes.

Se do ponto de vista teórico é possível rebater a tese apresentada pelos ideólogos capitalistas sobre o fim da luta de classes, uma observação atenta da sociedade ao redor do mundo enterra por completo essa posição.

Esse cenário tornou-se inquestionável logo após a crise político-econômico-social que eclodiu, mais uma vez, em 2008. Após um intenso enriquecimento dos capitalistas financeiros com base em rebuscados processos de especulação de capital, em 2008 o próprio sistema bancário e financeiro entrou em colapso arrastando todas as demais esferas da economia. Os relatos da época retratam tanto o fechamento de instituições financeiras históricas, bem como a falência (ou pedido de ajuda) de multinacionais como a General Motors (HARVEY, 2011).

Essa avalanche que ocorreu do lado do capital rapidamente atingiu os trabalhadores e as trabalhadoras. Junto à execução das dívidas contraídas nos anos anteriores – que sustentou o parco crescimento do capitalismo no começo dos anos 2000 –, o desemprego e a redução do poder de compra dos trabalhadores e das trabalhadoras atingiram marcas históricas em diversos países. A Espanha, por exemplo, chegou a registrar taxas em torno de 20% nos anos seguintes à crise. Associada a essa situação, avançou ao redor do mundo o receituário neoliberal de austeridade, traduzida na redução dos serviços públicos e da desregulamentação dos direitos trabalhistas (CHESNAIS, 2017).

O avanço da reorganização do capitalismo a fim de manter a sua expansão – a rigor, em garantir o crescimento da taxa de extração de mais valor – produziu não apenas uma piora na qualidade de vida da população em geral ao redor do mundo, ela também iniciou um novo ciclo de lutas mundiais (ANTUNES, 2016). Movimentos como a Primavera Árabe (Oriente Médio), Occupy Wall Street (Estados Unidos), Precários Inflexíveis (Portugal), Indignados (Espanha) e as Jornadas de Junho de 2013 (Brasil) atestam a resistência da maioria da população às medidas tomadas pelos estados na tentativa de garantir as melhores condições de reprodução do capital. Soma-se a essas lutas mais amplas outros movimentos como o Ni Una A Menos (Argentina) e o Black Lives Matters (Estados Unidos).

Um analista desavisado poderia se utilizar desses movimentos exatamente para confirmar a tese de que chegamos ao fim das lutas de classe, haja vista que boa parte desses movimentos ou possuíam pautas difusas ou se orientavam contra medidas (ou formas de organização) do Estado. Contudo, para além da aparência de desconexão entre esses movimentos, o que é possível apreender é a aproximação entre as características de quem conduzia essas lutas.

Em sua maioria constituíam-se de jovens pauperizados, que acessam empregos precarizados ou que estão desempregados, ainda dependentes financeiramente de suas famílias e sem esperanças com seu futuro. Não se tratam, portanto, de pessoas que possuem os meios de produção para garantir a sua sobrevivência. Ao contrário, são aqueles que apenas possuem sua força de trabalho para ser vendida para obter uma renda que ou é abaixo do necessário para sobreviver, ou não é comprada. Portanto, é uma parcela específica da classe trabalhadora que está à frente dos diversos levantes ao redor do mundo em um combate espontâneo contra o *status quo*.

Aqui há um avanço analítico importante: ainda que seja possível reconhecer o conflito de classe existente no plano genérico, não redunda na conclusão de que, portanto, o modo de se estabelecer essa luta segue os moldes historicamente consolidados pela classe trabalhadora (coletiva, centralizada em uma organização, com uma pauta bem definida etc.). O que o movimento atual do conflito de classe vem revelando é que esse se expressa fora dos mecanismos institucionalizados, desvinculados de um projeto societário bem definido e ligado diretamente à busca imediata por melhores condições de vida. Ainda mais, essa parcela se coloca como opositora de grupos da classe trabalhadora que são mais envelhecidos, ocupam cargos com melhores condições de trabalho e possuem acesso aos direitos trabalhistas. Em suma, essa parcela da juventude da classe trabalhadora tem interpretado a condição desse segundo extrato como privilegiados, responsabilizando-os pela sua situação precarizada (ANTUNES, 2016).

Devido às particularidades desse grupo, tanto em sua circunscrição sociodemográfica e laboral, bem como o seu papel como motor das atuais lutas ao redor do mundo, alguns autores têm definido essa parcela como *precariados* (BRAGA, 2017). Mesmo que em um primeiro momento essa categoria tenha sido utilizada para defender o surgimento de uma nova classe distinta da trabalhadora – como defendida por Standing (2013) –, como apontado anteriormente, ela se configura como uma parcela da classe trabalhadora, mais especificamente, assume a forma particularizada do presente tempo histórico. Do mesmo modo, assumir a emergência dessa categoria no cenário da luta de classe indica mudanças no modo como a resolução desses conflitos estão ocorrendo.

Distintas dos instrumentos históricos de luta dessa classe – como os partidos e sindicatos – o precariado se institui como uma (parcela de) *classe perigosa* por conjugar um intenso sentimento de revolta, transbordado em forma de rebeliões ao redor do mundo, e a ausência de um projeto coeso e sistematizado para a atual sociedade. Dessa forma, ao mesmo tempo, a depender da conjuntura nacional, eles tanto impulsionam políticas e projetos de esquerda como de direita. No primeiro caso, exemplifica a eleição do Syriza na Grécia, subindo ao poder logo após a sucessão de dezenas de greves e com uma plataforma de negação às políticas de arrocho exigidas pelos organismos econômicos transnacionais; e no segundo, o crescimento de grupos de extrema-direita de inspiração nazifascista presentes em países do Leste Europeu ou mesmo nos Estados Unidos. No Brasil, esse destino contraditório da luta política do precariado também se materializa de forma polarizada. Ao mesmo tempo em que ocorreu a greve geral sumarizada no começo deste capítulo, um dos candidatos com maior intensão de votos assume publicamente posições ultrarreacionárias.

Portanto, se de um lado a tese geral de que as lutas de classes se mantêm como centrais para o entendimento das relações sociais no capitalismo, por outro não é verdadeiro que os resultados políticos dessa luta seguem os mesmos rumos e utilizam os mesmos instrumentos de outros momentos históricos. Muito do afastamento do precariado das instituições orgânicas da classe trabalhadora deve-se a constantes traições e afastamento dessas de políticas e pautas que verdadeiramente ligam-se à vida concreta dos trabalhadores e das trabalhadoras. Basta observar a atuação de diversos partidos originários dessa classe quando à frente de governos em que foram aprovadas medidas de retirada de direitos e serviços necessários à manutenção da vida dos trabalhadores; ou mesmo sindicatos que atuaram mais em arrefecer as lutas em curso, em favor de vantagens privadas aos seus dirigentes, do que em promover as ferramentas objetivas e subjetivas suficientes para o enfrentamento da agenda neoliberal (BRAGA, 2017). Isso não significa que tais formas de organização da classe estejam em si esgotadas, mas o seu modo de institucionalização já não alcança mais o conjunto da classe trabalhadora, ainda mais a sua parcela do precariado.

Em outro caminho, formas de organização diversas têm ganhado destaque nesse processo de mobilização e conscientização em torno do interesse da própria classe. A última greve geral no Brasil é testemunha disso. Ela foi precedida de diversos atos, de menor monta, em que se mobilizaram, aos poucos, os trabalhadores e as trabalhadoras de setores distintos. Contudo, o seu início, a movimentação que abriu o ciclo de ações que redundou na greve geral, ocorreu a partir das manifestações do 8 de março conduzidas pelas mulheres. Elas – as trabalhadoras – marcharam por todo o Brasil contra os ataques que sofriam traduzindo como a reforma trabalhista e previdenciária, bem como a deterioração das políticas públicas afetavam diretamente suas vidas.

O que o atual cenário da classe trabalhadora revela é a necessidade de se retomar o debate acerca de como convertê-la de classe em si em classe para si. Em outras palavras, se por um lado são mantidas as determinações materiais que originam as classes sociais no capitalismo, as condições desumanas às quais as trabalhadoras e os trabalhadores são lançados se aprofundam na atual etapa do nosso modo de produção, e há um sentimento generalizado nessa classe de revolta contra essa situação, por outro a classe carece de coesão na política que desenvolve. Para isso é necessária a elaboração de mecanismos objetivos e subjetivos que permitam um salto organizativo da classe trabalhadora para que as diversas rebeliões que estouram ao redor do globo tenham força suficiente para destituir a ordem posta e tenham consciência em quais novas relações sociais pretendem colocar em seu lugar.

Tendo em vista os desafios mais amplos do curso atual da luta de classes, é fundamental pensarmos o papel da psicologia nesse cenário.

3 Psicologia e luta de classes

Discutir o papel ou as ações da psicologia no cenário das lutas de classe requer analisar o fenômeno sob algumas perspectivas. A primeira delas trata da psicologia como categoria profissional, ampla, com diferentes vertentes e massa amorfa de trabalhadoras e trabalhadores inseridos de diferentes formas, em diferentes espaços de trabalho e de atuação. A segunda versa sobre o campo científico e profissional que pode assumir um papel, com destaque para a psicologia política, de agente facilitador de processos de consciência e questionador de *status quo*, ou de mantenedor de perspectivas alienantes, reprodutor de ideologia (no sentido de falsa consciência). Uma terceira possibilidade que, na verdade, é uma intersecção das anteriores que é o reconhecimento do perfil eminentemente institucionalizado da profissão, que torna seus profissionais trabalhadores e, como tal, partes de uma classe, ainda não assumida amplamente por eles. Tratemos desses aspectos.

Desde a regulamentação da profissão, a psicologia evoluiu de uma profissão centralizada em campos de saber e de atuação restritos para uma variedade considerável de espaços de trabalho, modelos de atuação, áreas e especificidades. Das áreas tradicionais de 1962, a saber, clínica, educacional, industrial e ensino, hoje temos uma pluralidade difícil de elencar sem correr o risco de deixar de fora algumas (ou várias) delas: saúde, clínica, oncologia, cuidados paliativos, trabalho, organizações, trânsito, jurídica, esporte, emergências e desastres, educacional, saúde mental, desenvolvimento, ambiental, avaliação psicológica, neurociências, são apenas ilustrações dessa variedade. Cada um desses campos comporta características históricas que lhes conferem identidade, mas o fato é que existe um divisor de águas na história da psicologia que marca o cenário do mercado de trabalho para o profissional do campo e a guinada crítica da ciência: a emergência da política social e pública como espaço de atuação.

A tradição da clínica nos moldes mais conservadores reinou até meados da década de 1970 quando a falência do "milagre econômico" provoca uma retração no campo para o exercício liberal do profissional. Antes centrada eminentemente nos consultórios privados, a prática psicológica enfrenta problemas mercadológicos. Ao mesmo tempo, na América Latina, movimentos ligados às abordagens de cunho social-crítico questionavam a relevância social da psicologia, especialmente seu compromisso de classe. A provocação, feita por Botomé (1979), era a quem serviam os psicólogos de fato. Já aí se revelava o que Bock (2003) denominou de um compromisso da psicologia com as elites que perdurou claramente por cerca de 40 anos no Brasil. Portanto, ao falar das possíveis relações entre psicologia e luta de classes, é possível demarcar que, se houve uma defesa de classe por parte da profissão, hegemonicamente ela não só privilegiou, mas esteve a serviço da classe detentora dos meios de produção.

Os debates e movimentos no interior da profissão associados à queda do regime militar, com a consequente reforma do Estado brasileiro, ensejaram mudanças nos rumos da ciência e da profissão, mas não sem embates intrínsecos ao campo. O fato é que a Constituição de 1988 junto com a intensa mobilização das entidades de representação da categoria mudaram a tendência de evolução da psicologia no Brasil. De prática formatada nos consultórios privados, passa a ocupar espaços institucionalizados nas políticas sociais/públicas com tamanha intensidade que, hoje, esse campo é o maior empregador de psicólogos no país. Daí, esses profissionais saem de uma categoria eminentemente de profissionais liberais para a de trabalhadores assalariados, alvo das mesmas relações de exploração que os demais integrantes da classe trabalhadora, respeitadas as diversidades internas. Ocorre que a pluralidade de campos, referenciais teóricos, metodológicos e epistemológicos não conferem uma unidade aos profissionais da psicologia em torno de um objeto, perspectiva de mundo, projeto societário ou de classe. As clínicas particulares permanecem, assim como os demais trabalhadores autônomos, contratados de empresas privadas ou com outros tipos de vínculos. Mesmo na maioria das vezes sofrendo na mesma lógica da exploração capital *versus* trabalho, esses profissionais não se reconhecem como classe trabalhadora, mesmo aqueles inseridos nas piores condições de trabalho das políticas públicas (contratação temporária, sem estabilidade, por pregão etc.). Não existe uma consciência de que mesmo em condições diferentes (e às vezes nem tão diferentes) há uma relação de expropriação da força de trabalho, de exploração, de precarização e até mesmo de formação do precariado já mencionado nesse texto. A alienação de si e do outro é tamanha que não existe o reconhecimento nem de uma classe em si; logo, a passagem para um nível de consciência que enseje a classe para si nem se coloca no horizonte.

Outro elemento importante ao discutir a relação entre psicologia e luta de classes trata da diversidade interna desta ciência e profissão que reverbera de forma marcante na construção de um projeto ético-político que tenha como base de sustentação a defesa de uma classe. Desde os movimentos que questionavam a profissão, algumas perspectivas emergiram com propostas de uma psicologia mais articulada com projetos societários transformadores de realidade social, especificamente de combate à desigualdade, de base política e crítica. Lacerda Júnior (2013) aponta algumas de tais perspectivas sob a rubrica de psicologias críticas, considerando sua inserção no amplo complexo que é a sociedade capitalista, no caso, a brasileira.

Mesmo em tempos predecessores à ditadura militar surgiram propostas teóricas que se contrapunham à lógica da dependência econômica porque o país se desenvolveu historicamente e que buscavam captar a especificidade do desenvolvimento brasileiro e contribuir para a transformação social.

> O capitalismo dependente criou uma ciência que mais reproduziu ideias conservadoras do que buscou compreender a realidade brasileira; mais justificou uma ordem social injusta do que explicou suas raízes e suas consequências perversas sobre a subjetividade humana; mais contribuiu para o capital extrair mais-valia do trabalho do que para a tomada de consciência de classe pelo proletariado; mais oprimiu do que libertou. Mas, a psicologia brasileira também foi espaço para contestação, rebelião e busca por emancipação (LACERDA Jr., 2013, p. 10).

Sem adentrar no mérito de qual psicologia sinaliza maior criticidade e sem defender uma delas, é possível identificar um elemento importante na emergência de uma guinada crítica do campo: os embates teórico-ideológicos apontados por Yamamoto (2007) que possibilitaram redefinições teóricas sobre a psicologia. O protagonismo das entidades de representação em torno do combate a concepções individualizantes e psicologizantes sobre o ser humano e em direção a um projeto societário que represente setores populares emerge na década de 1980 e toma força na de 1990, sob o lema do "compromisso social" da psicologia.

O lema do compromisso social prega a construção de um projeto ético-político para a psicologia que deve ser pautado por uma defesa ampla dos direitos sociais conquistados na Carta Magna de 1988; ou seja, representa uma posição de responsabilização do Estado como forma política do capital (MASCARO, 2013) pela imposição de projetos de desenvolvimento que privilegiam a lógica capitalista, penalizam a classe trabalhadora e exacerbam a desigualdade. Esse movimento deixa transparecer não um projeto de classe que inclui a psicologia, mas um projeto de defesa de uma classe. Contudo, retornando ao que já foi debatido neste texto, empreender a façanha de emplacar um projeto ético-político em campo tão diverso não tem sido tarefa fácil e bem-sucedida. Além dos já mencionados diferentes aportes teórico-ideológicos, retornam com imensa força em tempos de neoliberalismo barbarizante perspectivas individualizantes, conservadoras, conformadoras, rotuladoras, suavizadoras de tensões sociais, agora dirigidas não apenas à elite dos idos da ditadura, mas à população que sofre das sequelas da "questão social"[19], à população que precisa se insurgir frente às condições que penalizam sua vida e que as torna bestas de carga como bem aponta Marx em *Salário, preço e lucro*.

> O homem que não dispõe de nenhum tempo livre, cuja vida, afora as interrupções puramente físicas do sono, das refeições etc., está toda ela absorvida pelo seu trabalho para o capitalista, é menos que uma besta de

---

19. Conjunto de problemas políticos, sociais e econômicos postos pela emergência da classe trabalhadora nos marcos do desenvolvimento do modo de produção capitalista (NETTO, 2007).

carga. É uma simples máquina, fisicamente destroçada e espiritualmente animalizada, para produzir riqueza alheia (MARX, 1978 [1865], p. 92-93).

Portanto, além de se apresentar como um desafio pelas características próprias que implica, o projeto ético-político para a psicologia não logrou transformar-se *no* projeto de classe a ser defendido e assumido por toda a categoria profissional, o que revela ser essa uma ciência e profissão em permanente *disputa*.

Se está claro que um projeto de classe que represente toda a psicologia não é possível nas condições macrossocietárias que temos hoje e frente à diversidade desse campo de estudo, um movimento que agrega referenciais das psicologias críticas parece sinalizar uma tendência de construção de um projeto societário em que a luta de classes figura como elemento a ser revelado, debatido e em torno do qual a psicologia assume o lado das classes subalternizadas. Atuar na gestão, execução, monitoramento e avaliação de ações do Estado (com destaque para o campo das políticas públicas) é uma primeira estratégia, que se associa à capacitação de atores sociais, articulando-os em redes sociais que integrem trabalhadores e usuários evitando a fragmentação da "Questão Social" (LACERDA Jr., 2013).

Em conexão, a dimensão política do trabalho do psicólogo, aspecto geralmente negligenciado, está presente essencialmente em qualquer espaço de atuação. Todo trabalho tem subjacente uma dimensão política, declarada ou não, que reverbera num determinado saber/fazer e em objetivos a serem alcançados por esse trabalho. Independente de perspectivas teóricas, alguns elementos não podem ser rechaçados pela psicologia, aspectos éticos, de respeito à vida, de negação de qualquer forma de tortura e opressão, de proteção às minorias, dentre outros, devem ser um "lugar-comum" para toda a psicologia. Numa perspectiva de classe, a dimensão política da atuação deve estar clara e se pautar por compromissos assumidos em nome, junto com e para um determinado setor da sociedade. Obviamente, num trabalho institucionalizado, especialmente em campos gerenciados pela lógica do capital, como tem sido paulatinamente o caso da política social por exemplo, a dimensão política pode ser subsumida a pressões maiores que as de um compromisso com setores subalternizados. Mesmo considerando esse limite, a saída é tencioná-lo sempre, disputar hegemonia nesses e em outros espaços sociais, políticos, culturais, entre outros, na direção de processos politicamente emancipatórios. Por ora, é o que enxergamos como possibilidades para uma psicologia comprometida com projetos de classe.

Referências

ANTUNES, R. (2016). "A era das rebeliões e os desafios do marxismo". In: OLIVEIRA, I.F.; PAIVA, I.L.; COSTA, A.L.F.; AMORIM, K.M. & COELHO-LIMA, F. (coords.). *Marx hoje*: pesquisa e transformação social. São Paulo: Outras Expressões, p. 201-222.

ARON, R. (1962). *The opium of the intellectuals*: the end of the ideological age? Nova York: The Norton Library.

BELL, D. (1960). *The end of ideology*. Nova York: Free Press.

BENSAÏD, D. (1999). *Marx, o intempestivo*. Rio de Janeiro: Civilização Brasileira.

BOCK, A.M.B. (2003). *Psicologia e o compromisso social*. São Paulo: Cortez.

BOTOMÉ, S.P. (1979). "A quem, nós, psicólogos, servimos, de fato?" *Psicologia*, vol. 5, p. 1-15.

BOTTOMORE, T. (2001). "Classe". In: BOTTOMORE, T. (coord.). *Dicionário do Pensamento Marxista*. Rio de Janeiro: Zahar, p. 61-64.

BOULOS, G. (2017). "Depois da greve geral". *Carta Capital* [Disponível em: https://www.cartacapital.com.br/politica/depois-da-greve-geral].

BRAGA, R. (2017). *A rebeldia do precariado*: trabalho e neoliberalismo no Sul global. São Paulo: Boitempo.

CHESNAIS, F. (2017) *¿El capitalismo se ha encontrado con límites infranqueables?* [Disponível em: http://www.herramienta.com.ar/articulo.php?id=2640].

D'EMILIO, J. (1983). "Capitalism and gay identity". In: HANSEN, K.V. & GAREY, A.I. (orgs.). *Families in the US*: Kinship and domestic politics. Philadelphia: Temple University Press, p. 131-141.

DAHRENDORF, R. (1982). *As classes e seus conflitos na sociedade industrial*. Brasília: UnB.

DAVIS, A. (2016). *Mulheres, raça e classe*. São Paulo: Boitempo.

FERNANDES, F. (1989). *Significado do protesto negro*. São Paulo: Cortez.

FRASER, N. (1999). "Um futuro para o marxismo". *Revista Novos Rumos*, vol. 29, n. 1, p. 4-6.

FUKUYAMA, F. (1989). "The end of history?" *The National Interest*, vol. 16, p. 3-18.

HARVEY, D. (2011). *O enigma do capital: e as crises do capitalismo*. São Paulo: Boitempo.

LACERDA Jr., F. (2013). "Capitalismo dependente e a psicologia no Brasil: das alternativas à psicologia crítica". *Teoría y Crítica de La Psicología*, vol. 3, p. 216-263.

LOSURDO, D. (2015). *A luta de classes*: uma história política e filosófica. São Paulo: Boitempo.

LUKÁCS, G. (2013). *Para uma ontologia do ser social*. Vol. II. São Paulo: Boitempo.

_____ (2012a). *Para uma ontologia do ser social*. Vol. I. São Paulo: Boitempo.

_____ (2012b). *História e consciência de classe*. São Paulo: WMF Martins Fontes.

MARX, K. (2017 [1894]). *O capital*: crítica da economia política – Livro III: o processo global da produção capitalista. São Paulo: Boitempo.

_____ (2015a [1852]). *O 18 de brumário de Luís Bonaparte*. São Paulo: Boitempo.

_____ (2015b [1850]). *As lutas de classes na França*. São Paulo: Boitempo.

_____ (2013 [1867]). *O capital*: crítica da economia política – Livro I: o processo de produção do capital. São Paulo: Boitempo.

_____ (2007 [1847]). *Miséria da filosofia*. São Paulo: Martin Claret.

_____ (1978 [1865]). *Salário, preço e lucro*. São Paulo: Abril Cultural.

MARX, K. & ENGELS, F. (1998 [1848]). *Manifesto do Partido Comunista*. São Paulo: Boitempo.

MASCARO, A.L. (2013). *Estado e forma política*. São Paulo: Boitempo.

NETTO, J.P. (2017). *O que é marxismo*. São Paulo: Brasiliense.

_____ (2007). *Capitalismo monopolista e serviço social*. São Paulo: Cortez.

NETTO, J.P. & BRAZ, M. (2007). *Economia política*: uma introdução crítica. Rio de Janeiro: Cortez.

PARKER, I. (2014). *Revolução na psicologia*: da alienação à emancipação. Campinas: Alínea.

POULANTZAS, N. (1975). *As classes sociais no capitalismo de hoje*. Rio de Janeiro: Zahar.

SAFFIOTI, H.I.B. (1976). *A mulher na sociedade de classes*: mito e realidade. Petrópolis: Vozes.

SAINT-SIMON, C.H. (2014 [1814]). *De la réorganisation de la société européenne*. Paris: Payot-Rivages.

SMITH, A. (2017 [1774]). *A riqueza das nações*. São Paulo: Martins Fontes.

STANDING, G. (2013). *O precariado*: a nova classe perigosa. São Paulo: Autêntica.

WEBER, M. (1982 [1922]). *Ensaios de sociologia*. Rio de Janeiro: Guanabara.

YAMAMOTO, O.H. (2007). "Políticas sociais, terceiro setor e compromisso social: Perspectivas e limites do trabalho do psicólogo". *Psicologia & Sociedade*, vol. 19, n. 1, p. 30-37.

10
O CONTEXTO RURAL PELAS NARRATIVAS DE ADOLESCENTES DO SUL DO BRASIL

Nathalia Amaral Pereira de Souza
Ângelo Brandelli Costa
Marlene Neves Strey

Os espaços urbanos e rurais apresentam relações que interligam suas funções, o que dificulta definições únicas desses locais. Não podemos negligenciar a dimensão simbólica que constrói os espaços geográficos. Nesse sentido, os estudos não devem se limitar apenas pela determinação social sobre o contexto do urbano, do rural, da sexualidade e de gênero, mas tê-los como territórios políticos, econômicos, simbólicos e culturais (ALMEIDA, 2017). Kieling e Silveira (2015) ponderam que tentar delimitar o urbano e o rural faz com que nos limitemos apenas a diferenças espaciais superficiais, as quais não contemplam a complexidade que envolve o campo e a cidade. Diversas são as pesquisas realizadas, em âmbito nacional, com o objetivo de investigar os processos físico--geográficos e sociais em grandes metrópoles e em cidades de porte médio no Brasil; porém, poucos são os estudos realizados em cidades pequenas, que são as que correspondem à grande maioria dos municípios brasileiros e expressam a ampla extensão da população em território nacional. Ao se pensar no interior do Rio Grande do Sul, diversas cidades possuem uma mistura do urbano com o rural, o que traz benefícios tecnológicos ao produtor que trabalha no campo (KIELING & SILVEIRA, 2015).

Ao utilizarmos o termo "ruralidades", concordamos com a compreensão de ir além de uma visão singular e tradicional, o que possibilita a compreensão de um espaço territorial, identitário e subjetivo. Entendemos que a segregação entre o rural e o urbano retrata questões políticas arbitrárias dessas divisões. Geralmente, quando os temas de urbanidade e de ruralidade são utilizados, a maioria dos discursos os coloca como contrastantes e contraditórios: o primeiro é lembrado por modernidade, civilidade e primor, enquanto o segundo possui características de sentidos pejorativos, que o colocam como atrasado e rústico. As visões dicotômicas sugerem que dois mundos ou duas realidades são divididos por um muro invisível. As diferenças que os espaços possuem devem ser vistas como particularidades e especificidades dos locais. É uma divisão geográfica e subjetiva que está implicada nos aspectos políticos do ponto de vista da discriminação (KIELING & SILVEIRA, 2015).

De acordo com Villela (2016), pensar as ruralidades é, ao mesmo tempo, refletir sobre os preconceitos vivenciados no campo. Como muitas situações de discriminação ocorrem dentro do contexto escolar, atentar para essa temática com adolescentes é propiciar reflexões sobre intolerâncias e violências concernentes às diferenças. Além disso, algumas pesquisas retratam a necessidade de se discutir nas escolas situações que reforçam preconceitos em relação à população rural. São experiências que reforçam as desigualdades sociais e incentivam violências.

Com isso, trabalhar sobre o rural e o urbano é possibilitar ir além do entendimento tradicional, é ter uma visão multifuncional. Essa compreensão tenciona alterar a imagem negativa que se debruça no espaço rural e possibilita que sua mescla com o urbano não produza mais linhas divisórias que definam e diferenciem os espaços (KIELING & SILVEIRA, 2015). Em consonância com Souza, Doula e Carmo (2016), conhecer as perspectivas das/os adolescentes no tocante às condições de vida, de trabalho e de estudos auxilia a compreensão de possíveis insatisfações e a criação de políticas públicas que amparem os anseios das/os adolescentes que pretendem ou não permanecer no meio rural.

Em 2013 foi criado o Estatuto da Juventude – Lei n. 12.852 (BRASIL, 2013), que define como jovem a pessoa entre 15 e 29 anos de idade. Nesse sentido, o estatuto engloba parte do público-alvo de outra lei, o Estatuto da Criança e do Adolescente, Lei n. 8.069 de 1990 (BRASIL, 1990), que compreende adolescência entre 12 e

18 anos de idade. O Estatuto da Juventude faz referência ao jovem trabalhador rural por meio da organização da produção agrícola e dos empreendimentos familiares rurais. Entre outras ações, apoia a sustentabilidade, o investimento em pesquisas tecnológicas e a promoção de programas que favoreçam a facilidade ao crédito, à terra e à assistência técnica rural.

No Brasil, a população rural é formada por 29.829.995 pessoas (IBGE, 2010), o que significa que 15,6% da população brasileira estão em âmbito rural. No Estado do Rio Grande do Sul, 14,9% dos habitantes estão em contextos rurais. Os critérios que classificam os limites da diferença espacial entre o rural e o urbano não são evidentemente definidos (PIMENTEL & PIMENTEL, 2015). A Constituição Federal de 1967, instituída pela Lei Complementar n. 1 de 9 de novembro do mesmo ano, complementou a Constituição dos Estados Unidos do Brasil de 1937. Foram alterados os valores mínimos para a criação de uma nova cidade. Eram exigidos: população superior a 10 mil habitantes ou cinco milésimos à existente no Estado; 10% da população deveriam ser eleitores; número de domicílios superior a 200; a arrecadação deveria representar cinco milésimos da receita estadual de impostos (BRASIL, 1967). Em 1988, a Constituição Federal do Brasil determinou que cada Estado desenvolvesse os critérios para a criação de novos municípios. Por esse motivo, há uma variação de valores para cada localidade. É responsabilidade do município estabelecer os limites da zona urbana e, por exclusão, da zona rural. A área rural é a que não foi incluída no perímetro urbano por lei municipal. Possui uso rústico do solo, longa extensão de terra, baixa densidade habitacional e tem campos, florestas e lavouras (IBGE, 2017).

Com os processos de modernização e de urbanização, diversas transformações ocorreram na relação entre o rural e o urbano (TONINI & LOPES, 2016). Em conformidade com Albuquerque Junior (2012), vivemos um momento histórico marcado pela globalização; momento em que todas as fronteiras marcadas anteriormente hoje são questionadas, pois se misturam, tornando-se uma fronteira só. A Modernidade causou um encurtamento de todas as distâncias seja pelos meios de comunicação ou pelos meios de transporte, a comunicação é facilitada. Atualmente, as pessoas de diferentes lugares podem circular, conhecer novas culturas, aproximarem-se e conhecerem-se. Nesse sentido, este estudo objetivou analisar as percepções de adolescentes sobre o contexto rural de uma cidade no interior do Rio Grande do Sul pela realização de grupos focais em contexto escolar.

Método

Delineamento da pesquisa

O estudo se define por ser qualitativo, exploratório, descritivo e interpretativo (MINAYO, 2011b; MARCONI, LAKATOS, 2008). A pesquisa é um recorte da dissertação de mestrado intitulada *Relações de gênero e ruralidades nas narrativas de adolescentes em escolas do interior do Rio Grande do Sul*, realizada pela primeira autora do capítulo. A pesquisa objetivou investigar a violência de gênero nas relações afetivas e o modo como as questões de gênero são apresentadas nas narrativas de adolescentes de duas escolas municipais em contexto rural e urbano no interior do Rio Grande do Sul. Este capítulo foi produzido a partir das narrativas de adolescentes sobre as ruralidades que emergiram nos grupos no decorrer da pesquisa.

Participantes do estudo

Este estudo tem a participação de 11 adolescentes (cf. tab. 1), sendo 7 moças e 4 rapazes que moram em um município considerado interior do Rio Grande do Sul. Essa cidade está localizada a 67km da capital Porto Alegre e possui 25.793 habitantes (IBGE, 2015), distribuídos em uma área de 818.799km² (IBGE, 2016). Conta com 7 escolas de Ensino Médio, 21 escolas de Ensino Fundamental, 17 de Educação Infantil e não possui ensino particular.

Esta pesquisa teve a participação de duas escolas municipais da cidade, que foram selecionadas a partir de reuniões realizadas com a secretaria de educação. A extensão rural do município é predominante, havendo muitas famílias residindo nesse espaço. No centro, a cidade dispõe de: serviço de táxi; de transporte coletivo, que liga a bairros e ao interior do município; transporte escolar gratuito, para transportar as/os estudantes entre as escolas e suas casas. Uma das escolas participantes está localizada em região rural e a outra está aproximadamente a 25km, no centro da cidade.

Após o aceite das escolas, o projeto da pesquisa foi apresentado para o total de 60 estudantes das duas escolas. Desse público, 10 adolescentes de cada escola se interessaram, sendo que 11 efetivamente participaram da pesquisa. Na escola rural foram 6 participantes (2 rapazes e 4 moças) e na escola urbana foram 5 estudantes (3 moças e 2 rapazes). Nesta pesquisa, compreendemos adolescência como o período entre 12 e 18 anos, segundo o Estatuto da Criança e do Adolescente (lei n. 8.069/1990) (BRASIL, 1990). As/os estudantes que participaram do estudo tinham entre 15 e 16 anos. A idade foi considerada um fator de inclusão. Não foi solicitada a experiência de namorar/ficar/casar/noivar para que as moças e os rapazes participassem da pesquisa. Entendemos que, de alguma maneira, elas/es possuíam percepções sobre as relações afetivas a partir da mídia, da família e/ou das/os amigas/os com quem convivem.

Foram realizados três encontros mistos de rapazes e de moças em cada escola. Na escola rural, foi disponibilizado o mesmo horário das aulas para a realização dos grupos, o que facilitou o interesse e a participação das/os jovens. Já na escola urbana, as/os estudantes frequentavam o turno da manhã e os grupos eram realizados no horário da tarde, o que dificultou a participação das/os outras/os estudantes que tinham interesse prévio, por motivo de trabalho ou por morarem em outras cidades afastadas da escola.

Instrumento de coleta de dados

A coleta de dados foi realizada por meio de grupos focais, tendo em vista o alcance mais profundo de conhecimento, porquanto facilita o espaço do diálogo e da construção da aprendizagem coletiva (DALL'AGNOL et al., 2012). O uso de grupos focais possibilitou que problematizações fossem produzidas e ampliadas a partir da interação grupal, que é sua característica principal (BACKES; COLOMÉ & ERDMANN, 2011). Os grupos focais transcendem o objetivo de apenas coletar dados, pois favorecem espaços de reflexão grupal, a partir de entendimentos individuais.

Procedimentos da pesquisa

Para a realização dos grupos focais, a pesquisadora contou com o apoio de um roteiro dos grupos, no qual planejou todos os passos dos encontros (DE ANTONI et al., 2001). Além disso, a operação de duas gravadoras de vídeo e de dois gravadores de áudio possibilitou o registro de todos os grupos, em todos os ângulos necessários para sua avaliação posterior. Da mesma forma, a confecção do diário de pesquisa possibilitou a compilação dos dados no processo de análise (CASTRO & SARRIERA, 2011).

Questões éticas

O presente estudo respeitou as normativas das resoluções 466/2012 (BRASIL, 2012) e 510/2016 (BRASIL, 2016), que preveem os cuidados a serem tomados com seres humanos em pesquisas científicas. Ademais, foram utilizados o Termo de Consentimento Livre e Esclarecido (para pais/mães/responsáveis) e o Termo de Assentimento (para as/os adolescentes menores de idade). Os procedimentos desta pesquisa foram aplicados após a aprovação do projeto de pesquisa pelo comitê de ética da Pontifícia Universidade Católica do Rio Grande do Sul (Caae 60884316.2.0000.5336).

Análise dos dados

Em nossa análise, buscamos explorar o conjunto de significados e de sentidos atribuídos ao fenômeno estudado. Isso foi feito por meio da análise de conteúdo do tipo temática (BARDIN, 1979) das falas provenientes dos grupos focais. Foram considerados os conteúdos manifestos nas transcrições dos dados, bem como os conteúdos latentes como silêncio, sinais, posturas e sorrisos; ou seja, a comunicação não verbal foi relevante para a investigação.

O posicionamento epistemológico deste texto está embasado nas perspectivas da psicologia política e dos saberes localizados, que possibilitam um olhar sobre o ser humano como uma realidade objetiva e um agente histórico-social, que está em contínua vivência entre as dimensões macrossocial e microssocial (HARAWAY, 1995; MARTÍN-BARÓ, 1991). Além disso, atentam em compreender o sujeito a partir do contexto social em que se localiza, levando-se em conta as relações de poder, a indiferença e as inquietações sociais, a fim de que possa ser realizada uma leitura singular dos fenômenos que são tidos como naturalizados pela sociedade (BORGES, 2014). Por esse motivo, entendemos que a psicologia política auxilia em nossa análise por dedicar seu olhar para o ser humano e seu comportamento em relação ao sistema social do qual faz parte e é ator (MARTÍN-BARÓ, 1991).

Seguindo nessa reflexão, o ser humano é sujeito e objeto, produto e produtor, interlocutor e referência nas relações sociais (MARTÍN-BARÓ, 1991). Além disso, a psicologia política busca uma abordagem integrada, que nega a neutralidade da ciência e explora a vinculação e engajamento de diferentes visões de mundo, da sociedade, das relações e da pessoa nessas instâncias (LHULLIER, 2008). Para a discussão dos resultados neste estudo, a seguir apresentaremos duas categorias provenientes das narrativas das/os adolescentes. A primeira categoria apresentará as percepções acerca da temática "Entre o rural e o urbano" e a segunda sobre as "Percepções das ruralidades".

Resultados e discussão

Entre o rural e o urbano

As formas como o trabalho e as relações sociais mudam no campo geram movimentos que alteram as noções do que é entendido como rural e como urbano na sociedade. Desse modo, é complexo delimitar as fronteiras entre as cidades consideradas grandes e pequenas. A atividade agrícola e a função do agricultor ainda são vistas como sinônimas do entendimento da sociedade sobre os espaços rurais. Além disso, algumas pesquisas utilizam-se dessas lógicas para embasar seus estudos acerca da temática da ruralidade (PIMENTEL & PIMENTEL, 2015). Entretanto, essa realidade vem sendo alterada por estudiosas/os que acreditam na necessidade de desnaturalizar a dicotomia entre o rural e o urbano (PIZZINATO et al., 2015).

Essas reflexões auxiliam no entendimento da cidade em que a pesquisa foi realizada, a escola urbana é a única que possui ensino técnico, o que a faz ser considerada destaque na região. Como o meio rural possui uma extensa territorialidade no município, a outra escola encontra-se em meio ao campo a, aproximadamente, 25km do centro. Nesse sentido, percebemos que o fenômeno da segregação urbana vem ocorrendo independentemente do tamanho da cidade (MOREIRA Jr., 2010). A segregação percebida na cidade, da mesma forma, é apresentada nas narrativas das/os adolescentes. Devido ao fato de a escola técnica ser considerada a melhor da cidade, algumas/uns adolescentes que moram no espaço rural estudam nessa instituição, localizada na escola urbana. A fim de caracterizar esses espaços, algumas palavras foram usadas para demarcar onde moram, como podemos observar na fala de um dos adolescentes: "É a famosa grota [...]. Grota é quem chama aqui um lugar distante da civilização. Eu, por exemplo, eu já considero que moro na grota, né, porque fica longe daqui. É longe do centro" (Henrique, 15 anos, escola urbana). A civilização para o adolescente é o centro da cidade, enquanto a "grota" é um local mais afastado, o rural do rural da cidade. De acordo com o IBGE (2017) a área não urbanizada de cidade ou vila é aquela que, mesmo que legalmente urbana, tenha ocupação rural, enquanto a área rural de extensão urbana constitui-se numa ocupação com particularidades urbanas que está situada fora do perímetro urbano municipal. Essas são características operacionais, que estão sujeitas a atualizações em seus critérios (IBGE, 2017).

Nesse sentido, quando o adolescente mencionou a palavra "grota", a pesquisadora percebeu que a expressão foi usada para depreciar o espaço rural da cidade. Consoante Albuquerque Junior (2012), o preconceito quanto à origem geográfica é o que relaciona alguém ao pertencer ou ao advir de um território, de um espaço, de uma vila, de uma cidade, de uma província, de um Estado ou de uma região como sendo inferior, rústico, selvagem, atrasado, menor, subdesenvolvido, habitado por uma população feia, ignorante ou inferior. São preconceitos que associam desníveis, disputas e relações de poder (ALBUQUERQUE Jr., 2012). Tais informações auxiliam a refletir sobre o contexto da cidade desta pesquisa que, por mais que seja considerada como interior, há segregações entre quem vive na região central e na região rural, dentro do mesmo território. Em diversos momentos, as/os adolescentes da escola urbana afirmam o quanto consideram bom o ensino que recebem: "Essa escola é a base, é muito boa" (Amanda, 16 anos, escola urbana); "É a melhor escola da cidade" (Miguel, 16 anos, escola urbana). Por possuir ensino técnico, a escola central atrai estudantes de cidades vizinhas, os quais atravessam um rio de balsa para chegar. Junto a isso, a maioria das/os que estudam na escola central percebe que é necessário migrar para cidades maiores para adquirir uma melhor condição financeira no futuro. Em seus planejamentos, alguns acreditam que estudar na escola técnica possibilita maiores chances no mercado de trabalho fora do município e se preocupam em encontrar atividades que tragam retorno financeiro.

> É que eu sou que nem meu tio, hã, na verdade eu queria ser rico, né. Ele falou que até os 40 anos de idade ele vai ser rico e eu falei "pô, que legal, eu também quero". Ele tá montando uma corretora de seguro e a gente vai sair da cidade para expandir (Henrique, 15 anos, escola urbana).

Uma pesquisa realizada em 2017 em nove municípios na Zona Rural Sul do Rio Grande do Sul teve a participação de 238 famílias. O estudo apontou que 46,2% da população têm uma percepção boa e 35,7% uma percepção "regular" em relação à importância da escolaridade. A escolaridade foi uma das instâncias mais significativas, assim como o acesso a ela; contudo, apesar de perceberem a sua importância, a maioria dos participantes possuía o Ensino Fundamental incompleto e o consideravam suficiente para sobreviver (TOIGO & CONTERATO, 2017). A contradição dos dados da pesquisa realizada no Rio Grande do Sul demonstra o interesse em estudar e a ineficácia disso no meio rural, pois o Ensino Fundamental é tido como suficiente para sobreviver. No contexto desta pesquisa, todas/os revelaram o desejo em continuar os estudos.

> Ano que vem eu me formo aqui na escola e depois no outro ano eu vou para Passo Fundo, fazer Agronomia lá, na escola pública também (Amanda, 16 anos, escola urbana).

> Eu queria fazer medicina, ou nutrição (Samanta, 15 anos, escola rural).

> Se eu não conseguir pedagogia infantil, eu quero na área, eu acho bonito o trabalho na área de câncer como médica (Júlia, 16 anos, escola rural).

Em 2016, uma pesquisa realizada na zona rural de Minas Gerais teve a participação de 98 jovens, com média de 21 anos de idade, moradoras/es de 46 municípios da região. Dos participantes, 91% relataram trabalhar e, destes, 84% trabalham sem carteira assinada, 56% não estão estudando. Ao serem questionadas/os sobre a existência de cursos de formação para a profissão desejada, 62% responderam negativamente e 32% disseram haver cursos profissionalizantes. Contudo, interessa elucidar que a região possui duas universidades federais, mas as/os jovens não as têm como horizonte possível para obterem uma formação profissional, pois pretendem permanecer na região em que vivem. Dos 98 participantes, 65 querem continuar vivendo no campo, 19 desejam morar na cidade e 14 não responderam (SOUZA; DOULA & CARMO, 2016).

Apesar de a pesquisa estar situada em outra realidade, seus resultados nos fazem considerar que as/os adolescentes dessa pesquisa também relataram a ausência de faculdades, de especificidades nos atendimentos médicos e na realização de exames laboratoriais, além da falta de locais reativos a lazer, como *shoppings* e lojas com produtos atuais. É importante citar que um dos principais destaques da cidade é uma empresa de grande porte, a qual foi mencionada por um adolescente pelo seu interesse em cursar Engenharia e ter experiência profissional nesta empresa. Para ele, é a oportunidade de manter contato com a família e permanecer morando na cidade. "Estudar até conseguir uma coisa melhor e ir trabalhando aqui, porque tem bastante emprego [na empresa]. Acho que vou fazer Engenharia. Até o cara crescer, é uma ajuda pelo menos. Aí, depois de um tempo, sair" (João, 16 anos, escola rural).

Em 2013, uma pesquisa realizada na região rural do Estado do Espírito Santo teve a participação de 200 pessoas, com idades entre 7 e 81 anos. O estudo dividiu as faixas etárias entre quarta geração (entre 7 e 12 anos), terceira geração (entre 15 e 25 anos), segunda geração (entre 35 e 45 anos) e primeira geração (60 anos ou mais). Do total, 25 pessoas, que correspondiam à primeira e à segunda gerações, responderam ter migrado para o meio urbano durante a vida. Os principais motivos da migração foram "tentar a vida na cidade" ou "em busca de melhora", totalizando 12,5% dos participantes. O tempo de permanência foi de 4 a 8 meses e as cidades de destino foram o próprio centro do município ou outras cidades do Estado. Desses 25 participantes, apenas 4 recomendavam a vida no meio urbano, por promover maior acesso a recursos médicos, possibilidade de ser empregado com maior facilidade e pela oportunidade de possuir um salário. Já as/os demais (84%) acreditavam que a cidade não é um bom lugar para se viver, tendo em vista que é tumultuado, violento e um local em que não se tem amizades. Dos 175 participantes restantes, 22,28% já pensaram em viver em áreas urbanas, entre as/os quais estão 13 adolescentes que gostariam de sair de onde moram para continuar os estudos. Ademais, destacam-se os atendimentos médicos e o acesso ao trabalho e ao estudo como algumas das principais especificidades pela escolha por se viver em áreas urbanas (BONOMO & SOUZA, 2013).

Embora a pesquisa do Espírito Santo tenha ocorrido em um contexto e em uma cultura diferentes da cidade onde este estudo foi desenvolvido, entendemos que a dicotomia entre o rural e o urbano estão presentes. Da mesma forma, se preocupam em planejar o futuro e, de alguma forma, a possibilidade de migrar da cidade é vista como uma opção. As narrativas que demonstram o interesse em sair da cidade são relacionadas à busca por conhecer novas perspectivas. Isto é, muitas vezes, se vê excluída de serviços públicos e privados. Ainda que a cidade rural seja vista como um espaço no qual as pessoas têm mais liberdade, privacidade e segurança do que no espaço urbano, a carência de continuidade dos estudos e de outros recursos reforça o interesse em deixar a cidade (BONOMO & SOUZA, 2013). Essa realidade reflete as novas experiências espaciais e comunicacionais, tendo o urbano e o rural um processo constante de interlocução. A próxima categoria intitulada "Percepções das ruralidades" apresentará narrativas de experiências que as/os adolescentes vivenciaram por morarem em região rural.

Percepções das ruralidades

O medo e a ansiedade de ser humilhado ou de sofrer algum tipo de constrangimento é uma realidade que envolve a maioria das pessoas que mora no meio rural (BONOMO & SOUZA, 2013). Evitam, então, o contato com o contexto urbano, a fim de afastar essas situações. Em consonância com Bonomo e Souza (2013), algumas características como os calos nas mãos, o rosto queimado do sol e a forma como a linguagem é falada, classificam a população rural. Tais considerações nos auxiliam a investigar a realidade vivenciada pelas/os adolescentes desta pesquisa. Na escola rural, a partir das narrativas elucidadas nos grupos, a pesquisadora percebeu que a temática das ruralidades emergiu da necessidade em compartilhar suas experiências de preconceito. As/os adolescentes da escola rural trouxeram diversas narrativas em que expõem o descrédito que acreditam que terão ao se candidatarem às vagas de trabalho concorrendo com pessoas que moram em regiões urbanas.

> A maioria de quem é daqui não tem quase chance fora daqui. Quem é do Rio Grande do Sul, se fosse lá para São Paulo, ou para outro lugar, não tem quase chance. Assim, ah, tanto de emprego, ou de qualquer coisa, tem menos chance do que quem é daqui (Eliane, 16 anos, escola rural).

O preconceito, como a própria palavra sugere, é um conceito que se desenvolve antes que uma relação de conhecimento ou de verificação aconteça. Trata-se de um conceito apressado, um entendimento, uma explicação, uma descrição ou uma caracterização que se dá antes de um verdadeiro esforço em entender o outro, o diferente, o estrangeiro, o estranho em sua pluralidade. O preconceito diz mais de quem o emite do que para quem é direcionado (ALBUQUERQUE Jr., 2012). O imaginário da população rural está repleto de percepções negativas (pensam que sou feio, burro, pobre) quando está em contato com a população urbana. Apesar de os preconceitos criarem respostas defensivas que equilibram o sistema simbólico que estrutura a imagem social dos grupos, também podem alimentar a timidez, o afastamento, a dificuldade de inserção nos espaços de domínio público, reforçando fronteiras entre os espaços rural e urbano (BONOMO & SOUZA, 2013).

Entendemos que por mais que os discursos apresentem uma realidade local, o cenário em que a narrativa está inserida é repleto de ordens simbólicas que situa quem os emite em dimensão temporal e espacial. Esse contexto discursivo apresenta narrativas sobre modos de ser e de fazer em sociedade (PIZZINATO et al., 2015). Nesse sentido, algumas narrativas demonstraram que pessoas que moram em grandes metrópoles como Rio de Janeiro e São Paulo possuem maiores oportunidades no mercado de trabalho em comparação a quem reside em espaços rurais. Tal entendimento é associado ao contexto de desvalorização e de descrédito que a população rural sofre na sociedade: "Do Rio Grande do Sul eles pensam que o que o cara sabe é trabalhar na roça" (João, 16 anos, escola rural). Bonomo e Souza (2013) acreditam que o imigrante rural ocupa um lugar de inferioridade na sociedade urbana. Tal conclusão foi obtida a partir dos relatos de diversas experiências pessoais de preconceitos, envolvendo palavras como "burro", "fala errado", "cafonas", "bobos", "pobres" e "caipiras" como sendo as mais ouvidas pelas pessoas que moram em espaços rurais. Estes dados são semelhantes ao que encontramos no contexto desta pesquisa, em que um participante relata algumas de suas experiências.

> Faculdade só tem riquinho [...] aí o cara chega de fora, "ai, esse aí é pobre", "esse aí mora para fora", "não tem respeito". Só porque o cara mora para fora assim [...]. Não interessa se é guri ou guria, eles vêm pra fora e a gente vai para lá e somos excluídos porque se acham melhores do que a gente. Eles evitam de fazer amizade, falar com a gente (João, 16 anos, escola rural).

O preconceito é uma das mais perversas estratégias de opressão do processo discriminatório. Ademais, cabe ressaltar que os processos políticos demarcam não só os espaços rurais e urbanos, mas hierarquizam os sujeitos em melhores ou piores, incluídos ou excluídos, a partir das falas apresentadas por adolescentes. Ou seja, as narrativas apresentadas contribuem para o controle e para a exclusão social. Uma sociedade que incentiva a construção diferenciada e não plural de seus membros, que privilegia e admite o acesso de alguns, que fomenta a desigualdade, está destinada a instituir a violência nas nuanças material e simbólica. É como se uma ponte fosse colocada entre o preconceito e a violência, que discrimina e exclui na sociedade (BANDEIRA & BATISTA, 2002). Em 1954, o psicólogo Gordon Allport caracterizou o preconceito como atitudes negativas ou desfavoráveis a uma pessoa que pertence a um determinado grupo desfavorecido na sociedade. Ela carrega os atributos empregados ao grupo, com isso tem experiências de rejeição e incorpora a si as atribuições negativas da sociedade e tem uma antecipação do preconceito como forma de preveni-lo (COSTA & NARDI, 2015). O mesmo ocorre com as narrativas das/os adolescentes que, antecipadamente, já se julgam incapazes de concorrer a uma vaga de trabalho ou de estudo com uma pessoa que seja da área urbana. Criam uma expectativa negativa a partir do que já vivenciam no interior da cidade, por residirem no rural do rural.

Outra pesquisa que nos auxilia na reflexão sobre o preconceito é um estudo que foi realizado em 2016, em escolas de zonas rurais de São José do Rio Preto (SP). Foram aplicados 300 questionários em estudantes do Ensino Médio com o objetivo de descrever o processo de preconceito e educação no meio rural. A resposta de 92,1% dos participantes foi de nunca terem maltratado alguém por preconceito de origem. Porém, 84,2% referiram já terem assistido a situações de preconceito contra a origem geográfica e de lugar (meio rural) na escola. A contradição dos dados gerou dois pontos de vista: o primeiro é a dificuldade das/os jovens em admitir o preconceito e em perceberem quando estão sendo preconceituosos; a segunda hipótese, considerada mais provável, é que as discriminações ocorrem como "brincadeiras" que, por mais que tenham maldade, são recebidas como algo mais leve do que como um xingamento preconceituoso (VILLELA, 2016). Em nossa pesquisa, as/os adolescentes percebem os preconceitos que sofrem e se incomodam com o fato de as pessoas não conhecerem o lugar onde moram. Para elas/es não significa que morar no interior é trabalhar apenas com a agricultura e com a criação de animais: "A gente não trabalha com agricultura, não é..." (Elaine, 16 anos, escola rural).

A forma como o preconceito é assimilado e acreditado é a forma central de reprodução de discriminação e de exclusão. Constitui-se, assim, um mecanismo que atua em todos os âmbitos da vida, em espaços grupais e individuais, nas esferas públicas ou privadas. Além de estar presente em propagandas, em imagens, em gestos e em hierarquias, o preconceito cria lógicas de inclusão- -exclusão (BANDEIRA & BATISTA, 2002). Nesse sentido, a forma como a cultura é entendida no contexto da cidade desta pesquisa propicia situações de preconceitos. Ou seja, quem mora no rural do rural e não estuda na escola central sofre preconceitos. A adolescente Eliane, que mora e estuda no contexto rural, compartilhou que faz *ballet* no centro da cidade e que as colegas a tratam de modo diferente das demais.

> Eu faço *ballet*, no caso, com as gurias que estudam no centro e elas tratam assim, sou eu, minha irmã e mais uma [...] mas elas deixam a gente meio excluídas. É, a gente fala os do centro [...] elas não gostam nem de falar com a gente. Assim, é que elas são muito, elas são muito elas, elas não gostam de se misturar com quem não é dali (Eliane, 16 anos, escola rural).

Nesse sentido, as/os adolescentes manifestam e sentem o preconceito a partir da violência simbólica, que é estabelecida a partir das relações entre a população rural e a população rural do rural da cidade. Com isso, interessa explicitar a segregação da cidade, que uma das adolescentes apresentou: "Centro, na verdade, é uma rua [...]. É onde tem loja, tem postão, tem hospital, é onde tem tudo e ali que fica o cubículo do centro. E aqui no interior é onde tem mais campo" (Júlia, 16 anos, escola rural). Por mais que a diferença seja a existência de comércios, as/os adolescentes sentem-se discriminadas/os pelas pessoas que moram na região central. O autor Paul Farmer (2004) expõe que a violência estrutural é causada pela sociedade a partir do momento em que são criadas oportunidades desproporcionais entre as pessoas, seja de qual grupo forem. O autor menciona que a violência é realizada de forma simbólica e sistemática, não de maneira direta a quem a sofre, mas reforçando diversos tipos de opressão. Entendemos que um comportamento é político a partir da relação que tem com a ordem social e do impacto que produz nela (MARTÍN-BARÓ, 1991). Ou seja, a organização desproporcional entre quem está no meio rural e quem está no espaço urbano contribui para relações desiguais de poder e propicia situações de discriminação.

Considerações finais

A segregação entre os meios rural e urbano nas ruralidades não é presumida apenas pela delimitação territorial, mas também pela perspectiva subjetiva que identifica e classifica os sujeitos dentro dos espaços. Os processos de ser e de agir das pessoas e dos grupos demonstram o caráter político dessas vivências e dos efeitos que provocam em âmbitos psíquico e comportamental (MARTÍN-BARÓ, 1991). Nesse sentido, o preconceito e a violência simbólica contra a origem geográfica e de lugar estão presentes não só no local onde as/os adolescentes moram, mas no temor em vivenciar situações discriminatórias em ambientes que ocuparão no futuro. O receio da discriminação prejudica as relações interpessoais e o desenvolvimento de seus planejamentos de vida.

Por se tratar de adolescentes, a pluralidade da adolescência está retratada nos diversos modos de vida que existem no meio rural brasileiro. Esse é um elemento importante, que deve ser considerado ao se pensar em políticas públicas para essa população. Nesta pesquisa, de 11 adolescentes participantes, apenas uma demonstrou interesse em estudar Agronomia no futuro; as/os demais manifestaram vontade de seguir outras profissões, como pedagogia, nutrição e medicina. No entanto, a maioria das políticas públicas existentes para a juventude/adolescência rural está voltada apenas ao trabalho no campo, o que não abrange toda a diversidade apresentada neste grupo de adolescentes.

Ao se pensar em políticas públicas não somente o espaço geográfico deve ser levado em consideração, mas também o reconhecimento das diversas vozes que ocupam e integram esses espaços. Apesar de em um lado estar o desejo em migrar das cidades rurais para acessar o Ensino Superior, do outro está a insegurança em permanecer vivenciando situações de preconceitos contra a origem geográfica e de lugar. A maioria das/os adolescentes que estuda em zona rural lida com o preconceito de quem mora na área urbanizada da cidade e de quem reside fora dali. As mudanças de paradigmas naturalizados sobre os espaços rural e urbano devem estar presentes nas interlocuções entre adolescência e preconceito. Não tivemos como objetivo generalizar, mas sim analisar as percepções situadas no contexto da cidade onde o estudo foi realizado. Nesse sentido, as escolas são locais que podem contribuir para o incentivo do respeito dentro do rural e do urbano, com o intuito de prevenir situações de preconceito e de violências simbólicas invisibilizadas (PIZZINATO et al., 2017).

Referências

ALBUQUERQUE Jr., D.M. (2012). *Preconceito contra a origem geográfica e de lugar*: as fronteiras da discórdia. São Paulo: Cortez.

ALMEIDA, V.S. (2017). "Notas sobre o estudo das sexualidades na geografia". *Paisagens XII*, vol. 12. p. 23-29 [Disponível em: https://www.researchgate.net/publication/320455806_Notas_sobre_o_estudo_das_sexualidades_na_Geografia – Acesso: 23/05/2016].

BACKES, D.S.; COLOMÉ, J.S. & ERDMANN, R.H. (2011). "Grupo focal como técnica de coleta e análise de dados em pesquisas qualitativas". *O mundo da saúde*, vol. 35, n. 4, p. 438-442 [Disponível em: http://bvsms.saude.gov.br/bvs/artigos/grupo_focal_como_tecnica_coleta_analise_dados_pesquisa_qualitativa.pdf – Acesso: 05/05/2016].

BANDEIRA, L. & BATISTA, A.S. (2002). "Preconceito e discriminação como expressões de violência". *Estudos feministas*, vol. 10, n. 1, p. 119-141 [Disponível em: https://periodicos.ufsc.br/index.php/ref/article/view/S0104-026X2002000100007 – Acesso: 05/10/2017].

BARDIN, L. (1979). *Análise de conteúdo*. Lisboa: Edições 70.

BONOMO, M. & SOUZA, L. (2013). "Representações hegemônicas e polêmicas no contexto identitário rural". *Avances em psicologia latinoamericana*, vol. 31, n. 2, p. 402-418 [Disponível em: http://www.scielo.org.co/scielo.php?pid=S1794-47242013000200008&script=sci_abstract&tlng=pt – Acesso: 02/08/2017].

BORGES, L.S. (2014). "Feminismos, teoria queer e psicologia social crítica: (re)contando histórias". *Pesquisa & Sociedade*, vol. 26, n. 2, p. 280-289 [Disponível em: http://www.scielo.br/scielo.php?script=sci_arttext&pid=S0102-71822014000200005 – Acesso: 07/06/2017].

BRASIL (2016). "Resolução n. 510, de 7 de abril de 2016 – Esta Resolução dispõe sobre as normas aplicáveis a pesquisas em ciências humanas e sociais". *Diário Oficial da União*, 24/05/2016, seção 1, p. 44-46 [Disponível em: http://conselho.saude.gov.br/resolucoes/2016/reso510.pdf – Acesso: 04/05/2016].

_____ (2013). "Estatuto da Juventude – Lei n. 12.852, de 5 de agosto de 2013 – Esta Lei institui o Estatuto da Juventude e dispõe sobre os direitos dos jovens, os princípios e diretrizes das políticas públicas de juventude e o Sistema Nacional de Juventude (Sinajuve)". *Diário Oficial da União*, 06/08/2013, seção I [Disponível em: http://www.planalto.gov.br/ccivil_03/_ato2011-2014/2013/lei/l12852.htm – Acesso: 07/08/2017].

_____ (2012). "Resolução n. 466, de 12 de dezembro de 2012 – Aprova diretrizes e normas regulamentadoras de pesquisas envolvendo seres humanos". *Diário Oficial da União*, 11-12/12/2012, seção I [Disponível em: http://bvsms.saude.gov.br/bvs/saudelegis/cns/2013/res0466_12_12_2012.html – Acesso: 05/08/2017].

_____ (1990). "Estatuto da Criança e do Adolescente – Lei n. 8.069, de 13 de julho de 1990 – Esta Lei dispõe sobre a proteção integral à criança e ao adolescente". *Diário Oficial da União*, 16/07/1990, seção I [Disponível em: http://www.planalto.gov.br/ccivil_03/leis/L8069.htm – Acesso: 08/03/2016].

_____ (1967). "Lei Complementar n. 1, de 09 de novembro de 1967 – Estabelece os requisitos mínimos de população e renda pública e a forma de consulta prévia às populações locais para a criação de novos municípios, e dá outras providências" [Disponível em: http://www.planalto.gov.br/ccivil_03/LEIS/LCP/Lcp01.htm – Acesso: 22/12/2017].

CASTRO, T.G. & SARRIERA, J.C. (2011). "Análise de conteúdo em pesquisas de psicologia". *Psicologia: Ciência e Profissão*, vol. 31, n. 4, p. 814-825 [Disponível em: http://www.scielo.br/scielo.php?script=sci_arttext&pid=S1414-98932011000400011 – Acesso: 07/07/2016].

COSTA, A.B. & NARDI, H.C. (2015). "Homofobia e preconceito sobre diversidade sexual: debate conceitual". *Temas em Psicologia*, vol. 23, n. 3, p. 715-726 [Disponível em: http://pepsic.bvsalud.org/pdf/tp/v23n3/v23n3a15.pdf – Acesso: 14/09/2017].

DALL'AGNOL, C.M. et al. (2012). "A noção de tarefa nos grupos focais". *Revista Gaúcha de Enfermagem*, p. 186-190 [Disponível em: http://seer.ufrgs.br/index.php/RevistaGauchadeEnfermagem/article/view/13302/17016 – Acesso: 09/04/2016]

DE ANTONI, C. et al. (2001). "Grupo focal: método qualitativo de pesquisa com adolescentes em situação de risco". *Arquivos Brasileiros de Psicologia*, 53 (2), 38-53 [Disponível em: http://www.academia.edu/25005098/Grupo_Focal_m%C3%A9todo_qualitativo_de_pesquisa_com_adolescentes_em_situa%C3%A7%C3%A3o_de_risco – Acesso: 05/04/2016].

FARMER, P. (2004). "An anthropology of structural violence". *Current Anthropology*, vol. 45, n. 3 [Disponível em: http://socanth.tu.ac.th/wp-content/uploads/2011/12/farmer1.pdf – Acesso: 03/09/2017].

HARAWAY, D. (1995). "Saberes localizados: a questão da ciência para o feminismo e o privilégio da perspectiva parcial". *Cadernos Pagu*, n. 5, p. 7-42 [Disponível em: http://periodicos.sbu.unicamp.br/ojs/index.php/cadpagu/article/view/1773 – Acesso: 01/03/2016].

IBGE (2017). *Classificação e caracterização dos espaços rurais e urbanos do Brasil*. Rio de Janeiro: IBGE.

_____ (2016). *Área territorial oficial, consulta por município*. Rio de Janeiro: IBGE.

_____ (2015). *Cidades*. Rio de Janeiro: IBGE.

_____ (2010). *Sinopse do Censo Demográfico 2010*. Rio de Janeiro: IBGE.

KIELING, R.I. & SILVEIRA, R.L.L. (2015). "O rural, o urbano e o continuum urbano-rural no contexto do desenvolvimento regional". *Perspectiva*, vol. 39, n. 148, p. 133-143 [Disponível em: https://www.researchgate.net/publication/309175620_O_RURAL_O_URBANO_E_O_CONTINNUM_URBANO-RURAL_NO_CONTEXTO_DO_DESENVOLVIMENTO_REGIONAL_The_rural_the_urban_and_the_rural-urban_continuum_in_the_context_of_the_regional_development – Acesso: 18/08/2017].

LHULLIER, L.A. (2018). "A psicologia política e o uso da categoria 'representações sociais' na pesquisa do comportamento político". In: ZANELLA, A.V. et al. (orgs.). *Psicologia e práticas sociais*. Rio de Janeiro: Centro Edelstein de Pesquisas Sociais [Disponível em: http://books.scielo.org/id/886qz/pdf/zanella-9788599662878-10.pdf – Acesso: 20/04/2018].

MARCONI, M.A. & LAKATOS, E.M. (2008). *Técnicas de pesquisa*: planejamento e execução de pesquisas, amostragens e técnicas de pesquisa, elaboração, análise e interpretação de dados. 7. ed. São Paulo: Atlas.

MARTÍN-BARÓ, I. (2013). "O método em psicologia política". *Psicologia política*, vol. 13, n. 28, p. 575-592 [Disponível em: http://pepsic.bvsalud.org/scielo.php?script=sci_arttext&pid=S1519-549X2013000300011 – Acesso: 20/04/2018].

MINAYO, M.C.S. (2011a). "A condição juvenil no século XXI". In: MINAYO, M.C.S.; ASSIS, S.G. & NJAINE, K. (orgs.). *Um paradoxo das relações de namoro e do "ficar" entre jovens brasileiros*. Rio de Janeiro: Fiocruz [Disponível em: http://books.scielo.org/id/4c6bv/pdf/minayo-9788575413852-03.pdf – Acesso: 14/04/2016].

MOREIRA Jr., O. (2010). "Segregação urbana em cidades pequenas: algumas considerações a partir das escalas intra e interurbana". *Ra'ega – O espaço Geográfico em Análise*, vol. 20 [Disponível em: http://revistas.ufpr.br/raega/article/view/20617 – Acesso: 02/08/2017].

PIMENTEL, T.D. & PIMENTEL, M.P.C. (2015). "Rural, ruralidade e turismo: noções e práticas contemporâneas". *El Periplo Sustentable*, n. 29, p. 120-143 [Disponível em: https://rperiplo.uaemex.mx/article/view/4908/3468 – Acesso: 05/07/2017].

PIZZINATO, A. et al. (2017). Juventude feminina do meio rural: sentidos sobre educação e perspectivas sobre futuro. *Psicol. Esc. Educ*, vol. 21, n. 1, p. 41-51 [Disponível em: http://www.scielo.br/scielo.php?script=sci_arttext&pid=S1413-85572017000100041&lng=en&nrm=iso – Acesso: 10/08/2016].

_____ (2015). "Relações de gênero e ruralidade nos projetos vitais e noções de si de jovens mulheres". *Fractal: Revista de Psicologia*, vol. 27, n. 3, p. 247-255 [Disponível: http://repositorio.pucrs.br/dspace/handle/10923/8973 – Acesso: 14/09/2017].

SOUZA, S.B.; DOULA, S.M. & CARMO, P.M. (2016). "Jovens rurais da Zona da Mata Mineira e projetos de vida profissional". *Redes*, vol. 21, n. 1, p. 233-249 [Disponível em: https://online.unisc.br/seer/index.php/redes/article/view/4673 – Acesso: 05/06/2017].

TOIGO, C.H. & CONTERATO, M.A. (2017). "Pobreza, vulnerabilidade e desenvolvimento no território rural Zona Sul: o que aponta o índice de condição de vida?" *Rev. Econ. Sociol. Rural*, vol. 55, n. 2, p. 267-284 [Disponível em: http://www.scielo.br/scielo.php?script=sci_arttext&pid=S0103-20032017000200267&lng=pt&nrm=iso – Acesso: 05/07/2017].

TONINI, H. & LOPES, M.J.M. (2016). "Pessoas com deficiência em áreas rurais da metade sul do RS". *Redes*, vol. 21, n. 3, p. 180-195 [Disponível em: https://online.unisc.br/seer/index.php/redes/article/view/5744 – Acesso: 02/07/2017].

VILLELA, F.F. (2016). "Escola e preconceito: estudo sobre o preconceito contra a origem e de lugar para a formação de professores". *Comunicações*, n. 1, p. 149-162 [Disponível em: http://www.biblioteke virtual.org/revistas/Metodista-UNIMEP/COMUNICACOES/v23n01/v23n01a08.pdf – Acesso: 03/07/2017].

11
CORPOS PARLAMENTARES: CORPO E ARTE TRANS

Valéria Barcellos

Transgressão – Substantivo feminino, (1) Ato ou efeito de transgredir. (2) Geologia: avanço do mar sobre áreas litorâneas, em virtude de elevação do nível do mar ou de movimentos de afundamento da zona costeira. Origem: etim., lat. *transgressĭo, ōnis* "ação de passar de uma parte a outra, de atravessar; violação, infração". Transgressão significa fazer algo errado, fora da lei; desobedecer, violar (*Dicionário Informal*, 2018).

Mas afinal, transgredir, qual a razão dessa palavra?

Começo este texto tentando explicar a palavra "transgressão" por muitas óticas e atentando para a incongruência dos próprios significados. O Dicionário On-line do Google traz duas curiosas interpretações: a etimologia da palavra fala em "passar de uma parte para outra", "atravessar", conceito pelo qual simpatizo muito, pois nos dá a sensação de movimento, de agitação, de não inércia, e isso em tempos de "quem cala consente" é muito bom.

Depois nos coloca a par do óbvio: "ato ou efeito de transgredir", e em seguida nos mostra o conceito da geologia: "avanço do mar sobre áreas litorâneas, em virtude de elevação do nível do mar ou de movimentos de afundamento da zona costeira", o que a meu ver define bem meu conceito de transgressão. Avançar, mudar a geografia, a situação, tirar da zona de conforto, e modificar o entorno com forças, ideias e ideais.

O *Dicionário Informal* dá o conceito, que permeia o imaginário do todo: "Significa fazer algo errado, fora da lei. Desobedecer, violar", e vejo aí como algo que explica o conceito popular de tudo e de todos (ou quase todos), da voz das ruas da informalidade.

Por fim, nos explica que transgressão é um "substantivo feminino", e aí vejo, de maneira muito otimista e feminista, a força da mulher nas modificações do mundo, do entorno e da sociedade em si.

Todas essas explanações nos levam a pensar: A arte é realmente transgressora? Corpos trans são transgressores? O que são corpos parlamentares? Que ligação corpos trans, transgressão e a arte têm afinal?

A arte é realmente transgressora?

A arte em si é considerada a forma mais marginal de expressão. Vê-se isso como uma tentativa de colocar em patamar despiciente o que tal manifestação realmente pretende fazer. Ora, vejamos a arte em si, e aqui pedindo licença para legislar em causa própria, falando especialmente da música, tal instrumento tem o dever de explicar, expor, de maneira subliminar em muitas ocasiões, situações de suma importância para a elucidação de dramas sociais.

Artistas vêm há anos tentando expor seus próprios dramas, e mais do que isso dramas que os rodeiam, suas vivências, frustrações e problemas. Para mais, expor de maneira colorida ou poética, melancólica e sombria suas dores e dissabores. O ser humano não é tão desligado assim de seus iguais humanos. Ora, é fácil identificar-se de maneira fidedigna àquilo que o artista tenta dizer. Quantas vezes você já ouviu uma música, e teve a nítida certeza de que ela foi composta para você? Leu um poema, texto, ou conceito que tem palavras e frases quase idênticas ao seu pensamento?

Nesse caso, cara leitora, esteja certa, é a arte desenvolvendo com maestria seu papel: o de provar a todos que somos mais parecidos do que pensamos, independentemente das diferenças sociais, físicas, emocionais ou de gênero. Trago aqui o exemplo da canção de Chico Buarque "Geni e o zepelim" (1979), que ainda de maneira subliminar traz a realidade de uma pessoa trans, e embora conte a realidade detalhada de tal pessoa, fala também das mazelas e da hipocrisia de uma sociedade que condena a seu bel-prazer, e santifica quando lhe é conveniente, trazendo à tona a realidade crua de uma sociedade que se vê diante da necessidade de salvar a própria pele, e a única maneira é por intermédio dessa mesma pessoa que ela condena.

É evidente a identificação de muitos quando não se sabe do que trata a letra da canção com exatidão, evidente também é a repulsa quando se descobre do que a música fala. Aí vejo um importante ponto de transgressão: colocar-se no lugar dos outros, "transpor" sua realidade à realidade alheia quase como um reflexo. A canção de maneira subliminar equivale as pessoas, equipara. E isso, em minha opinião, é transgressor. Segue a letra de "Geni e o zepelim", canção composta para uma pessoa trans.

> De tudo que é nego torto
> Do mangue e do cais do porto
> Ela já foi namorada
> O seu corpo é dos errantes
> Dos cegos, dos retirantes
> É de quem não tem mais nada
>
> Dá-se assim desde menina
> Na garagem, na cantina
> Atrás do tanque, no mato
> É a rainha dos detentos
> Das loucas, dos lazarentos
> Dos moleques do internato
>
> E também vai amiúde
> Com os velhinhos sem saúde
> E as viúvas sem porvir
> Ela é um poço de bondade
> E é por isso que a cidade
> Vive sempre a repetir
>
> Joga pedra na Geni!
> Joga pedra na Geni!
> Ela é feita pra apanhar!
> Ela é boa de cuspir!
> Ela dá pra qualquer um!
> Maldita Geni!

Um dia surgiu, brilhante
Entre as nuvens, flutuante
Um enorme zepelim
Pairou sobre os edifícios
Abriu dois mil orifícios
Com dois mil canhões assim

A cidade apavorada
Se quedou paralisada
Pronta pra virar geleia
Mas do zepelim gigante
Desceu o seu comandante
Dizendo: "Mudei de ideia!"

Quando vi nesta cidade
Tanto horror e iniquidade
Resolvi tudo explodir
Mas posso evitar o drama
Se aquela formosa dama
Esta noite me servir

Essa dama era Geni!
Mas não pode ser Geni!
Ela é feita pra apanhar
Ela é boa de cuspir
Ela dá pra qualquer um
Maldita Geni!

Mas de fato, logo ela
Tão coitada e tão singela
Cativara o forasteiro
O guerreiro tão vistoso
Tão temido e poderoso
Era dela, prisioneiro

Acontece que a donzela
(E isso era segredo dela)
Também tinha seus caprichos
E ao deitar com homem tão nobre
Tão cheirando a brilho e a cobre
Preferia amar com os bichos

Ao ouvir tal heresia
A cidade em romaria
Foi beijar a sua mão

O prefeito de joelhos
O bispo de olhos vermelhos
E o banqueiro com um milhão

Vai com ele, vai, Geni!
Vai com ele, vai, Geni!
Você pode nos salvar
Você vai nos redimir
Você dá pra qualquer um
Bendita Geni!

Foram tantos os pedidos
Tão sinceros, tão sentidos
Que ela dominou seu asco
Nessa noite lancinante
Entregou-se a tal amante
Como quem dá-se ao carrasco

Ele fez tanta sujeira
Lambuzou-se a noite inteira
Até ficar saciado
E nem bem amanhecia
Partiu numa nuvem fria
Com seu zepelim prateado

Num suspiro aliviado
Ela se virou de lado
E tentou até sorrir
Mas logo raiou o dia
E a cidade em cantoria
Não deixou ela dormir

Joga pedra na Geni!
Joga bosta na Geni!
Ela é feita pra apanhar!
Ela é boa de cuspir!
Ela dá pra qualquer um!
Maldita Geni!

Joga pedra na Geni!
Joga bosta na Geni!
Ela é feita pra apanhar!
Ela é boa de cuspir!
Ela dá pra qualquer um!
Maldita Geni!

Cabe também ressaltar que grandes movimentos sociais, de revolução e mudanças surgiram a partir de movimentos artísticos e aqui cito os grandes festivais de música das décadas de 1970 e 1980, onde despontaram grandes nomes da música, que com suas canções repletas de duplo sentido, para poder burlar a censura da época nos deixaram um grande legado e também nos trazem uma boa pitada de transgressão. Eles usavam a música para expor as crueldades da ditadura, do seu dia a dia, a falta de liberdade de expressão e tudo mais que fosse considerado aprisionador.

A censura não percebia as sutilezas que tinham por objetivo dar uma dose de ânimo e um estímulo para que a grande sociedade acordasse. Canções como "Apesar de você" de Chico Buarque (1970), "Vapor barato" de Jardes Macalé e Waly Salomão (1971), "Jorge Maravilha" de Chico Buarque (1974) que dizem ter sido feita para a filha de Ernesto Geisel, ex-presidente da República, versão desmentida pelo próprio autor, mas que ficou grudada no imaginário popular, mostrava uma clara vontade do povo de dizer.

Nos últimos tempos, nos anos de 2016, 2017 e 2018, uma gama de artistas chega com a mesma intenção. Hoje de maneira clara, mas ainda por vezes censurada. Nomes como Liniker, Jhonny Hooker, Linn da Quebrada e essa nova geração de artistas cheios de coisas para dizer.

De tudo isso tenho certeza, e afirmo: a arte é transgressora, e não por acaso é um substantivo feminino, capaz de passar algo de um lado ao outro, infringir, violar, atravessar, dizer muito. Subliminarmente, ou nem tanto assim, escancarada num refrão protestativo.

Corpos trans são transgressores?

A transgressão atribuída aos corpos trans é muito controversa. O Brasil, segundo dados de entidades defensoras dos direitos de pessoas trans, é o país que mais mata pessoas trans no mundo. Estas têm sua expectativa de vida em 35 anos, poucas oportunidades de vivência social e de trabalho. Beiram a marginalidade, com raras exceções de pessoas bem-sucedidas, e de exemplos que "transpassam" esses números e faixa etária.

Em contrapartida é o país que mais consome pornografia trans, segundo fontes especializadas de pesquisas na internet. Esse contrassenso nos coloca num dilema: O país que mais consome é o que mais mata e menos oportuniza. Onde está o erro? Nos corpos dessas pessoas ou no desejo da população que aponta o dedo e torce o nariz.

Bem, vejamos: pressupõe-se que a liberdade de expressão tão exaltada pela nossa constituição seja válida para todos. A vontade dessas pessoas de corpos trans não é de expressar um desejo num tom cômico ou debochado. O transgredir desses corpos, e preciso me ater na ironia do sufixo trans em "transgredir", nada mais é do que externar um desejo incontrolável e legítimo de ser por fora quem se é por dentro.

A população em geral repudia o que desconhece, e por não conhecer não faz questão alguma de tomar ciência real do que repudia. Somos sim um grande arremedo de conceitos, adquiridos durante a vida. Nossos conhecimentos são limitados a "coisas" do nosso entorno e das nossas vivências. E é para esse ponto que chamo a atenção. As pessoas trans permitem-se sair de seus casulos preestabelecidos, e experimentam vivenciar outra realidade que não era delas, e que em suma constitui sim suas realidades.

A transgressão tão falada desses corpos trans se encaixa perfeitamente no conceito geológico da palavra "transgressão" que diz: "avanço do mar sobre áreas litorâneas, em virtude de elevação do nível do mar ou de movimentos de afundamento da zona costeira". Vejo isso da seguinte maneira: o ser humano trans(mar) sobrepõe suas vontades, vivências, dores e anseios sobre as vontades da sociedade que impõe padrões (áreas litorâneas), tudo isso porque suas vontades ultrapassam qualquer tipo de conceito ou entendimento preconcebido pela sociedade ou seio familiar, é algo tão forte e tão legítimo que se derrama de dentro de si (como o nível do mar que sobe e não consegue conceber limites da areia), ou quando o seu entorno não diz, oferece ou soma nada nessa vivência (o entorno aqui é o afundamento da zona costeira).

Fica evidente, a meu ver, e aqui externo minha própria vivência trans, que a transgressão nesses casos é vista como "agressão". Corpos trans são tidos como agressivamente fora dos padrões, ofensivos, subversivos, ininteligíveis, e sempre marginais. Corpos trans são considerados transgressores, ou "trans agressores", pois não caíram no senso comum, saíram de sua zona de conforto e buscaram, mesmo que com total falta de apoio em sua totalidade, uma maneira real de existência.

Numa sociedade falocêntrica pensa-se que somente as mulheres trans é que sofrem isso por terem abandonado o direito supremo de serem a ponta da pirâmide de importância. Atente-se também aos homens trans, e homens sofrem tanto ou mais, primeiro pelo mesmo motivo da falocentria e depois pela invisibilidade. Ora a sociedade que não compreende subjuga esses corpos de várias formas e com muitas "razões plausíveis": mulheres trans nunca serão mulheres porque não nasceram com atributos físicos e cromossômicos para assim se denominarem (não têm útero, portanto não podem ter filhos, ainda que façam as facultativas cirurgias estéticas nunca serão mulheres etc.) ignorando de maneira cruel boa parte da população com quebras genéticas, esterilidades, intersexualidades, e até mesmo condições financeiras, esquecendo por completo que boa parte dessa população sobrevive à margem por imposição de uma sociedade que não oportuniza.

Homens trans não são homens pela "falta do pênis", ou porque não tiveram uma satisfatória relação sexual com um "homem de verdade". As situações acima são só uma pequena parte dos julgamentos, apontamentos e preconceitos lançados sobre esses corpos, que nada mais querem além de exteriorizar, como já dito, aquilo que sentem e são de fato "por dentro". Que fique claro: transexualidade é algo completamente à parte do genital. Sexualidade, genitália e gênero são questões muito distintas. É preciso esclarecer a população de que é possível saber tudo isso mediante o convívio e aproximação com essas realidades, a esses corpos trans. A sexualidade ou o gênero não são osmóticos. Segue breve explanação:

De todo dito, a resposta à pergunta do enunciado ainda é simples: Corpos trans existem, vão existir e sempre existiram. A transgressão nada mais é que uma "agressão trans", agredir sem conhecer as realidades e particularidades de cada pessoa. O que me torna aqui utópica em demasia, afinal conhecer todas as realidades e individualidades de toda uma população é humanamente

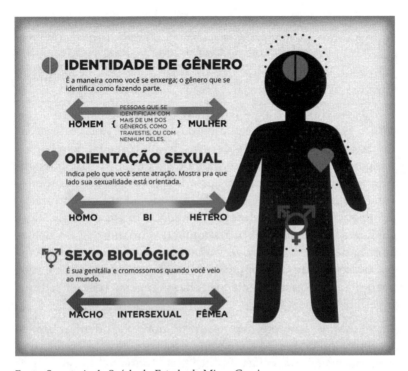

Fonte: Secretaria da Saúde do Estado de Minas Gerais.

impossível. É preciso informação, conhecimento, aproximação, convivência e não distanciamento. A gama enorme de corpos trans pode sim "entender" o estranhamento, a falta de compreensão e até mesmo a não aceitação desses corpos, mas em hipótese alguma entenderá a falta de respeito. É preciso entender a frase "transgressão dos corpos trans" como algo a se saber (e ter certeza de que não é tão transgressor assim) e não entender isso como "agressão dos (nos) corpos trans".

O que são corpos parlamentares?

> **Corpo** – Substantivo masculino. (1) Anatomia geral: estrutura física de um organismo vivo (esp. o homem e o animal), englobando suas funções fisiológicas. (2) Anatomia humana: na configuração da espécie humana, o conjunto formado por cabeça, tronco e membros.

Parlamentar – Adjetivo de dois gêneros. (1) Relativo a, ou próprio do parlamento. (2) Verbo transitivo indireto e intransitivo; fazer negociações, conversar em busca de um acordo. "Os grevistas não querem *parlamentar* com a comissão patronal." (*Dicionário Informal*, 2018).

O conceito de "corpos parlamentares" surgiu numa conversa com a escritora Elisa Lucinda na qual ela dizia que "as pessoas pretas", e em especial pessoas trans, assim como eu, têm corpos parlamentares. Esse conceito pauta o seguinte: é quase impossível, de imediato, dissociar a nossa imagem daquilo que somos. Uma mulher negra, por exemplo, quando adentra num espaço, automaticamente estabelece ali um conceito: ela é uma mulher e é negra. Esse conceito soa redundante, porém é preciso se ater ao fato de que, a partir daí, várias leituras são feitas desse corpo, ou seja, tudo aquilo que se vê, lê, ouve, ou replica há anos sobre esse corpo é interpretado muitas vezes com base em leituras preestabelecidas.

O mesmo acontece com um corpo trans. Ao adentrar um espaço comum de pessoas não trans, esse corpo estabelece ali uma conexão visual, imagética e conceitual. Todos os conceitos atribuídos a esses corpos trans são instantaneamente ativados, e cabe lembrar que nem sempre tais conceitos fazem estabelecer uma boa relação com seu entorno.

Elisa Lucinda quis dizer que "corpos parlamentares" são corpos que falam por si, expondo assim suas vivências e peculiaridades. Uma mulher negra que adentra um ambiente comum de pessoas não negras dispara imediatamente em todos que estão à sua volta seus conceitos (e, em sua maioria, preconceitos) atribuídos à população negra e, em especial a essas mulheres, não sendo diferente dos conceitos disparados a uma pessoa trans que adentra espaço de pessoas não trans.

É importante ressaltar, no caso de pessoas trans, um termo muito usado e que não me agrada em nenhuma instância: a "passabilidade", ou seja, um corpo trans quando entra em um ambiente e não é identificado como um corpo trans, e sim como um corpo não trans, passa por uma espécie de "mimetismo", uma mistura, uma invisibilidade. Porém, e curiosamente longe de ser um porém, mas uma regra, quando se revela que esse corpo é um corpo trans e não semelhante aos demais, a comunicação desse corpo parlamentar muda abruptamente. Se antes bem aceito ou despercebido pelo ambiente, ao revelar-se um corpo trans passa a ser alvo de curiosidade, julgamentos inquisitivos e, em muitos casos, de desrespeito e rechaço.

O conceito de corpo parlamentar é o de um corpo que passa uma mensagem, fala algo, ao adentrar um ambiente, com a diferença de que quando esse ambiente é de convívio comum a esse corpo a mensagem é lida de uma forma, mas quando não é comum, geralmente é lida de outra forma completamente antagônica, embora a maneira de falar desse corpo seja idêntica em ambas as situações. Corpos parlamentares são corpos que falam por si.

É interessante ressaltar que o dicionário ainda traz em seu conceito que a palavra "parlamentar" é um "adjetivo de dois gêneros", o que apesar de não confluir com o não binarismo de uma parte da população trans traz um trocadilho perfeitamente plausível ao tema.

Afinal, que ligação têm os corpos trans, a transgressão e a arte?

A ligação entre todos esses temas é mais simples do que se imagina. A arte enquanto instrumento de transgressão milenar está, finalmente, sendo usada por quem de fato deveria tê-la usado (e mesmo que subliminarmente) como ferramenta a seu favor: as pessoas trans.

No fim do ano de 2017 surgiu na música um movimento denominado MPBTrans. Esse movimento musical surgiu depois de uma entrevista dada pelo ex-deputado Jean Wyllis, numa tentativa de explicar a efervescência de pessoas trans na música naquele ano e nos anos anteriores. Encabeçado por Liniker, Valéria Houston (hoje adoto o nome artístico de Valéria) e Linn da Quebrada e a seguir por uma dezena de outrxs. Aqui uso o termo "outrxs" com "x" para neutralizar gênero na língua portuguesa informal ou com a terminação "e" (p. ex., amigues, menines etc.), cujo objetivo é dissipar dúvidas nas pessoas no tocante à população trans, incluir esses corpos na sociedade, retirar rótulos preestabelecidos (marginalidade, inexistência exclusão, entre muitos outros) e colocar em pauta assuntos considerados tabu ou passíveis de proibição.

A ferramenta artística escolhida para dar o pontapé inicial foi a música: Liniker surgiu com um visual andrógino e letras que remetiam a um amor entre iguais e a ideia de que é possível sim sentir-se atraído por um corpo trans, e que tal decisão não vai te fazer alguém "advindo de uma outra dimensão". Brincadeiras à parte, o pontapé inicial foi dado e uma série de outras pessoas surgiram em suas especificidades. Liniker surgiu primeiramente como uma figura andrógina, e pouco tempo depois se assumiu plenamente como uma mulher trans. A música "zero" fala um pouco sobre isso:

> *Zero*
> A gente fica mordido, não fica?
> Dente, lábio, teu jeito de olhar
> Me lembro do beijo em teu pescoço
> Do meu toque grosso, com medo de te transpassar
>
> A gente fica mordido, não fica?
> Dente, lábio, teu jeito de olhar
> Me lembro do beijo em teu pescoço
> Do meu toque grosso, com medo de te transpassar
> E transpassei
>
> A gente fica mordido, não fica?
> Dente, lábio, teu jeito de olhar
> Me lembro do beijo em teu pescoço
> Do meu toque grosso, com medo de te transpassar
> E transpassei
>
> Peguei até o que era mais normal de nós
> E coube tudo na malinha de mão do meu coração
> Peguei até o que era mais normal de nós
> E coube tudo na malinha de mão do meu coração
>
> Deixa eu bagunçar você, deixa eu bagunçar você
> Deixa eu bagunçar você, deixa eu bagunçar você
> Deixa eu bagunçar você, deixa eu bagunçar você
> Deixa eu bagunçar você, deixa eu bagunçar você

Deixa eu bagunçar você, deixa eu bagunçar você
Deixa eu bagunçar você, deixa eu bagunçar você
(LINIKER E OS CARAMELOWS, 2015).

Linn da Quebrada se utiliza do discurso político sem papas na língua, usando e abusando de letras de duplo sentido, expressões características da sua comunidade, e muita inteligência, tornando-se porta-voz das pessoas "trans pretas da favela". Suas letras denunciam a violência e a realidade de muitos corpos trans oriundos de comunidades, suas mazelas, violências.

É no momento uma grande porta-voz da sigla "T" do movimento LGBTTQI+ (lésbicas, *gays*, travestis, transexuais, *queer*, intersexuais e mais), sendo premiada por seus trabalhos na música e no cinema, no Brasil e no exterior. A música "Bicha preta" (2017) fala sobre essas questões:

BICHA PRETA
Bicha estranha, louca, preta, da favela
Quando ela tá passando todos riem da cara dela
Mas, se liga macho
Presta muita atenção
Senta e observa a tua destruição

Que eu sou uma bicha, louca, preta, favelada
Quicando eu vou passar e ninguém mais vai dar risada
Se tu for esperto, pode logo perceber
Que eu já não tô pra brincadeira
Eu vou botar é pra foder

Que bicha estranha, ensandecida
Arrombada, pervertida
Elas tomba, fecha, causa
Elas é muita lacração
Mas daqui eu não tô te ouvindo, boy
Eu vou descer até o chão
O chão
O chão
Chão, chão, chão, chão

Bicha pretrá, trá, trá, trá
bicha pretrá, trá, trá, trá, trá
bicha pretrá, trá, trá, trá
bicha pretrá, trá, trá, trá, trá

A minha pele preta, é meu manto de coragem
Impulsiona o movimento
Envaidece a viadagem
Vai desce, desce, desce, desce
Desce a viadagem

Sempre borralheira com um quê de chinerela
Eu saio de salto alto
Maquiada na favela
Mas, se liga macho
Presta muita atenção
Senta e observa a tua destruição

Que eu sou uma bicha, louca, preta, favelada
Quicando eu vou passar e ninguém mais vai dar risada
Se tu for esperto, pode logo perceber
Que eu já não tô pra brincadeira
Eu vou botar é pra foder

Ques bicha estranha, ensandecida
Arrombada, pervertida
Elas tomba, fecha, causa
Elas é muita lacração
Mas daqui eu não tô te ouvindo, boy
Eu vou descer até o chão
O chão
O chão
O chão, chão, chão, chão

Bicha pretrá, trá, trá, trá
bicha pretrá, trá, trá, trá, trá
bicha pretrá, trá, trá, trá
bicha pretrá, trá, trá, trá, trá

Sempre borralheira com um quê de chinerela
Eu saio de salto alto
Maquiada na favela
Mas que pena, só agora viu, que bela aberração?

É muito tarde, macho alfa
Eu não sou pro teu bico
Não
(LINN DA QUEBRADA, 2017).

Valéria Houston (e agora me sinto estranha em falar na terceira pessoa) trouxe a canção "Controversa" de composição de Adriana Deffenti (2016), uma canção que explica com certa clareza e bom humor (características não só da cantora, mas de boa parte da população trans) o sentimento que se apossa dessas pessoas ao entrar em ambientes diferentes aos seus.

Eu, Valéria, tenho minha trajetória pautada pelo preconceito da cor e do gênero desde a infância. Assumi-me militante após sofrer uma agressão física (facada) no centro de Porto Alegre no ano de 2015. Também fui muito premiada e consegui a façanha de ser a primeira mulher transexual a receber o título de "Mulher Cidadã" da Assembleia Legislativa do Rio Grande do Sul, por serviços prestados à cultura no ano de 2016. Segue a letra:

> CONTROVERSA
> Se às vezes uma pessoa me nota na rua
> E lança aquele olhar bisonho de quem
> Se incomoda com a minha presença
> Prefiro achar que é só humano
> Um jeito de agir estranho
> Há seres que se surpreendem com o espontâneo
>
> Mas saiba meu senhor, senhora, que fiquei assim
> Por desfrutar da liberdade de viver pra mim (depois pra você)
> E se meu jeito lhe incomoda
> Digo e repito a toda hora
> Adoro ser essa pessoa que você detesta
> Então
>
> Para de meter o bedelho onde não lhe interessa
> Eu não tenho raiva
> Eu não tenho culpa
> E não tenho pressa (nenhuma)
>
> Para de meter o bedelho onde não te interessa
> Minha alma é pura
> Pouco me importa se sou controversa
> (ADRIANA DEFFENTI, 2016).

A canção "Controversa" deixa evidente o quão parlamentar é o corpo das pessoas trans ao adentrar em ambientes hostis, também evidencia que o desejo comum entre essas pessoas é ser uma pessoa comum, com os problemas de todos, sem que esses problemas sempre perpassem suas sexualidades ou gêneros.

Em suma, a arte tem por objetivo aproximar as realidades, independentemente dos corpos, sexualidades ou gêneros, de maneira, muitas vezes, subliminar e usando de ferramentas que unam a quase todas. As artes e, neste caso em especial, a música são o que chamo de "militância não militarizada". A palavra "militância" tem um peso muito forte na sua etimologia, por estar ligada, mesmo que só linguisticamente, à palavra "militar", de polícia militar, e nem todas as pessoas se sentem confortáveis com esse conceito.

Uso o exemplo a seguir: imaginem querer falar sobre corpos trans, suas especificidades, anseios, sentimentos, violências sofridas e tudo que tangencia essas questões. Ora, usar de um panfleto para comunicar tais tópicos, por mais lindo, colorido ou interessante que seja, em sua maioria e na pressa dos nossos dias nos faz, em algumas situações, ler, em outras ler mas não se ater e, na maioria das vezes, jogar fora. Em contraponto, pensemos: imagine ouvir uma canção, assistir a um *show* musical, uma peça de teatro, ler um livro escrito por uma pessoa trans. Essa mesma mensagem chegaria de maneira muito mais rápida e efetiva, e, a meu ver, causaria sim o impacto necessário para que o objetivo fosse alcançado, o entendimento e a junção de todo e qualquer tipo de corpo num mesmo convívio. Um panfleto é jogado fora, uma música, por exemplo, é guardada na mente, na alma e no coração.

Fica evidente o papel da arte nessa grande teia de transgressão: o de transmitir de maneira leve a mensagem de que corpos trans são corpos, guardadas as devidas diferenças físicas, como outros quaisquer. Que a população tem muito a dizer, contribuir e aprender. Basta ouvir, estar aberto. A arte é a ferramenta ideal, pois, apesar de ser considerada um "objeto" das elites, é muito democrática.

De todo o dito fica evidente que a tal transgressão de corpos trans e a arte tem de relativo e congruente muitas questões, e em aparte o sufixo "trans". Corpos trans não são transgressores, e, em sua maioria, são sim agredidos em sua integridade física ou individual, e até cerceados de seu direito de ir e vir, com agressões também verbais. A transgressão está mais nos olhos de quem vê e nos conceitos preestabelecidos por uma sociedade heteronormativa do que na pessoa trans, que em realidade só deseja externar quem é realmente. Parafraseando Caetano Veloso (1977), apesar de "cada um saber a dor e a delícia de ser quem é" os corpos trans só estão, no momento, saboreando a dor e lutando por saber a delícia de quem se é.

A ligação entre transgressão, corpos trans e arte está na ferramenta, e no caso, a qual me sinto mais à vontade para falar: a música. Uma canção toca a alma, mexe com nosso imaginário e nos traz muitas identificações. E é exatamente esse o objetivo de tudo isso: usar da "arte transgressora", para acabar com a "agressão trans" (que fique claro que falo da agressão às pessoas trans). Nossos corpos são parlamentares, falam por si, mas temos muito mais a dizer, basta ouvir da música dos nossos corpos, das nossas almas e existências. Vamos ouvir essa canção?

Referências

BUARQUE, C. (1978). "Geni e o Zepelim". In: *A Ópera do Malandro*. LP.

_____ (1974). "Jorge Maravilha". In: *O Banquete dos Mendigos*. LP. RCA.

_____ (1970). "Apesar de você". In: *Chico Buarque*. LP. Phonogram PolyGram/Philips.

DEFFENTI, A. (2016). *Controversa*. Gravadora Independente.

Dicionário Informal (2018). São Paulo [disponível em: https://www.dicionarioinformal.com.br/ – Acesso: 21/07/2018].

LINIKER E OS CARAMELOWS (2015). "Zero". *Álbum Cru*. Download digital.

LINN DA QUEBRADA. "Bicha Preta". In: *Pajubá*. EP. Gravadora Independente.

MACALÉ, J. & SALOMÃO, W. (1971). "Vapor Barato". *Fa-Tal Gal a Todo Vapor*. Philips.

VELOSO, C. (1977). "Dom de iludir". In: *Totalmente Demais*. Gapa, Warner Chappell.

12
JOVENS UNIVERSITÁRIOS NO BRASIL HOJE
DEMANDAS, VALORES E LUTAS NA CONSTRUÇÃO DE UM LUGAR DE AÇÃO POLÍTICA[20]

Conceição Firmina Seixas Silva
Lucia Rabello de Castro

Introdução

Uma reflexão acerca do contexto brasileiro educacional atual se mostra imprescindível tendo em vista os notáveis sucateamentos que o campo da educação de todos os níveis de ensino, principalmente o superior, vem sofrendo nos últimos anos. A pesquisadora Marilena Chauí, que foi recebida na Universidade do Estado do Rio de Janeiro (Uerj), no dia 4 de abril de 2017, por um auditório lotado de estudantes, professores/as e técnicos/as, para falar sobre a crise da universidade pública brasileira, condensa seus argumentos na ideia de um encolhimento da coisa pública e alargamento do espaço privado, que se expressa a partir da transformação dos direitos sociais em serviços (privados). Este processo, que não é novo no Brasil, acentua-se de forma acelerada com a expansão neoliberal das políticas públicas no contexto de crise econômica e política em que vivemos recentemente – que, além do impacto imediato na nossa frágil democracia, avança por meio de medidas que desresponsabilizam o Estado em relação a alguns direitos, como saúde, educação, moradia, trabalho, aposentadoria, entre outros. A

---

20. Este capítulo é resultado do trabalho final da tese de doutoramento de Conceição F. Seixas Silva, sob orientação de Lucia Rabello de Castro, e contou com o apoio da Capes.

discussão desse tema – a precarização do bem público, principalmente o educacional – ganha sentido ainda maior na Uerj, uma das instituições públicas mais impactadas com o desmantelamento dos direitos no campo da educação[21].

As conquistas no campo educacional brasileiro, desde a Educação Básica ao Ensino Superior, são frutos de muita luta. Neste capítulo temos como objetivo refletir sobre a luta atual dos estudantes universitários, suas ações coletivas e formas de organização, tanto na universidade como na sociedade contemporânea, os valores que anunciam e as resistências que constroem frente ao cenário mencionado. Examinar o contexto educacional e seus desafios a partir da perspectiva estudantil é algo que se mostrou importante, ao considerar que a categoria de estudante, que se vê retirada das análises sociais como uma identidade de participação política forte, no sentido de que o movimento estudantil já não parece assumir a posição de ator político no conjunto da sociedade como um dia o fez (MISCHE, 1997), ganha visibilidade atualmente com o engajamento de jovens de diversos países, incluindo o Brasil, ao denunciar a precarização dos sistemas de

---

21. Desde 2016, a crise econômica e política vinha se intensificando no Estado do Rio de Janeiro, impactando nas suas instituições públicas, e a Uerj como um todo – suas faculdades, institutos, pós-graduações, hospital, laboratórios, Colégio de Aplicação, teatro, projetos de extensão etc. –, juntamente com outras instituições de ensino do Estado – Universidade Estadual da Zona Oeste (Uezo), Fundação de Apoio à Escola Técnica (Faetec) – foram as que mais sofreram com a crise, que teve seu auge em 2017. Neste ano, uma segunda greve foi deflagrada na Uerj em reivindicação ao pagamento dos salários, décimo terceiro e férias dos professores/as e técnicos/as – que ficaram alguns meses sem receber integralmente –, das bolsas de auxílio e permanência dos/as estudantes cotistas; da regularização do cartão do transporte universitário; do não cumprimento dos contratos do governo do Estado com as empresas que prestam serviço à Uerj, que teve como consequência a demissão de funcionários/as terceirizados – uma das partes mais frágeis dentro da lógica liberal –, sem seus direitos cumpridos; das constantes ameaças de demissão de professores/as e funcionários em estágio probatório; e da ameaça do fechamento das universidade estaduais, com a recomendação da privatização dessas instituições, pelo Ministério da Fazenda, como uma das contrapartidas do empréstimo do governo Federal ao Estado do Rio.

ensino por medidas que ameaçam o sentido público e democrático da educação.

Transformações significativas alteraram o modo de funcionamento das universidades, do próprio movimento estudantil, que se vê confrontado com um aparente esvaziamento político do seu papel na sociedade e do significado de ser estudante atualmente. Nesse sentido, as reflexões sobre a participação política a partir da condição de estudante nos contextos educacionais, ao entendermos que a política assim como a educação são arenas potentes de encontros e disputas geracionais, dão origem a este e outros trabalhos que estamos desenvolvendo ao longo desses anos: O que é ser estudante hoje? Qual sentido os jovens conferem à identidade e sociabilidade estudantis? Como ressignificam o legado educacional que recebem dos adultos? Ser estudante seria uma via para a participação social e política dos jovens? Quais caminhos se abrem, a partir dessa construção identitária, e quais entraves se interpõem para a sua participação? Que formas de resistências constroem frente à situação de precariedade no campo da educação? E que silêncios são produzidos?

Para tratarmos dessas questões, procedemos por um duplo caminho de análise. Em uma primeira parte, apresentamos uma contextualização do projeto político-educacional que deu origem ao ensino universitário no Brasil e que sustenta essa instituição atualmente. Em uma segunda parte, analisamos as transformações operadas nas formas de organização e mobilização estudantis, e as contradições do modelo brasileiro e seu impacto na subjetivação política dos estudantes. Para alimentar a discussão, apresentamos os resultados de uma investigação empírica junto a 128 estudantes engajados/as nas entidades formalizadas de representação discente – Centros Acadêmicos (CAs), Diretórios Acadêmicos (DAs) e Diretórios Centrais dos Estudantes (DCEs) – das principais universidades públicas do Estado do Rio de Janeiro – Universidade Federal do Rio de Janeiro (UFRJ), Universidade Federal do Estado do Rio de Janeiro (Unirio), Universidade Federal Fluminense (UFF), Universidade Federal Rural do Rio de Janeiro (UFRRJ), Universidade do Estado do Rio de Janeiro (Uerj) – e da Pontifícia Universidade Católica do Rio de Janeiro (PUC-Rio). Nosso objetivo foi examinar como os estudantes, ligados a entidades estudantis dentro destas universidades, compreendem seu papel e sua ação política; que expectativas, demandas e valores assumem pelo fato de estarem na universidade; quais são as demandas dos coletivos de estudantes hoje, e como se relacionam com outras entidades dentro e fora da universidade.

I – Análise do cenário das lutas dos estudantes universitários: a universidade no Brasil e o processo histórico do seu desenvolvimento

Ao abordar a origem da universidade no Brasil é preciso considerar, como fizeram alguns autores (FÁVERO, 2006; PINTO, 1994), sua instalação tardia em nosso país e a pouca clareza, em termos político e pedagógico, do seu projeto. Só em 1920 é que se institucionalizou o primeiro projeto universitário pelo governo federal com a criação da Universidade do Rio de Janeiro (URJ), pelo Decreto n. 14.343 (FÁVERO, 1999; SEGENREICH et al., 2006). Além de tardio, observa-se a ausência de uma organicidade desse projeto com os outros níveis de ensino, assim como de um compromisso com o processo social amplo, principalmente com a desigualdade social do país (MARTINS, 2000; MENDONÇA, 2000; SEVERINO, 2008).

Os períodos que seguiram à criação da URJ, com alguns marcos no contexto histórico e político nacional, impactaram significativamente as funções dessa universidade. O primeiro deles se refere à década de 1930 – período de instituição do Estado Novo (1937) –, marcada por um contexto político de crescente centralização e autoritarismo. O segundo foi a década de 1960, marcada também por um contexto de centralização em termos políticos, e de um desenvolvimento no campo econômico, provocado pela industrialização nascente, que foi responsável pela ideia de "modernização" que passou a ser o mote da nação. Esses dois aspectos – centralização e modernização – repercutem, respectivamente, na autonomia universitária, exercendo o governo federal uma "tutela sobre a universidade" (MENDONÇA, 2000, p. 140), e na função que se acreditava que essa universidade deveria ter – formação profissional dos quadros técnicos que a "moderna nação" necessitaria. Não que esse segundo aspecto não fosse considerado importante, mas não se via a mesma preocupação destinada às outras duas funções universitárias, a pesquisa e a extensão.

E, para além das disputas em torno das funções que caberiam à universidade brasileira, em um país marcado pelas desigualdades em diversos níveis (sociais, econômicos e raciais), algo já era notório no perfil que compunha o corpo de estudantes e professores das instituições de nível superior, formado basicamente pelas elites que conseguiam ascender até esse nível de ensino. Segundo Foracchi (1965), os jovens que chegavam ao Ensino Superior, na década de 1960, eram majoritariamente pertencentes à "pequena burguesia ascendente" (p. 221). Acreditamos que esse aspecto seja de fundamental importância para a compreensão da instituição universitária neste país, em termos de suas funções e valores, cujas marcas se veem presentes atualmente e que tendem a se intensificar dentro do contexto de crise econômica e política que vivenciamos.

As várias reformas universitárias que foram instituídas a fim de expandir o Ensino Superior para alcançar uma maior parte da população produziram impactos numericamente importantes em termos de matrículas, mas sempre aquém da população de jovens na faixa etária dos 18 aos 24 anos – período em que normalmente é esperado ingressar na universidade[22]. Além de não alcançar a população juvenil de forma satisfatória, essas reformas, desde

---

22. Em 1962, o Brasil contava com 107.509 matrículas no Ensino Superior. Uma década depois, esse nível de ensino teve um expressivo crescimento de 540% (BRASIL, 2000). Após um arrefecimento na década de 1980 – possivelmente devido à recessão econômica que atingiu o país nesse período –, os números de matriculados começaram a subir em meados de 1990. Em 2011, essa rede de ensino era composta por 6,7 milhões de alunos matriculados na graduação e 189.635 na pós-graduação *stricto sensu* (BRASIL, 2013). Mas, apesar das ondas de crescimento, ainda há uma inquestionável demanda pela expansão do acesso no nível de Ensino Superior. Segundo dados do IBGE/PNAD de 2011 (BRASIL, 2012), dos 22.497.463 jovens que compõem a população na faixa etária de 18 a 24 anos no Brasil, apenas 14,6% frequentavam algum tipo de curso de educação superior.

a década de 1960 à atual, não foram capazes de promover uma democratização da instituição universitária de fato, que se configurava (e ainda se configura) como um espaço privilegiado para grupos favorecidos histórica, racial, cultural e economicamente.

Em suas análises sobre a expansão do Ensino Superior, Severino (2008) observa que, diante dos graves problemas da educação, as respostas dos governos sempre foram pragmáticas e pontuais, não atentas ao fato de que as desigualdades no campo educacional eram e são reproduções de uma desigualdade social ampla e que, portanto, apenas o aumento do número de matrícula – ainda mais sendo ele tímido em relação ao todo – não é capaz de sanar as disparidades e promover uma democratização do ensino. Álvaro Vieira Pinto, em seu livro *A questão da universidade*, que foi escrito em 1961 e publicado pela primeira vez pela editora da UNE, enfatiza que a natureza dos problemas que enfrentava (e ainda enfrenta) a universidade era (e é), antes de tudo, política e, assim sendo, uma reforma empreendida nessa instituição não pode se desvincular de outras questões sociais como a reforma agrária e urbana, por exemplo. Enfatiza o autor: "Não existe, por conseguinte, o problema da reforma universitária, mas o da reforma da sociedade" (PINTO, 1994, p. 97). Se observarmos a situação geral do ensino brasileiro, veremos que há uma desigualdade educacional expressa nas dificuldades em que jovens de camadas populares esbarram para permanecerem na escola, o que concorre para sua expulsão desde o Ensino Fundamental do sistema educacional (DURHAM, 2003). Para estes jovens, ingressar no Ensino Superior torna-se tão distante e sentido como se se tratasse de como algo que não fosse para eles. Na Faculdade Educação da Uerj, curso com uma importante marca popular, é comum ouvirmos de alguns estudantes, normalmente os/as primeiros/as da família a ingressar em uma universidade, a felicidade de estarem ali, um lugar que, muitas vezes, achavam não ser para eles/as. Certa vez uma aluna comentou: "eu passava pela Uerj e via aquele prédio alto e pensava que era grande demais para mim, e hoje estou aqui".

Os dados sobre a evolução do Ensino Superior no Brasil nos mostram que, por falta de um planejamento estrutural comprometido social e politicamente, a acentuação de uma série de disparidades, refletidas nas distribuições desiguais de oferta de vagas entre as diferentes regiões brasileiras e entre o setor público e privado: primeiro, observa-se uma desigualdade na distribuição do número de matrículas por regiões geográficas do Brasil, concentrando as regiões Sudeste e Sul mais da metade do número de matrículas, tanto em relação à graduação como à pós-graduação (BRASIL, 2013; BRASIL, 2010). Segundo, a expansão recente do Ensino Superior se deu marcadamente pelo setor privado[23]. As discrepâncias entre o setor privado e público não se referem apenas à gritante diferença no número de matrículas, mas se estendem ao grau de formação dos docentes, apresentando o setor privado uma taxa de titulação acadêmica do seu corpo docente ainda baixa, além de condições de trabalho mais precárias; além disso, as atividades de pesquisa concentram-se nos estabelecimentos públicos.

Muitos autores (FÁVERO, 1999; MANCEBO, 2004b; 2007; MARTINS, 2009; SEVERINO, 2008) estão de acordo quanto à análise da expansão do Ensino Superior, ao observar que esse processo tem se dado em direção ao setor privado, que marca a história da instituição universitária brasileira. Ainda, como bem pontua Martins (2000, p. 46), trata-se de um ensino privado que é "comandado por uma lógica de mercado e por um acentuado *ethos* empresarial", cujos traços centrais são a formação de grandes corporações, a financeirização e a internacionalização da educação superior. Recentemente o grupo americano Kroton comprou grandes grupos educacionais brasileiros, como o Grupo de Educação Anhanguera, criando, de acordo com uma reportagem do Portal G1, do dia 4 de julho de 2017[24], a 17ª maior empresa da Bovespa em termos de valor de mercado. Mancebo e Vale (2013), em uma excelente análise sobre a hegemonia do setor privado, do tipo

---

23. O número de matrículas no setor privado corresponde à maior parcela do número total desde 1988, quando representava 61% do total de matrículas. Em 2011, esse percentual chega a 73,2%. Apesar do aumento do número de matrículas na rede pública, com as recentes políticas de expansão das universidades federais, o número de matrículas no setor público ainda representa uma parcela muito pequena (BRASIL, 2011; 2013).

24. Reportagem na íntegra disponível em: http://g1.globo.com/economia/mercados/noticia/2014/07/fusao-da-anhanguera-e-kroton-cria-17-maior-empresa-da-bovespa.html

mercantil, na expansão da educação superior no Brasil, tomando o caso da Universidade Estácio de Sá (Unesa) como exemplo, observam que não se trata da conformação de um setor privado qualquer, mas da configuração de grandes monopólios por meio da internacionalização e a financeirização de seus capitais. Isto é, trata-se de empresas educacionais cujas ações estão disponíveis em bolsas de valores, o que significa que são controladas por uma série de investidores que não se sabe quem são, onde estão e o que querem em termos de um projeto educacional, mas certamente apostam no aumento da eficiência dessas empresas para gerar maiores lucros.

O fenômeno da privatização do sistema de educação superior brasileiro, por meio do incentivo da oferta de matrículas no setor privado, se fez presente em muitas reformas, desde a década de 1960 (FÁVERO, 1999). E esse processo continuou sendo a tônica nas medidas governamentais para expandir o Ensino Superior e dar conta da demanda nas décadas seguintes, como em um dos mais recentes programas instituído pela Lei n. 11.096, de 2005, durante o Governo Lula, o Programa de Democratização do Acesso à Educação Superior, ou como é conhecido Programa Universidade para Todos (ProUni)[25]. A análise do cenário para a criação do ProUni foi feita levando em consideração dois aspectos: o baixo percentual da população com idade entre 18 e 24 anos que frequenta este nível de ensino, sendo ainda menor entre a população mais pobre, e a capacidade das redes privadas de absorver essa demanda (MANCEBO, 2007). Ainda que, no contexto atual, em que presenciamos o desmantelamento de muitos programas sociais, incluindo o ProUni, o que tem impactado sobremaneira a inserção dos jovens das camadas populares no Ensino Superior, acirrando ainda mais a nossa desigualdade educacional, o ProUni sempre foi alvo de críticas de muitos autores (LIMA, 2009; MARTINS, 2009; SEVERINO, 2008). Estes reconhecem a necessidade de sanar essa desigualdade, mas questionam o fato de a proposta se

---

25. O programa viabiliza a troca de cerca de 10% das vagas das instituições privadas, na forma de bolsas integrais ou parciais para alunos egressos de escolas públicas e de baixa renda, por isenção fiscal para as instituições cadastradas.

basear na compra de vagas em instituições privadas, por meio da renúncia fiscal, ao invés da criação de novas vagas na rede pública com os recursos que o governo deixa de arrecadar, como observa Mancebo (2004a). Além disso, esses autores chamam atenção para o fato de que essa privatização promovida pelo programa, longe de resolver a distribuição desigual dos bens educacionais, abre brechas para um acirramento das desigualdades históricas, uma vez que, no quadro geral do Ensino Superior, teríamos, de um lado, poucas boas universidades públicas destinadas a um público de classe mais alta e, de outro, instituições privadas – academicamente mais fracas, salvo algumas exceções – para setores mais pobres da população[26].

As mobilizações contra a mercantilização da educação têm reunido um número importante de estudantes ao redor do mundo. Um traço comum que observamos nas várias ações estudantis na atualidade é a luta contra a precarização das condições da vida estudantil e da sociedade, que são cada vez mais submetidas aos imperativos capitalistas: em 1999, estudantes pararam por nove meses as atividades da Universidade Nacional Autônoma do México (Unam) para protestar contra possíveis taxações nessa universidade (ALONSO & CRESPO, 2008); em 2005 e 2006, vários protestos estudantis sacudiram a Europa contra as reformas no sistema de ensino propostas pelo Plano Bolonha (ROBLES, 2008)[27];

---

26. Em reportagem à *Carta Capital*, o sociólogo Wilson de Almeida faz uma análise das consequências do ProUni para a educação brasileira. Além de enriquecer empresários dos sistemas de ensino privado, incentivar a fusão de grupos, como a da Kroton com o grupo Anhanguera, que veem um negócio extremamente lucrativo a partir de ganhos com os recursos públicos, o ensino oferecido para as camadas de baixa renda é extremamente pauperizado, na lógica do uso de apostilas e "aulões" (mais informações disponíveis em: https://www.cartacapital.com.br/educacao/prouni-criou-milionarios-em-troca-de-ma-qualidade-na-educacao-7396.html).

27. O Plano de Reestruturação do Espaço Europeu de Educação Superior – conhecido como Plano Bolonha – teve seu início em 1999 e tinha como objetivo orientar as reformas educacionais a serem promovidas em dezenas de países da União Europeia. Segundo Alonso e Crespo (2008), entre 2005 e 2006, estudantes da Itália, Espanha, Dinamarca, França e Grécia organiza-

em 2006, vários estudantes chilenos foram às ruas gritar contra a "privatização" da educação em seu país (CUADRA, 2008; RUIZ, 2011; ZIBAS, 2008); em 2007 e 2008, quase 30 reitorias de universidades públicas brasileiras de todas as regiões foram ocupadas por estudantes insatisfeitos com os rumos das políticas para educação no Brasil (BRINGEL, 2009); em 2012, estudantes de Quebec, no Canadá, promoveram uma greve estudantil de grande proporção para protestar contra o aumento dos gastos estudantis com a educação e a privatização da educação no país (CATHERINE & VAILLANCOURT, 2012); em 2015, mais de duzentas escolas de Ensino Médio foram ocupadas em São Paulo por estudantes que protestavam contra a "reorganização escolar"; em 2016, mais de mil escolas foram ocupadas no país (MARAFON, 2017).

A geração atual de estudantes é o produto de violentas reformas neoliberais que são destinadas ao campo da educação e, com base nisso, dizem Alonso e Crespo (2008, p. 70): "um novo movimento estudantil emerge na atualidade, como expressão de um novo sujeito social – o estudante produto das reformas neoliberais". Para os autores, que classificam os estudantes universitários atuais como "seres precários em formação", uma questão-chave para o movimento estudantil atual é: "fazer frente ao destino comum da precariedade" (p. 71), que se refere não apenas às condições materiais; mas, sobretudo, a uma precariedade dos laços coletivos e de um sentido político do projeto educacional como um todo.

O tópico que segue se destina à análise do engajamento estudantil atual, com o objetivo de refletir se a luta estudantil, a categoria de estudante, as causas em torno da educação e a universidade como um lugar de refúgio para a ação política do estudante ainda fazem sentido para parcela da juventude.

---

ram protestos, assembleias, manifestações e ocupações contra a aplicação do Plano Bolonha em seus países e pela defesa de um projeto universitário com um viés político e social e não meramente econômico, e que respeitasse a singularidade de cada país e a tradição de cada universidade.

II – "Ser estudante universitário", "estar na universidade" hoje: o que isto significa em termos de engajamento político?

Nesta seção, apresentamos os resultados obtidos a partir da análise de entrevistas realizadas com jovens estudantes das principais universidades públicas do Estado do Rio de Janeiro – UFRJ, Unirio, UFF, UFFRJ, Uerj – e da PUC-Rio, engajados nas instâncias formais de participação estudantil dessas universidades – DCEs, CAs e DAs. Para a execução do trabalho empírico, percorremos diretamente os principais *campi* dessas universidades, e entrevistamos representantes de 64 entidades de representação estudantil dentro dessas universidades, o que computou um total de 128 estudantes entrevistados.

As perguntas direcionadas aos membros dessas entidades tinham como objetivo investigar como a militância vem se dando nesses espaços de participação e a partir de quais reivindicações; o que surge como demanda e como ela constitui a ação dos estudantes; como eles conjugam os problemas vivenciados dentro da universidade e no campo da educação com problemas sociais amplos; qual sentido esses jovens atribuem à universidade; com que frequência se reúnem; como funciona a gestão do grupo; e como mantêm contato com estudantes que não são integrantes das entidades.

Em primeiro lugar, apresentamos alguns dados etnográficos do período de 8 meses em que estivemos percorrendo os *campi* das diversas universidades para conversar com os estudantes. Eles nos ajudam a contextualizar a vida dos estudantes nas universidades, onde se localizam e como funcionam as entidades de representação estudantil. Em seguida, apresentamos a análise das entrevistas a partir de três eixos analíticos, a saber: a relação do estudante com o coletivo e a questão da representação; o direcionamento da ação coletiva e seus dilemas; os impasses sobre a dinâmica e organização dos coletivos estudantis. Assumimos esses três eixos como categorizações amplas que dão conta dos dilemas e impasses que permeiam o modo de fazer política dos jovens estudantes universitários engajados nas entidades estudantis.

A) "Ser estudante" hoje: a importância dos espaços sociais de convívio e confraternização

A visita às universidades se mostrou interessante, pois pudemos conhecer um pouco as faculdades, suas instalações, seus alunos e seu cotidiano. Tivemos um conjunto de faculdades bem diversificado em termos de áreas do conhecimento e também uma heterogeneidade em relação aos estudantes que entrevistamos: há militantes mais antigos e outros nem tanto; militantes que ocupam cargo de presidência e outros que não ocupam nenhum cargo específico. Como não agendávamos previamente uma visita[28], fazíamos a entrevista com os representantes que estavam nas entidades ou na faculdade no momento, e nem sempre a entrevista aconteceu com o militante mais antigo. Mesmo nesses casos, a experiência se mostrou interessante, pois além de ter a perspectiva de diversos militantes, muitas vezes, eram os mais novos nos CAs/DAs ou DCEs que davam respostas menos enquadradas e que mostravam certos questionamentos que outros tendiam a responder com alguns chavões específicos. Por exemplo, quando alguns representantes insistiam que poderia existir estudantes de diversos partidos, e que isso se dava sem conflitos para o grupo, geralmente, eram os "sem experiência" que traziam alguns incômodos. Foi o caso de um estudante do CA de Direito da UFF, cuja impressão sobre a suposta harmonia com a diferença partidária era contrária à de seu colega, antigo militante, que insistia em dizer que os interesses do CA estavam acima das disputas partidárias. Mesmo que talvez não existisse tal incômodo, alguns militantes sabiam o que implicava declarar a proximidade com algum partido específico, pois, primeiro, a fala dos militantes deve estar comprometida com a heterogeneidade do grupo de alunos que

---

28. Uma dificuldade que enfrentamos dizia respeito ao horário de funcionamento dos CAs, DAs e DCEs. Poucas vezes encontramos aqueles que funcionavam em um horário fixo e flexível. Em alguns casos, visitamos mais de uma vez algumas entidades que estavam fechadas e/ou que os representantes não se encontravam. Além disso, o funcionamento dessas entidades é também influenciado pelo calendário acadêmico das faculdades. Em época de provas, as sedes tendem a ficar esvaziadas. Em razão dessas variáveis, foi difícil agendar previamente uma visita.

ela representa; segundo, os/as estudantes têm noção dos desgastes sofridos pelas entidades estudantis provocados pela proximidade com as legendas partidárias e o consequente afastamento de muitos estudantes por esse fato; e, por último, em tempos de onda antipartidária e apartidária, nem sempre a vinculação com partidos é vista com bons olhos.

Nas visitas às universidades, a primeira impressão que tivemos é que essas instâncias são reconhecidas como órgãos de representação dos estudantes pela universidade; mas, contraditoriamente, nem sempre conhecidas por essa instituição. Isto é, trata-se de instâncias que a universidade toma como legítimas na representação discente, mas nem sempre tem ciência sobre as práticas e ações dessas entidades e, às vezes, nem sabe onde estão situadas as suas sedes.

Em algumas universidades foi fácil encontrar as sedes dos CAs/DAs e DCEs, como foi o caso da Uerj, que não só tinha a relação de seus CAs/DAs e DCEs listados no seu site como a maioria dessas instâncias possui uma sala relativamente espaçosa. Em outras universidades, esse processo não se deu com facilidade. Normalmente perguntávamos a alguns alunos, íamos até a secretaria ou direção das unidades acadêmicas e, para nossa surpresa, não foram raras as vezes em que ninguém sabia informar. As universidades onde essa situação de desconhecimento da existência do CA/DA mais se repetiu, tanto por parte dos alunos como do corpo de funcionários e professores, foram a Unirio e a UFRRJ. Dado esse panorama, não nos espantamos com o fato de que também a Unirio e a UFRRJ foram as universidades em que encontramos uma quantidade razoável de CAs que estavam fechados, ou com algumas salas em situação precária. Na Unirio, no prédio onde está localizada boa parte dos cursos de ciências humanas, os CAs ficam concentrados no subsolo desse prédio, cujo lugar é insalubre e úmido. Todos esses CAs estavam fechados e, segundo uma estudante, isso se deve ao fato de as salas serem pequenas, não terem janelas e não darem para reunir os alunos, por isso elas *"funcionam mais como depósito"*.

Às vezes, em meio a essas andanças pelas faculdades, o incômodo que se apresentava se acentuava quando, após explicar os objetivos da pesquisa, as respostas de algumas pessoas vinham se alinhar com aquele ambiente "aparentemente apático": *"que frustrante!"*, disse uma funcionária do Instituto de História da UFRJ; *"pesquisa sobre o movimento estudantil?!"* [com ar de surpresa], disseram alguns alunos da UFF, como se fosse sem propósito investigar o tema do engajamento estudantil, indicando talvez uma descrença na própria política estudantil, ou de que se trate de um tema que tivesse ficado no passado. No entanto, também se percebia naquelas universidades algumas tentativas, ainda que precárias, de pensar a própria universidade, a sociedade, seus problemas, o sentido da educação universitária e as formas de ação inovadora naquele espaço. Essas tentativas nem sempre estavam articuladas por meio das instâncias de representação estudantil, pois também nos deparamos com alguns coletivos estudantis desvinculados das entidades formalizadas. A maioria dos alunos com quem conversamos era solícita e mostrava-se curiosa em saber o que já tínhamos de resultado, e compartilhavam algumas desilusões e dificuldades em relação à política de modo geral na universidade, e aos desgastes que as entidades estudantis sofreram ao longo dos anos.

Chamou nossa atenção, nessa visita às universidades, a sociabilidade proporcionada pelas salas de muitos CAs, que funcionam como um espaço importante de encontro. Em sua maioria, elas estavam sempre cheias de alunos conversando, comendo, escutando música, fazendo reunião ou trabalho. São salas que se destacam do restante da universidade por sua estética, com cartazes, frases escritas na parede, fotos e objetos diversos. No CA de Geografia da UFRJ, uma aluna comentou que naquelas paredes estavam as histórias de muitas turmas que haviam passado por ali, contadas por meio dos cartazes de movimentos sociais, frases revolucionárias e fotos de autores importantes para eles, como Marx e Bakunin. Chamam atenção os CAs da PUC-Rio que ficam concentrados em um lugar chamado "Vila dos Diretórios", que é constituída por casinhas antigas e se destaca da estética imponente do prédio principal. Nenhum CA estava vazio, muitos estudantes estavam por lá batendo papo, ouvindo música, trabalhando: *"A casa está sempre aberta e cheia de alunos"*, comentou um representante do DA de Engenharia. Alguns estudantes apontam a importância da Vila como um lugar de experimentação: *"a Vila é um refúgio!"* (Relações Internacionais). É interessante observar que mais de um aluno utilizou a palavra "refúgio" para se referir àquele espaço.

Britto (1968), na sua clássica análise, chama atenção para a transformação do espaço universitário brasileiro, que vivia, a partir da década de 1960, um processo de descentralização e isolamento de suas faculdades nas diversas cidades universitárias criadas nas grandes cidades do país, tornando o ambiente universitário pouco acolhedor, e dificultando a organização da política estudantil. Observamos que, mesmo na precariedade do ambiente universitário atual, os CAs/DAs promovem um espaço de convivência e sociabilidade importante para que os estudantes possam se juntar, conversar, fazer política, e também se divertir.

B) Dilemas e impasses no engajamento político de estudantes universitários brasileiros na atualidade

I – Os impasses da representação

Sob esta categorização estamos compreendendo os questionamentos, as dúvidas e os encaminhamentos que surgiram quando os estudantes se referiram ao papel a ser desempenhado pelos CAs, DAs e DCEs junto aos estudantes. Como entidades que se institucionalizam a partir da possibilidade de aglutinar interesses e visões de mundo dos estudantes, como elas deveriam se organizar e agir como *representação* de uma vontade coletiva?

Dois aspectos se sobressaíram nos posicionamentos estudantis. O primeiro diz respeito às dificuldades de representar uma pluralidade e uma heterogeneidade de posicionamentos dos representados, tendo em vista que a heterogeneidade e a diferença de posições político-ideológicas devam ser respeitadas e acolhidas. O segundo aspecto se refere aos impasses que essa heterogeneidade cria no momento em que as entidades estudantis buscam equivalências de suas demandas e lutas com outros grupos fora da universidade, como partidos políticos, ou mesmo com as entidades nacionais e estaduais estudantis. No limite, esse impasse pode gerar um posicionamento de que as entidades estudantis devam estar voltadas apenas para "dar conta" da heterogeneidade de interesses dos representados que não possibilita qualquer enlaçamento com lutas e demandas de grupos fora da universidade.

Uma das maiores dificuldades relatadas gira em torno da representação de um conjunto heterogêneo, que varia desde estudantes militantes e não militantes, partidários e não partidários, engajados e não engajados, entre outras diferenças. Nesse caso, o conflito vivenciado e abordado pelos estudantes remete à questão da representação, da dimensão indivíduo-coletivo, ou da "balança nós-eu" (ELIAS, 1994). O coletivo pode "espelhar" o indivíduo? Pode falar por ele?

Um impasse recorrente aparece nas tomadas de decisão coletiva. Esse ponto é exemplificado por uma estudante da Faculdade de Geografia da UFRJ, que a partir da reflexão sobre a heterogeneidade presente no seu curso questiona: *"nem sei se esse coletivo* [CA] *deveria existir mesmo"*. Sua justificativa estava apoiada na reflexão de que "uma vontade coletiva" pode não significar nada ou ser nefasta quando ela não dá conta da heterogeneidade das vontades individuais, ou quando ela permite que cada indivíduo escolha o melhor caminho e tome a decisão que melhor lhe convier. Em ambos os casos, nota-se que não há propriamente "vontade coletiva", uma vez que, no primeiro caso, ela anula as diferenças e, no segundo, é tão somente a soma das vontades individuais, isto é, o coletivo é assegurado pela autonomia de cada um. Como exemplo, ela citou o movimento que se configurou entre os estudantes na última greve das universidades federais que, ao seu ver, foi um movimento espontâneo, sem comando de grupos organizados, mesmo que esses grupos também estivessem presentes. Esse movimento congregou muitos alunos, até aqueles que tinham receio de participar do movimento estudantil pelo desgaste que esse movimento sofreu nos últimos anos devido às disputas partidárias. Sua avaliação ressalta a tentativa de cooptação do movimento geral de greve por setores do movimento estudantil que quiseram dar um direcionamento único àquelas mobilizações, sem considerar a diversidade de interesses que havia ali. Isso gerou o esvaziamento da participação estudantil na greve com alguns grupos querendo representar uma massa heterogênea de estudantes, que não era orgânica, e talvez nem devesse ser, na opinião dessa estudante.

Young (2006) diz que um dos maiores problemas que envolve os discursos sobre representação é o entendimento de que a representação se põe em uma "relação de substituição ou identidade com os muitos representados" (p. 142). Pitkin (2006) também argumenta que as concepções em relação à representação frequentemente a tomam como algo "especular", isto é, consideram o ato de representar simplesmente como uma forma de substituir, em vez de pensá-lo como atividade. Young (2006), ao conceber a representação em termos de *differance*, defende que a função de qualquer ação de representar, ou *falar por*, não pode ser confundida com um requisito identitário, que significaria, nesses termos, *falar como*. Conceber a representação como um relacionamento diferenciado (YOUNG, 2006) ou como uma atividade (PITKIN, 2006) implica admitir que uma vontade coletiva nunca é coesa e homogênea, e significa atentar para a pluralidade de atores e interesses envolvidos. O que não equivale apenas admitir uma heterogeneidade em termos de uma separação dicotômica entre os interesses dos indivíduos que compõem um grupo e os do próprio grupo, como acenado nas respostas de muitos estudantes. Para Young (2006) e Pitkin (2006), significa criar canais para que as diferenças possam se pronunciar e se fazer presentes nos embates políticos, e envolve tomar as diferenças e os conflitos advindos da sua presença como parte da atividade política do próprio grupo.

As posições dos estudantes refletiram os impasses relativos a lidar com os conflitos advindos da heterogeneidade das posições individuais e a demanda de aglutinar causas, interesses e lutas. Diante desse conflito, duas saídas foram relatadas. Uma que seria pela discriminação entre interesses dos indivíduos e aquilo que era possivelmente interesse do grupo – o que nem sempre ficava claro. Portanto, havia uma dificuldade clara em assumir interesses comuns, porque estes eram sempre sentidos como limitações às posições mais autônomas de cada um. Outra saída apontada por muitos estudantes era tentar equivaler a luta coletiva a algo que tudo abarca, e que pudesse, assim, contemplar todas as diferenças. Nesse caso, as justificativas continham certa defesa da heterogeneidade entre os posicionamentos dos indivíduos, a não rigidez dos processos organizativos, e a abertura para pertenças múltiplas. Assim, eles se referiam ao CA/DA ou DCE como congregando várias bandeiras (às vezes, até opostas) das lutas dos sujeitos que compõem tais instâncias: *"o CA é bem plural e se identifica com vários movimentos"* (Direito/UFF); *"nesse coletivo, eu sou trotskista, minha namorada é maoísta e tem uma galera anarquista também"* (Filosofia/Uerj). Havia a justificativa de que o CA não pode, enquanto entidade, se posicionar univocamente em relação a algum grupo específico, posto que é uma instância representativa – representa o conjunto de alunos de determinado curso, e estes poderiam não se sentir ligados a determinada afiliação ideológica ou grupo político.

Por isso mesmo, ao longo de muitas entrevistas os estudantes davam a impressão de que o CA não era apenas um lugar heterogêneo, mas que as diferenças coexistiam sem conflitos. Pouquíssimos eram os estudantes que arriscavam mencionar algumas divergências de interesses entre os membros do CA, ou entre o CA e o conjunto de alunos. Posto que se trata de instâncias representativas de grupos bastante heterogêneos, como é o caso de qualquer curso de graduação, talvez os estudantes temessem em, ao evidenciar o diálogo do CA com algum grupo, coletivo ou movimento, denotar algum posicionamento específico que pudesse ser questionado por um terceiro[29].

Assim, a dificuldade de fazer convergir as causas individuais em torno de lutas comuns, criando identificações para além do que cada indivíduo acredita e quer fazer valer, e a primazia de

---

29. De modo geral, a associação do CA com algum tipo de coletivo esbarrava em menos resistência do que a associação com a UNE, DCE ou partido político – o que pode advir de uma crítica a esses grupos. O vínculo com coletivos ligados às questões de gênero, raça e meio ambiente, por exemplo, não causou tanto incômodo ao ponto de se fazer uma separação clara entre os interesses dos indivíduos e do coletivo: *"com partido não, mas com movimentos sociais acho que todos"* (História/UFRRJ). Mas percebemos que, muitas vezes, tratava-se de uma relação que se dá mais no nível da simpatia à causa ou da opção pelo politicamente correto do que propriamente uma aliança, na prática, feita com os movimentos sociais.

posturas "autonomistas" leva ao posicionamento de que a relação das entidades estudantis com causas do contexto mais amplo não pode ser assumida sob a égide de *uma única* representação. Muitas vezes, os estudantes indicavam que a solução se daria por iniciativas individuais e não por parte do coletivo: *"isso é tudo uma iniciativa individual, as pessoas têm suas experiências por fora e trazem para cá"* (DA Geografia/UFF); *"o pessoal* [dos movimentos sociais e coletivos estudantis] *vem aqui, expõe as ideias deles. Quem se interessa vai atrás"* (Geologia/UFRJ); *"vai de pessoa para pessoa. Tem gente de vários partidos aqui, mas tem gente que não"* (Educação/UFRJ); *"a gente, como CA, não, mas como indivíduos a gente constrói a UNE"* (Ciências Sociais/Uerj). Sobre o fato de os vínculos com os coletivos ou movimentos serem feitos pelos estudantes que compõem o CA – e de fato vários participam de alguns movimentos sociais –, mas não pelo CA, enquanto grupo, muitos estudantes afirmam que talvez essa deva ser a postura do CA, a de não se envolver mesmo com questões "externas", ou interesses que não digam respeito especificamente às questões dos alunos e do curso ao que o CA está referenciado.

Mesmo que a ênfase no reconhecimento das diferenças esteja presente, isso não significa que ela seja tomada para além da formalidade, com o compromisso de ser, de fato, verificada. O negligenciamento das diferenças pode ser responsável pela invisibilização, exclusão e não representação de certos grupos. Tal é o caso verificado por Mayorga et al. (2008) na prática de certo silenciamento dos órgãos de representação discente da UFMG em relação à diversidade de gênero, social e racial, do estudantado dessa universidade. Concluem as autoras que os órgãos oficiais de representação discente dessa universidade não consideram satisfatoriamente as especificidades de seus estudantes, principalmente aqueles, como os negros e negras e/ou indivíduos oriundos de camadas populares, que não se encaixam no padrão do "público tradicional" de uma universidade federal.

A dificuldade que envolve a representação nos CAs/DAs e DCEs diz também respeito à precariedade dos laços coletivos em nossa sociedade contemporânea. A fragilidade da aliança dos indivíduos em torno de uma causa comum não é um aspecto que se restringe às instâncias de participação estudantis universitárias, que têm sofrido muitos desgastes nos últimos anos, mas alcança o ambiente universitário de modo geral, que se mostra frágil em termos da luta política em torno de projeto coletivo. Além disso, a formação dos estudantes é cada vez mais dotada de um sentido individualizado, que se baseia no cumprimento de etapas, por cada estudante, com o objetivo da conquista do diploma no final dos anos letivos. Dentro dessa perspectiva individualizada, tanto dos laços sociais como de um projeto de educação, o sentido coletivo de qualquer ação estudantil esbarra em dificuldades (SILVA; BACELLAR & CASTRO, 2012). Essas questões contribuem, de um lado, para o recrudescimento das práticas individualizadas e, de outro lado, para a formação de coletivos de "laços débeis", como indica Beaskoetxea (2008, p. 33) para falar das organizações coletivas contemporâneas.

Os estudantes têm noção dos desgastes que as instâncias universitárias de participação estudantis têm sofrido nos últimos anos. No entanto, muitos estão em seus grupos tentando, a duras penas, conciliar as demandas de suas vidas com as demandas a que seus grupos são interpelados. Uma estratégia que eles vêm utilizando para fortalecer essa instância de participação e gerar interesse e confiança nos estudantes é voltar às ações de seus grupos para questões relacionadas ao curso e aos alunos, o que discutiremos no tópico que segue.

II – Os dilemas da ação nas entidades estudantis

Muitos conflitos envolvem a questão de qual deva ser a direção da ação dos CAs/DAs e DCEs. Alguns pontuam que a ação dessas entidades deve se revestir de um sentido amplo, apoiados no argumento de que os problemas que afetam os estudantes fazem parte de um cenário maior de opressão. Outros defendem que o CA deve se ocupar de questões que dizem respeito aos cursos e às universidades.

Acreditamos que o confronto entre os problemas enfrentados pelos estudantes com as engrenagens sociais amplas (da universidade ou da sociedade) a que estão submetidos é questão importante em termos do horizonte político. Por outro lado, também reconhecemos que não se trata de uma tarefa fácil. Os estudantes relatam que suas entidades são, muitas vezes, interpeladas por questões práticas e urgentes que exigem deles dotar suas ações de estratégias concretas para alcançar tais demandas, o que acaba, por vezes, negligenciando a dimensão macro dos problemas. Nesse caso, o conflito entre as dimensões micro e macro dos problemas que afetam os estudantes se faz presente, e é sobre os sentidos de suas ações coletivas e os dilemas que envolvem essa questão que se ocupa este tópico.

O *slogan* o "CA/DA e DCE voltados para os alunos" era recorrente na fala dos estudantes e nos cartazes que estampavam as universidades em épocas de campanhas. Observamos que este *slogan* implica duas questões: a ideia da ação política movida para causas que dizem respeito ao cotidiano das faculdades e suas demandas e às demandas dos estudantes, em detrimento de uma ação voltada para as questões políticas amplas. Outra questão é a tentativa de resgatar essas instâncias, tão desgastadas politicamente, principalmente pelas disputas partidárias, e conquistar a adesão dos estudantes que criticam o fato de o CA/DA ou DCE estarem envolvidos em discussões e ações que não dizem respeito ao cotidiano das universidades diretamente, negligenciando os problemas urgentes que atingem o ensino universitário.

A tentativa dos estudantes de tirar a "imagem negativa" que esse espaço carrega advinda da vinculação estreita com a política, principalmente com a partidária, transcorre em muitas entrevistas:

> Os DAs estavam muito desgastados politicamente, e os alunos não se sentiam representados (Direito/Uerj).

> Por conta dessa imagem que os DAs já carregam, procuramos ser o mais neutros possível. A nossa preocupação é com o curso. Embate político a gente leva pro barzinho (Relações Internacionais/UFRRJ).

As respostas que traziam essa separação entre questões da política e questões da universidade foram muitas:

> Política não, nada de política, questões acadêmicas só (Ed. Física/Uerj).

> Somos alheios às questões envolvendo política, estamos preocupados com questões acadêmicas e nada de política (Engenharia/PUC).
>
> A gente tenta fugir das questões externas. Alguns integrantes têm mais experiência na militância, eles que participam mais disso aí" (Engenharia/UFRJ); "a galera se preocupa mais em se formar, estagiar. A gente não se engaja muito nas questões políticas" (Geologia/UFRJ); "o que a gente precisa, a gente consegue aqui com a direção. Então a gente corre atrás do nosso, a gente atua mais para os alunos (Engenharia Agrícola/UFF).
>
> A gente não vem puxando nenhuma bandeira contra a desigualdade social, Reuni. A gente quer é melhoria das matérias, dos prédios, porque, assim, a gente tem resposta imediata e respaldo dos alunos. Falar dessas bandeiras políticas, a gente acaba falando para nós mesmos e não dá em nada (Economia/UFF).

As questões de interesse dos alunos não eram descritas no sentido de questionamentos mais amplos sobre a universidade, seus cursos, o sentido da educação, ou a função da universidade na sociedade ampla. Tratava-se, muitas vezes, de ações práticas e pontuais. As ações mencionadas pelos estudantes foram: recepção dos calouros, representação no colegiado, palestras, cineclubes, organização de excursões para congressos, esporte, reivindicação de bandejões, assistência estudantil, entre outras. Em relação às ações que o CA realiza fora da universidade, as mais citadas se referiam aos trotes solidários, como arrecadação de roupas, alimentos e brinquedos, e doação de sangue.

Uma parte dos estudantes que entrevistamos concorda que o movimento estudantil tem que ser algo expandido para além da universidade e que os CAs/DAs e DCEs precisam se articular com outras frentes, coletivos e movimentos da sociedade. Esses mesmos estudantes admitem a dificuldade de realizar esse trabalho a partir do CA, uma vez que esbarram na resistência de outros que temem que o CA, ao se dedicar às discussões mais amplas, perca de vista questões internas de ordem prática. Algumas falas apontam nessa direção:

> Eles [integrantes da gestão anterior] falavam da guerra no Iraque, mas não viam que estava faltando sabonete no banheiro (Direito/Uerj).

> Tem uma galera que pensa em política e não pensa nos cursos, eles contemplam pautas que não têm nada a ver, como a Marcha da Maconha. Não tenho nada contra a Marcha da Maconha, mas a gente precisa de equipamentos (Comunicação/UFF).

Avalia um estudante de Psicologia da UFRJ que as questões referentes à educação dizem respeito aos alunos e são importantes; mas, muitas vezes, eles são interpelados por questões urgentes, e por isso algumas discussões são difíceis de serem levadas a cabo:

> Tinha a história do Reuni muito presente que a gente debatia, mas tinham algumas coisas como, por exemplo, o plano do MEC para a educação, uma coisa mais macro. E na época a gente estava com falta de bebedouro, falta de água no banheiro. E a gente queria primeiro se organizar aqui para conseguir, pelo menos, que essas questões macro viessem, mas que elas não fossem priorizadas sem olhar para a gente aqui dentro mesmo (Psicologia/UFRJ).

Alguns estudantes percebem a importância das demandas sociais, mas trazem um discurso de que é preciso se estruturar melhor internamente e, em um momento posterior, poder se ocupar de questões externas à faculdade. Nessa argumentação de uma linearidade das ações – um antes e um depois –, estudantes da Engenharia/UFRJ, ao se referirem à mobilização que fizeram recentemente para a melhoria nos transportes públicos e segurança do *campus* onde está situada sua faculdade, dão a entender que não desconhecem os problemas sociais, mas o CA tem que começar de questões próximas às suas realidades, ou de questões em que eles se vejam como capazes de mudar:

> A gente entende que os problemas são muito mais amplos, mas a gente não consegue resolver o problema da segurança na cidade, temos que começar a pequenos passos, resolvendo uma coisa ali e outra aqui e, assim, vai até que se consiga algo grande.

Resposta parecida também foi dada por um estudante de Ciências Sociais da UFRRJ. Para ele, só seria possível conseguir a adesão de outros estudantes para uma ação partindo de problemas vivenciados no cotidiano e, mais do que isso, problemas concretos:

> A gente tem uma alegoria no movimento estudantil do papel higiênico. A gente tem que partir mesmo da luta por papel higiênico, é por isso que muita gente vai se revoltar na universidade. Para discutir reforma universitária tem que partir daí mesmo, porque é o nível onde os estudantes mais sentem a precariedade do ensino. E a gente só vai organizar os estudantes partindo da realidade deles, da discussão **do mais concreto** [grifos nossos].

Já outros poucos estudantes foram radicais em seus discursos e responderam que as ações do CA precisam ter um vínculo com a política e com as questões da sociedade de maneira geral, é preciso *"politizar essa discussão"* (Geografia/Uerj), isto é, mostrar que os problemas que existem na faculdade não são problemas isolados, mas têm ligação com a sociedade como um todo. Outro estudante de Filosofia também da Uerj se colocou de maneira crítica em relação aos CAs que se reduzem a buscar soluções para a falta de papel higiênico, por exemplo:

> O CA tem que ser um lugar para os alunos se organizarem politicamente, para fazer interações maiores com a sociedade e fazer jus ao tripé pesquisa, ensino e extensão. Alguns alunos acham que o CA tem que se preocupar é com o papel higiênico. Isso é medíocre!

Ainda cita como exemplo do descompromisso político do movimento estudantil a campanha do agasalho feita pelo DCE da Uerj no mês de junho de 2013, momento em que se vivia uma situação de intensa mobilização política na cidade e no país, inclusive por parte de muitos estudantes.

Assim, percebemos que as demandas das universidades, que se entrelaçam com as da sociedade ampla, são problematizadas de diferentes formas pelos estudantes engajados nas instâncias formalizadas de representação. Os significados que eles conferem à ação coletiva estão relacionados a diversos fatores: aos graves problemas que enfrentam no dia a dia, às dificuldades de darem respostas às questões de ordem macro e ainda à necessidade de gerar confiança nos demais que criticam o fato de os CAs/DAs estarem desgastados pelo seu envolvimento com a política macro e, sobretudo, a partidária. Suas estratégias para tentar driblar os conflitos e agirem estão também relacionadas ao modo como se organizam coletivamente, questão que discutimos no tópico que segue.

III – Uma linha de fuga possível para os impasses e dilemas: a autogestão?

Frente aos dilemas da ação a partir da instância formalizada de participação estudantil CA/DA/DCE e, principalmente, frente aos impasses da representação enfrentados pelos estudantes engajados nessa instância, observamos que uma saída adotada, por eles, para tentar lidar com esses dilemas e impasses, e também implicar os estudantes dos cursos de maneira geral, é a aposta na organização coletiva de seus grupos a partir da "autogestão".

Encontramos entre os estudantes a tentativa de construir outra forma de organização baseada em uma maior democratização no seu processo de tomada de decisão. É significativo o número de CAs organizados a partir de um modelo de autogestão, sem mencionar aqueles que não se nomeiam dessa maneira, mas apontam para uma organização descentralizada e com distribuição de poderes entre os estudantes:

> Gestão coletiva sem hierarquia; os processos de decisão são feitos por meio de assembleias (Faculdade de Educação/UFRJ).

> Colegiado e des-hierarquizado, todos os alunos têm direito a voto e participação, e possuem o mesmo peso que dos demais membros (Direito/PUC).

> A gestão do grupo é horizontal, todo mundo tem a mesma responsabilidade e não possui hierarquia (Artes/PUC).

A opção pela autogestão, como forma de organização coletiva, dá-se como alternativa ao modelo representativo que muitos criticam, como presente na fala de uma estudante de História da UFF:

Porque a autogestão é o contraposto da democracia representativa. Esse caráter autogestionário vem combater frontalmente o paradigma burocrático.

E como um contraposto de um modelo vigente, a autogestão foi vista também como um processo de resistência:

> Pra mim, autogestão é um processo de resistência porque é um jeito de você tomar as rédeas do seu percurso e não deixar que te alienem do que te diz respeito. Então é um processo de resistência no sentido que vão pôr em xeque esse clientelismo de que "ah, vou delegar a um outro, vou deixar que um outro responda por mim". E essa coisa do clientelismo diz respeito a como a gente lida com o mundo, no sentido de delegar ações que são importantes para nossa própria mudança pro outro, e isso vai desde a questão política até questão que tenha a ver com a educação e a situação do estudante brasileiro, que diz respeito a nós (Psicologia/UFRJ).

A delegação de certa função a um outro (o representante) pode, segundo uma estudante de geografia da UFRJ, abrir brechas para os indivíduos participarem diretamente, uma vez que a autogestão os convoca a se sentirem responsáveis. Para ela, outra questão importante de uma organização horizontal e autogestionária é que tem como princípio a confiança na capacidade do outro, isto é, de que o outro também é capaz de agir, de falar, de apresentar suas demandas e trazer soluções, enfim, de contribuir, de se traduzir.

Muitos estudantes veem na autogestão uma possibilidade de se organizar de uma forma menos centralizada e mais democrática. Porém, alguns deles, sem ser contra a autogestão, criticam o modo como, muitas vezes, o processo é realizado, de maneira muito frouxa, como se o nome bastasse para que a democratização da ação acontecesse:

> A galera levanta a bandeira autogestionária, mas são agestionárias: quem quer se compromete, quem também não quer é tranquilo, não tem essa exigência (Filosofia/UFF).

Esse aluno foi bastante crítico à forma como seu CA conduzia a autogestão, não havendo nenhum constrangimento para o grupo ou para o indivíduo em relação a acordos do tipo: "faz se quiser", "venha se quiser" etc. É como se a ideia que alguns apresentam sobre a autogestão favorecesse essa conformação frouxa, pois muitos indivíduos a entendiam como um *laissez-faire*, em que cada um contribuía (ou não) da forma que pudesse ou quisesse, sem nenhum constrangimento: "*Algumas pessoas entendem a autogestão como* laissez-faire, *no sentido de cada um faz o que quer, deixe estar, é isso aí, como se um ideal libertário ou um ideal horizontal fosse inimigo de alguma organização*" (Psicologia/UFRJ).

Outros estudantes também não eram contra a autogestão, mas ainda viam no processo eleitoral algo importante por nele se estabelecer uma disputa de projetos: "*por mais que a coisa não seja perfeita, houve uma eleição, uma votação, um programa político foi discutido e escolhido*" (Filosofia/Uerj). No entanto, algumas vezes, não é o que necessariamente acontece: as eleições com uma só chapa podem não conduzir a disputas e debates. Esse último caso é pontuado por um estudante de Psicologia da UFRJ, que fala sobre a passagem da gestão do CA para a autogestão:

> A ideia da chapa servia a um propósito burocrático de responder a um estatuto, que diz que tem que ter uma eleição todo ano e tudo mais, mas era muito forte a ideia presente de que a gente estava fazendo teatro para a gente mesmo, porque não tinha duas chapas.

Mas, além da justificativa em torno da eleição, os estudantes temem que a autogestão abra brechas para uma individualização do processo político, como se houvesse o risco de os indivíduos gerirem para si mesmos individualmente e não em nome de uma proposta coletiva: "*quem o estudante vai representar: ele mesmo ou o grupo?*" (Direito/Uerj).

Há ainda os estudantes que se posicionam declaradamente contra a autogestão, por ver nesse modelo uma via para a ineficácia. Por coincidência (ou não) todos que se posicionaram dessa forma pertenciam a CAs ligados à UNE. "*Ineficácia plena*" (Direito/UFF); "*tende à desorganização e a algo que acaba que ninguém se responsabiliza*" (Direito/UFRJ); "*é uma porta para a bagunça e ineficácia*" (Letras/UFRJ), dizem alguns estudantes – todos eles ligados à UNE – sobre a autogestão. Dissemos que talvez não seja coincidência posto que a UNE é uma entidade que possui um modelo de organização estabelecido, centralizado e hierarquizado.

É muito interessante e de grande importância a experimentação dos estudantes com outras formas de organização baseadas em valores democráticos. Alguns CAs buscam conhecer o que é autogestão, refletem se as tomadas de decisão são de fato autogestionadas, fazem grupo de estudo, reconhecem e procuram enfrentar as dificuldades advindas desse processo:

> Porque autogestão é muito difícil, o processo de organização é mais lento, para tomar uma decisão é mais difícil, porque temos que discutir até chegar a um termo, e isso pode acabar desmobilizando. Mas eu acho que é importante a horizontalidade, a organização pela base (História/UFF).

Embora o discurso da autogestão se relacione à igualdade formal de posições entre os indivíduos no grupo, alguns estudantes reconhecem que um processo horizontal não necessariamente anula as diferenças no grupo; e mais do que isso, é importante que as diferenças sejam reconhecidas, mas que elas não se transformem em desigualdades. Assim, eles comentam que algumas figuras se destacam, seja pelo seu comprometimento, seja pelo respeito que possuem dos demais integrantes – respeito este que pode advir do tempo de militância, por exemplo. Isso exige do grupo uma constante reflexão sobre o papel desempenhado pelos indivíduos, para que uma igualdade possa de fato ser verificada. Sobre as dificuldades de lidar com a diferença dentro de um grupo autogestionado, fala o estudante da Psicologia da UFRJ:

> Olha só eu sou mais velho, então talvez, quando fale sobre o que nós temos sido, a fala surja muito mais imponente de que a de uma pessoa do primeiro período. E acho que a gente precisa afirmar essas diferenças. Mas, ao mesmo tempo, refletir se de fato a gente não está exercendo isso que a gente condena numa posição de liderança: uma posição de chefia do mais velho, do mais experiente, do veterano e tudo mais; e também não calar a fala do mais novo (Psicologia/UFRJ).

Por outro lado, percebemos que outros estudantes evitam enfrentar as dificuldades deste modelo de organização. Assim, falam como se somente o nome cumprisse a função de exprimir o valor democrático da autogestão. Questionados, suas respostas eram do tipo: *"o próprio nome já diz, autogestão, qualquer um pode chegar e assumir"* (Filosofia/UFRJ); *"funcionamos como autogestão, o que significa que qualquer aluno pode falar em nome do CA"* (História/Unirio). Um caso analisado por uma estudante de Geografia da UFRJ que aconteceu em seu CA, mostra muito bem que, se os indivíduos não tiverem implicados e comprometidos com a organização e mobilização de um determinado coletivo, o nome dado à sua forma de funcionamento passa a ser secundário. Segundo essa estudante, o CA daquele curso, por muito tempo, funcionou com o modelo da autogestão. Houve uma mobilização de uns alunos para que fosse implementada uma eleição, o que foi instituído após a decisão em uma assembleia. Uma chapa foi eleita naquele momento e nenhuma outra eleição aconteceu desde então. Houve novamente um esvaziamento das ações do CA e, segundo os estudantes entrevistados, o grupo passou novamente a ser organizado por autogestão, mas sem que essa fosse instituída formalmente. Então chegaram à conclusão de que *"no fundo, se não houver mobilização, seja com chapa eleita ou autogestão, não adianta"*.

Assim, percebemos que esse modo de funcionamento, ao mesmo tempo que abre espaço para uma outra forma de participação, que poderia englobar uma maior contribuição de todos e de igual forma, muitas vezes, é um espaço vazio, de todos e de ninguém, como bem descreve uma estudante da Psicologia da UFRJ, que chama atenção para o risco *"de ninguém tomar para si e esperar do outro, que tem o mesmo poder que você"*. Observamos que a saída pela autogestão de alguns CAs, embora possa parecer um processo coletivo, pode estar tamponando a não participação dos indivíduos. Nesses CAs, a autogestão evoca uma saída democrática para as dificuldades de se organizar qualquer processo coletivo, mas que, na prática, não conduz necessariamente a uma maior mobilização dos estudantes, e não os torna automaticamente participativos de suas entidades estudantis.

Considerações finais

O cenário que descrevemos aqui mostra mudanças no enquadre geral da ação do estudante universitário hoje, cujo engajamento parece experimentar outras formas de organização ao mesmo tempo em que lida com novas questões do "ser estudante universitário" atualmente. Percebemos entre os estudantes uma tentativa, ainda que precária, de recusar aquelas formações coletivas que padronizaram o jogo político e o seu lugar como ator. O "modelo anterior" de ação política estudantil colocava o estudante a reboque da institucionalidade partidária e subordinado a uma engrenagem de forças cujo epicentro não residia na universidade. A resistência a este modelo apoia-se na afirmação, cada vez mais crescente, da educação como uma "causa" de luta *para os jovens* – e não somente os universitários, mas jovens de diferentes segmentos (indígenas, jovens rurais). A partir deste posicionamento, emerge um outro lugar de enunciação da importância da educação: ela não é mais o bem que os adultos destinam aos jovens, mas a demanda incondicional que os jovens fazem aos mais velhos. Nesse sentido, os jovens protagonizam uma reinvenção do político como campo de disputas entre grupos e produção de antagonismos. A demanda pela educação funda o lugar de um grupo geracional "para ele mesmo", que entende o "ser universitário" como a singularidade de sua posição na dinâmica social contemporânea das sociedades capitalistas. No entanto, esta singularidade não é tacitamente dada ou entendida, mas se torna objeto mesmo de controvérsias e de construção coletiva: vimos como os diversos coletivos universitários buscam legitimar modos a respeito de como eles devem se constituir, quais demandas devem singularizar a posição do jovem universitário, e o que deve fundamentar o dispositivo de coletivização. Na busca de construir este novo lugar há incertezas e impasses mobilizando os sujeitos individuais e coletivos à ação e ao questionamento a partir do lugar em que se encontram "superando as clivagens entre participação dos jovens e democracia dos adultos" (PLEYERS, 2012, p. 12). Não se trata disso, justamente, do que deve se ocupar a psicologia política? De contribuir para que se veja a construção dos espaços coletivos e públicos como parte da trama da vida cotidiana em que, concomitantemente, os indivíduos se constroem subjetivamente e contribuem na determinação de um destino comum?

Ao mesmo tempo em que se é apontado por algumas pesquisas (MISCHE, 1997) o desaparecimento da importância do estudante com um ator político, a causa em torno da educação, encampada nas reivindicações de muitos jovens, apresenta-se como uma questão política importante no Brasil (CASTRO & NASCIMENTO, 2013). Primeiro, porque ela ainda permanece preterida em relação a outras questões nacionais. No Brasil, como vimos, é ainda uma parcela reduzida e privilegiada que tem acesso ao Ensino Superior. A educação, como um todo, não parece ter ganho um estatuto real de relevância. Segundo, porque ela caracteriza um deslocamento do sujeito que a reivindica. Não são os adultos que se mostram dispostos a dispensá-la, mas são os jovens que compreendem a importância de obtê-la. A demanda por educação se insere, portanto, "no âmbito da politização da transmissão cultural" (CASTRO, 2011, p. 320), quando a geração mais nova reivindica a dívida simbólica que a geração mais velha tem na transmissão do legado cultural. A luta por educação, tomada pelo viés da "politização da transmissão cultural", põe em questão um campo de relações antes circunscrito ao que os adultos podiam determinar e dispensar ao seu bel-prazer. Nesse sentido, esta politização modifica a maneira como os atores envolvidos entram no debate. Os estudantes questionam o sentido, a institucionalidade e os objetivos do projeto educacional no país, reivindicando *a partir de seu lugar de fala* a discussão das políticas nacionais para educação.

Não resta dúvida de que, atualmente, a geração de estudantes é o produto de violentas reformas neoliberais que são destinadas ao campo da educação, submetida a um processo de desqualificação do ensino em escala mundial. As mobilizações contra a precarização da educação têm reunido um número importante de estudantes. No entanto, uma parcela significativa continua incomodando, tanto ao reivindicar a dívida social da formação como a dos sentidos que ela deva ter e os destinos a que ela deva conduzir.

Referências

ALONSO, C. & CRESPO, M. (2008). "Tesis sobre la universidad y el movimiento estudiantil". In: ALBIZU, X.; FERNÁNDEZ, J. & ZUBIRI, J. (orgs.). *Movimientos estudiantiles: resistir, imaginar, crear en la universidad* – Asamblea de ciencias sociales por una universidad crítica. San Sebastián: Gakoa, p. 61-74.

BEASKOETXEA, I. (2008). "La participación de los jóvenes en una sociedad en transformación". In: ALBIZU, X.; FERNÁNDEZ, J. & ZUBIRI, J. (orgs.). *Movimientos estudiantiles: resistir, imaginar, crear en la universidad* – Asamblea de ciencias sociales por una universidad crítica. San Sebastián: Gakoa, p. 28-40.

BRASIL (2013). *Censo da educação superior 2011* – Resumo Técnico. Brasília: Inep [Disponível em: http://download.inep.gov.br/educacao_superior/censo_superior/resumo_tecnico/resumo_tecnico_censo_educacao_superior_2011.pdf].

_____ (2012). *Síntese de indicadores de 2011* – Pesquisa Nacional de Amostra por Domicílios (Pnad). Brasília: IBGE [Disponível em: http://www.ibge.gov.br/home/estatistica/populacao/trabalhoerendimento/pnad2011/default_sintese.shtm].

_____ (2011). *Censo da educação superior 2010* – Divulgação dos principais resultados do Censo de educação superior 2010. Brasília: Inep [Disponível em: http://download.inep.gov.br/educacao_superior/censo_superior/documentos/2010/divulgacao_censo_2010.pdf].

_____ (2010). *Plano Nacional de Pós-graduação (PNPG): 2011-2020.* Vol. I: Coordenação de Pessoal de Nível Superior. Brasília: Capes [Disponível em: http://www.capes.gov.br/images/stories/download/Livros-PNPG-Volume-I-Mont.pdf].

_____ (2000). *Evolução do Ensino Superior* – Graduação: 1980-1998. Brasília: Inep.

BRINGEL, B. (2009). "O futuro anterior: continuidades e rupturas nos movimentos estudantis do Brasil". *Eccos: revista científica*, vol. 11, n. 1, p. 97-121.

BRITTO, S. (1968). "Introdução". In: BRITTO, S. (org.). *Sociologia da juventude.* Vol. IV. Rio de Janeiro: Zahar, p. 43-46.

CASTRO, L. (2012). "Entre a subordinação e a opressão: os jovens e as vicissitudes da resistência na escola". In: MAYORGA, C.; CASTRO, L. & PRADO, M. (orgs.). *Juventude e a experiência da política no contemporâneo.* Rio de Janeiro: Contra Capa, p. 63-97.

_____ (2011). "Os jovens podem falar? Sobre as possibilidades políticas de ser jovem hoje". In: DAYRELL, J.; MOREIRA, M.I. & STENGEL, M. (orgs.). *Juventudes contemporâneas*: um mosaico de possibilidades. Belo Horizonte: Editora PUC Minas, p. 299-345.

CASTRO, L. & NASCIMENTO, E. (2013). "Politizar as relações entre jovens e adultos? A construção da experiência escolar pelos estudantes". *Estudos de Psicologia*, vol. 18, p. 359-367.

CATHERINE & VAILLANCOUR (2012). Greve estudantil no Quebec: A luta continua. *Esquerda.Net*. [Disponível em: http://www.esquerda.net/artigo/greve-estudantil-no-quebec-luta-continua/24236. Acesso em: 12 dez. 2013].

CUADRA, F. (2008). "Conflito social e movimento estudantil no Chile". *Estudos Históricos*, vol. 21, n. 42, p. 173-194.

DURHAM, E. (2003). "Desigualdades educacionais e cotas para negros nas universidades". *Novos Estudos*, n. 66, p. 3-22.

ELIAS, N. (1994). *A sociedade dos indivíduos*. Rio de Janeiro: Jorge Zahar.

FÁVERO, M.L. (2006). "A Universidade no Brasil: das origens à Reforma Universitária de 1968". *Educar*, 28, p. 17-36.

_____ (1999). "A universidade do Brasil: um itinerário marcado de lutas". *Revista Brasileira de Educação*, n. 10, p. 16-32.

FORACCHI, M. (1965). *O estudante e a transformação da sociedade brasileira*. São Paulo: Companhia Editora Nacional.

LIMA, K. (2009). "Contrarreforma da educação nas universidades federais: o Reuni na UFF". *Universidade e Sociedade*, n. 44, p. 147-157.

MANCEBO, D. (2007). "Reforma da educação superior no Brasil: análises sobre a transnacionalização e privatização". *Revista Diálogo Educacional*, vol. 7, n. 21, p. 103-123.

_____ (2004a). "Universidade para todos: a privatização em questão". *Pro-Posições*, vol. 15, n. 3, p. 75-90.

_____ (2004b). "Reforma universitária: reflexões sobre a privatização e a mercantilização do conhecimento". *Educação e Sociedade*, vol. 25, n. 88, p. 845-867.

MANCEBO, D. & VALE, A. (2013). "Expansão da educação superior no Brasil e a hegemonia privado-mercantil: o caso da Unesa". *Educação & Sociedade*, vol. 34, n. 122, p. 81-98.

MARAFON, G. (2017). "Recusa à judicialização e ao projeto de lei Escola Sem Partido: análises a partir das ocupações estudantis". *Journal of Education*, vol. 5, n. 1, p. 9-30.

MARTINS, C. (2009). "A reforma universitária de 1968 e a abertura para o Ensino Superior privado no Brasil". *Revista Educação e Sociedade*, vol. 30, n. 106, p. 15-35.

_____ (2000). "O Ensino Superior brasileiro nos anos 90". *Em Perspectiva*, 14 (1), p. 41-60.

MAYORGA, C. et al. (2008). "Universidade e diversidade sob o olhar da representação discente". *Pesquisas e Práticas Psicossociais*, vol. 3, p. 51-57.

MENDONÇA, A. (2000). "A universidade no Brasil". *Revista Brasileira de Educação*, n. 14, p. 131-150.

MISCHE, A. (1997). "De estudantes a cidadãos: redes de jovens e participação política". *Revista Brasileira de Educação*, n. 5-6, p. 134-150.

PINTO, Á. (1994) *A questão da universidade*. São Paulo: Cortez.

PITKIN, H. (2006). "Representação: palavras, instituições e ideias". *Lua Nova*, n. 67, p. 15-47.

PLEYERS, G. (2012). "Prefácio". In: MAYORGA, C.; CASTRO, L. & PRADO, M. (orgs.). *Juventude e a experiência da política no contemporâneo*. Rio de Janeiro: Contra Capa, p. 9-14.

ROBLES, A. (2008). "Recreando el espacio de lucha del Movimiento Estudiantil: Modulaciones críticas y alternativas a la Universidad moderna/colonial/capitalista". In: ALBIZU, X.; FERNÁNDEZ, J. & ZUBIRI, J. (orgs.). *Movimientos estudiantiles*: resistir, imaginar, crear en la universidad. Asamblea de Ciencias Sociales por una Universidad Crítica. San Sebastián: Gakoa, p. 41-59.

RUIZ, O. (2011). "Acontecimiento y acción colectiva juvenil. El antes, durante y después de la rebelión de los estudiantes chilenos en el 2006". *Propuesta Educativa*, vol. 1, n. 35, p. 11-26.

SEGENREICH, S. et al. (2006). "Educação superior no Rio de Janeiro: 1991-2004". In: RISTOFF, D. & GIOLO, J. (org.). *Educação superior brasileira 1991-2004*. Vol. 1. Brasília: Inep, p. 21-69.

SEVERINO, A. (2008). "O Ensino Superior brasileiro: novas configurações e velhos desafios". *Educar*, n. 31, p. 73-89.

YOUNG, I. (2006). "Representação política, identidade e minorias". *Lua Nova*, n. 67, p. 139-190.

ZIBAS, D. (2008). "'A Revolta dos Pinguins' e o novo pacto educacional chileno". *Revista Brasileira de Educação*, vol. 13, n. 38, p. 199-219.

13
ECOVILAS: ESPIRITUALIDADE, NOVA ERA E POLÍTICA[30]

Luciele Nardi Comunello
Isabel Cristina de Moura Carvalho

> *Quem acredita que religião e política não se misturam, não conhece nem uma coisa nem outra.*
> Mahatma Gandhi

Introdução

Este capítulo é fruto das reflexões realizadas a partir de uma pesquisa de doutorado, realizada entre os anos de 2013 e 2016, que teve como objetivo investigar a relação entre espiritualidade e aprendizagem no contexto de ecovilas. A Rede Global de Ecovilas (GEN), associação criada na década de 1990, define as ecovilas como comunidades que consistem em um modo efetivo de combater a degradação dos ambientes sociais, ecológicos e espirituais, possuindo a intenção de mostrar como podemos seguir rumo à sustentabilidade no século XXI (GEN, 2012). São, em sua maioria, territórios transnacionais, conforme defenderemos ao longo deste texto, que exploram outros modos de conhecer e estabelecer relações

---

30. O presente trabalho foi realizado com apoio da Capes que concedeu bolsa de doutorado à primeira autora e do CNPq pela concessão da bolsa de produtividade em pesquisa à segunda autora, o que possibilitou a realização desse estudo. Grande parte das informações apresentadas neste texto se encontram na tese de doutorado intitulada *Aprendizagem e espiritualidade em ecovilas: quando "o universo todo ensina"* (COMUNELLO, 2017).

entre humanos e não humanos, por meio da criação de paisagens, atmosferas ou ambientes, que envolvem o cruzamento de práticas ecológicas e da espiritualidade *New Age*. Neste capítulo, especificamente, nos interessa tratar das relações possíveis entre espiritualidade e política no contexto das ecovilas estudadas: Arca Verde (Brasil)[31] e Findhorn (Escócia)[32]. Política aqui será tomada como o conjunto dos dispositivos de gestão da vida em comunidade ou da vida coletiva, que ao mesmo tempo retroagem sobre os sujeitos, produzindo subjetividades, modos de ser no mundo. Esta discussão se insere no campo interdisciplinar da psicologia política no sentido de oferecer reflexões sobre um fenômeno contemporâneo – a formação de ecovilas – e os feitos que essas experiências produzem na vida cotidiana dos sujeitos, com potência de desencadear transformações que afetam não somente os atores envolvidos, mas a sociedade como um todo (MONTERO, 2009). Propomos, ao longo do texto, uma espécie de genealogia do movimento, em diálogo com suas características atuais, considerando, juntamente com Montero (2009), que os feitos históricos nunca são iguais entre si, pois sempre operam consequências distintas. Em consonância com uma psicologia política herdeira da psicologia social, que visa produzir

---

31. A Associação Instituto Arca Verde, pessoa jurídica sob a qual a Ecovila Arca Verde é reconhecida, como organização não governamental (ONG), foi criada em 2005, em São José dos Ausentes (RS), mas desde 2009 fica localizada na cidade de São Francisco de Paula, cerca de 120km de Porto Alegre (RS). Faz parte da paisagem dos "Campos de Cima da Serra" – região de clima oceânico e vegetação composta de campos, com gramíneas e matas de araucárias, associadas a outras espécies. Sua população é flutuante e inclui pessoas dos mais diversos países do mundo: Espanha, França, Equador, Peru, Argentina etc.

32. A ecovila e comunidade Findhorn descreve-se, em seu site, como um centro de educação de adultos, que recebe cerca de 3.000 visitantes-residentes por ano. Foi sede do encontro que deu origem à Rede Global de Ecovilas (GEN) e inspirou, com sua experiência, o curso de formação em ecovilas, Ecovillage Design Education (EDE), bem como Gaia Education e o Transition Town. Foi fundada em 1962 como comunidade espiritual e hoje é considerada uma das ecovilas mais antigas do mundo. Possui cerca de 350 moradores e é uma referência em ecovilas. É associada ao Departamento de Informação Pública da ONU, bem como membro da Rede Sociedade Planetária da Unesco.

reflexões, conhecimentos e práticas a partir dos fenômenos políticos – aqui, principalmente micropolíticos –, focamos na fronteira problemática e porosa entre individualidade e coletividade, bem como na consolidação de territórios transnacionais e produção de outras identidades possíveis, que implicam outros modos de ocupação e gestão da coisa pública (ou coletiva). Buscamos repensar a ação política em múltiplas nuanças, a produção de atores políticos e estratégias de mediação das relações entre eles, em espaços-tempos delimitados.

A relação entre espiritualidade e política não é uma coisa propriamente nova, como já antevê a frase de Gandhi utilizada na abertura deste capítulo. Um importante trabalho que relacionou política e espiritualidade foi o texto de Foucault sobre o islamismo no Irã, genialmente retomado por Birman (2015). Observando as relações do povo iraniano com o islamismo, em seu texto, Foucault identificou a religião como a forma por excelência de manifestação massiva das camadas populares, ao enunciarem seus anseios sem mediação alguma, buscando, por meio do que o pensador denominou "espiritualidade política", uma dimensão do sagrado esquecida por nós ocidentais. É dessa potência contida na manifestação da espiritualidade humana que desejamos tratar neste capítulo, mas a partir de outro ponto de ancoragem. Às avessas do modo religioso do Islã, a espiritualidade *New Age*, como veremos ao longo deste capítulo, é herança dos movimentos de contracultura e expressa tal espírito por meio da tendência anti-institucional, *bricoleur*. Buscamos, aqui, então, costurar, à moda *bricoleur*, a vivência de uma espiritualidade *New Age*, com a experiência de gestão coletiva da vida cotidiana nas ecovilas.

Ecovilas, movimentos alternativo, ecológico e *New Age*

Podemos considerar, olhando para a história da humanidade, que um dos grandes desafios com relação aos modos de gerir a vida coletiva é o equilíbrio entre uma homogeneização que ignora as diferenças inerentes aos sujeitos (como visto em regimes comunistas totalitários) e um individualismo extremo, que solapa as sensibilidades que tornam possível a vida em coletividade. Essa discussão não é nova para a psicologia, pois já aparece em Freud, em seus textos destinados à questão social, quando ressalta a injustiça de comunidades ao pressuporem igualdade de desejos e necessidades entre os seres humanos, que são distintos entre si. As ecovilas têm sido campos experimentais na busca de encontrar esse equilíbrio, com a adicional preocupação em reduzir os impactos ambientais da vida.

Delimitar o cenário das ecovilas no Brasil e no mundo é uma tarefa difícil. Primeiro porque, principalmente no Brasil, trata-se de um fenômeno bastante recente (não a noção de comunidade alternativa, mas o conceito de "Ecovila"). Segundo, porque muitas comunidades intencionais não se registram formalmente em lugar algum. E, por fim, vale destacar as instáveis demarcações existentes entre os conceitos de ecovila, de comunidade intencional[33], de comunidade alternativa e de empreendimentos privados voltados ao desenvolvimento sustentável que se autodenominam ecovilas. Encontramos a mesma dificuldade ao buscar a palavra "ecovila" no Google, por exemplo.

Um dos sites relacionados à Ecovila Arca Verde, o *Irradiandoluz*, apresenta uma pesquisa realizada por um membro de comunidade, entre os anos de 2010 e 2015, com um levantamento dessas comunidades. O levantamento identifica pelo menos 3 mil comunidades intencionais no mundo, das quais apenas cerca de 500 se denominavam ecovilas[34]. Em outra página do mesmo website, há lista com os nomes de comunidades intencionais e ecovilas no Brasil, somando um total de 105 comunidades, ou seja, 83 comunidades a mais do que o registrado nos websites da Global Ecovillage Network e Fellowship for Intentional Community (FIC).

Em busca de atualização desses dados, no site da FIC, em 2016, encontramos 2.492 comunidades registradas (225 comunidades a

---

33. Segundo a Fellowship for Intentional Community (FIC), as comunidades intencionais são um grupo de pessoas que vivem juntas ou compartilham recursos comuns e regularmente se associam umas com as outras voluntariamente, tendo como base valores comuns explícitos. Pode incluir: *cohousing*, ecovilas, casas cooperativas, comunas e outros arranjos de vida compartilhada.

34. http://www.irradiandoluz.com.br

menos do que o levantamento divulgado pelos mesmos websites em 2012). Dessas comunidades registradas na FIC, 2.081 estão localizadas nas Américas (do Sul, Central e do Norte), 263 na Europa e África e 148 na Oceania, Ásia e Ilhas do Pacífico. No mesmo período, em pesquisa no site da GEN, por meio do mapa de comunidades apresentados, havia 919 comunidades registradas. Elas somavam então 361 comunidades a mais do que o levantamento divulgado pelos sites da Rede de Economia Criativa do Brasil[35]. As tendências de modificação dos números apontam para o crescimento das comunidades vinculadas à GEN, seja pela ação do próprio órgão em seu papel de associar as comunidades em uma grande rede, seja pela emergência de novas experiências, agora mais identificadas com o viés ambiental.

A Rede de Apoio a Comunidades Alternativas, no Brasil, segundo Caravita (2012), apesar de ser bastante heterogênea, parece ter em comum práticas de vida simples e sustentável, busca de cultura da paz e de realização do ser[36]. Em sua dissertação de mestrado, Caravita faz um registro do panorama do movimento alternativo no Brasil e descreve o Encontro de Comunidades Alternativas ou Aquarianas (Enca) como um dos encontros mais emblemáticos do movimento alternativo, por ser capaz de reunir uma diversidade de experiências em seu entorno.

Foi em um dos Encas que a Abrasca foi criada, em 1982, com a função de ser uma instituição legal para proteger os interesses das comunidades alternativas no Brasil. Dentro de um cenário de diversidade e heterogeneidade que caracteriza o movimento alternativo, o Enca seja, provavelmente, a linha articuladora mais

---

35. http://recbrasil.com.br/2015/10/ecovilas-e-comunidades-no-brasil-um-mapeamento/

36. Relacionado a estes está o conceito de cultura cooperativa, definida pela Fellowship for Intentional Community como a soma de atitudes, costumes, crenças entre as quais as pessoas são caracterizadas pela partilha, empatia, autorresponsabilidade, compreensão e celebração das diferenças, resolução de conflitos pacífica, um cuidado maior com a conexão e com as relações, interdependência e cuidado tanto com o modo como as coisas são feitas quanto com o que se faz.

eclética/democrática. A instituição é sustentada por doações e trabalho voluntário.

As comunidades alternativas da década de 1970 tinham um viés altamente político – nos Estados Unidos, ligado à Guerra do Vietnã, aos movimentos pacifistas e em prol dos direitos civis; na França, os conflitos de maio de 68 foram o ápice dos movimentos contraculturais. No Brasil, o caráter político dos movimentos esteve associado à esquerda, ao movimento estudantil e aos centros populares de cultura. Ao mesmo tempo, a repressão sofrida no período da ditadura foi condição para a emergência de uma expressão mais mística do Movimento *New Age*. Encontramos as comunidades fundadas na década de 1970 principalmente na região da Chapada dos Veadeiros com nomes que evocam uma cultura espiritualista *New Age*. Junto disso, a busca de novos caminhos, por meio da migração para comunidades rurais alternativas, expressou com maior radicalidade a recusa dos valores vigentes e a adoção de um estilo de vida que colocava em primeiro plano a vida comunitária, a simplicidade, a espiritualidade e a conexão com a natureza, alimentação orgânica, autonomia alimentar etc. (MAGNANI, 2000).

O Enca, como já mencionado, é um evento representativo do movimento alternativo. No campo de pesquisa na Arca Verde, na ocasião de uma conversa entre duas moradoras, em tom de humor, ambas se diziam ser "Enca": "A gente é tudo Enca, tudo *hippie*", o que parece ser um modo de afirmar seu estilo de vida alternativo e, ao mesmo tempo, de estabelecer uma diferença entre quem faz parte daquela rede e quem não faz – uma espécie de "marcador identitário". Ser *hippie*, contudo, não é visto com bons olhos por todos os moradores da comunidade. Um dos moradores, antropólogo de formação, não gostava dessa "etiqueta", uma vez que os *"hippies"* são geralmente identificados como "aquele povo que não quer fazer nada, não quer trabalhar... e aqui a gente trabalha muito!" Se, por um lado, as práticas do movimento *hippie* e da Ecovila Arca Verde são sentidas como continuidades, como por exemplo, na crítica às instituições, hierarquias e ao consumismo, são também sentidas como rupturas, como nessa narrativa com relação ao modo de trabalhar.

No Brasil, as linhas do movimento alternativo, das comunidades *hippies* da década de 1970 e das ecovilas, como um fenômeno mais atual, aparecem entrelaçadas como parte de um mesmo *circuito new age* (MAGNANI, 2000). Antes de fundar a Arca Verde, por exemplo, o grupo fundador foi buscar inspiração em Alto Paraíso (GO), local onde as comunidades alternativas floresceram na década de 1970. Essa demarcação identitária conduz a um senso de pertencimento, fortemente delineado pelas diferenciações estabelecidas entre "aqui dentro" e "mundo lá fora". Por outro lado, as demarcações territoriais são muitas vezes relativizadas, diluídas pelas características transnacionais, transreligiosas, transculturais dos territórios estudados, bem como pela alta rotatividade dos habitantes desses locais. Na Arca Verde, havia pessoas da Espanha, do Equador, da Argentina, do Peru, da França, da Alemanha. Em Findhorn, cidadãos originários de diversos países, principalmente da Europa Ocidental, África e Ásia compunham a população da comunidade.

Do mesmo modo, o circuito ou movimento *New Age*, em suas variações, suas práticas materialmente compartilhadas, acaba por constituir um território cultural para uma comunidade global: muitas culturas, muitas línguas, muitas religiões, uma só consciência ("todas as coisas estão conectadas"). Há, assim, uma espécie de circuito *New Age*, linhas e trajetos percorridos por esses sujeitos, que incluem diferentes tipos de comunidades, centros, empreendimentos (MAGNANI, 1999; 2000; CAROZZI, 1999; AMARAL, 2000).

É interessante notar o contexto social histórico e econômico em que as ecovilas começam a florescer no Brasil. Segundo Gennari (2011) a década de 1990, no Brasil, é marcada pelo desenvolvimento de uma política social e econômica de inspiração neoliberal, ao mesmo tempo em que o contexto é marcado pelo desemprego estrutural, pelo crescimento de um exército industrial de reserva, pela percepção da prostituição infantil, aumento da violência nos meios rural e urbano. Por outro lado, em termos sociais, a década de 1990 se apresenta caracterizada pelo progressivo processo de redemocratização da sociedade, após os anos de ditadura. Além disso, existem registros do florescimento da sociedade civil a partir da década de 1980 por meio das ONGs e dos chamados novos movimentos sociais.

No contexto socioeconômico amplo, a crise do capitalismo neoclássico na década de 1970 e a emergência do neoliberalismo na de 1980 torna o capital privado ainda mais protagônico, livre e móvel, entre países e continentes. A perspectiva *social-crítica*, denunciava como a interminável expansão do capital estaria nos conduzido à crise ecológica, ao desemprego crônico, deixando que as pessoas – sua dignidade e necessidades – permanecessem em segundo plano. Em outras palavras, a globalização capitalista aprofundava as contradições inerentes às relações sociais.

Paradoxalmente, o fluxo do capital entre fronteiras facilita a criação de redes de cooperação transnacionais, assim como a anterior abertura de fronteiras que, como conta Leila Amaral (2000), sobre o caso da lei de imigração dos Estados Unidos na década de 1960, possibilitou a migração de milhões de asiáticos, incluindo os inúmeros líderes espirituais que estariam ligados à fundação de "grupos de luz" ou grupos de estudos *New Age*.

A década de 1990, no Brasil, foi marcada na economia pela crença na auto-organização da sociedade (via mercado) e subordinação ao capital financeiro, ao mesmo tempo em que se configurou, nos movimentos sociais, como um período de disseminação de experiências alternativas, como as práticas de economia solidária e instauração de comunidades alternativas como o Instituto de Permacultura e Ecovilas do Cerrado (Ipec) e o Instituto de Permacultura e Ecovilas da Mata Atlântica (Ipema) (GENNARI, 2011). O Ipec, localizado em Pirenópolis (GO), foi fundado em 1998, com o objetivo de propor alternativas para problemas sociais, promovendo uma cultura sustentável e oportunizando experiências educativas a fim de disseminar modelos no Cerrado e no Brasil. Em 1999 surgiu o Ecocentro, que tem buscado, desde então, colaborar com a população da zona do Cerrado Brasileiro entre outras regiões do país, além de cooperar internacionalmente com organizações na África, Ásia, Europa e nas Américas. Em 13 anos criou estratégias ecológicas de habitação, saneamento, energia, segurança alimentar, água e processos de educação sustentável vivencial[37].

---

37. www.ecocentro.org

Contemporâneo do Ipec, o Ipema foi criado em 1999, sendo constituído como uma organização não governamental, sediada no município de Ubatuba (SP). Tem como missão capacitar pessoas para as áreas de permacultura, ecovilas, bioconstrução e atividades correlatas. Congrega práticas de educação ambiental, promovendo uma "ética da paz, da cidadania, dos direitos humanos, da democracia e de outros valores universais, encorajando a experiência, a compreensão e o conhecimento de caminhos para se viver em harmonia com todos e com o planeta"[38]. Em 1983, iniciaram as organizações para agriculturas alternativas, principalmente por meio do intercâmbio entre ONGs, universidades e centros de pesquisa. A noção de agricultura "ecológica" foi tomando o lugar da noção de agricultura "alternativa". No final da década de 1990 surgem a EcoVida, a Associação Semiárido Brasileiro (ASA) e a Associação Brasileira de Agroecologia (ABA), dando suporte e apresentando-se como órgãos organizadores da agroecologia[39].

Em termos de redes de cooperação em nível internacional, a Nordic Alternative Campaign surgiu somente em 1982, no mesmo ano que a Abrasca, a Fellowship for Intentional Community (FIC), em 1986 e a GEN, em 1995. As últimas três são as redes mais recorrentes no apoio da maior parte das comunidades e ecovilas do país. Muitas, apesar disso, não estão vinculadas à entidade alguma.

A Arca Verde é conectada à GEN por meio do Consejo de los Assentamientos Sostenibles de America (Casa), tendo um de seus membros responsável pelos contatos e participações sistemáticas em reuniões, por Skype. Alfredo, era seu nome, me explicou que, em sua perspectiva, o Casa é, sim, vinculado à GEN, mas ao mesmo tempo é um modo de fazer uma frente ou resistência da América Latina. Explica que achava pouco permacultural que a GEN organizasse cursos aos moldes do Gaia Education, trazendo para o Brasil, por exemplo, europeus para falarem sobre ecologia ou permacultura, sendo que temos "gente muito boa aqui também".

---

38. novo.ipemabrasil.org.br/sobre-o-ipema

39. Informações retiradas da fala do presidente da Associação Brasileira de Agroecologia (ABA), no VIII Congresso Brasileiro de Agroecologia, em novembro de 2013.

Alfredo fazia uma reflexão sobre um certo "colonialismo", por assim dizer, em relação às práticas propostas pela GEN, que se apresentam, por um lado, difundindo a valorização de saberes e recursos locais e, por outro, produzindo a conformação de currículos fixos, com profissionais de locais distantes. Ao mesmo tempo, o currículo apresentado pela GEN fez parte da história da Arca Verde, visto que um dos fundadores se inspirou em dois cursos que envolviam os moldes curriculares da GEN (versões prévias do Gaia Education). Para ele, cursos e referências advindas tanto da GEN quanto de outras experiências comunitárias europeias possuem valor para auxiliar a formação de uma comunidade, sendo vistas menos como padrões externos a serem seguidos à risca e mais como experiências inspiradoras, a serem reinventadas na prática cotidiana:

> Eu acho que a Arca sempre teve desde o começo um auxílio de referências, né? Que é um erro básico de muitos projetos não usar referências do que já aconteceu de comunidades, sabe, tem um monte de livros da Europa, as comunidades na Europa, uma série de referências [...] teve um monte de comunidades já no Brasil, antigas, que não deram certo [...] então não tem referências teóricas das experiências que não deram certo. Agora, em inglês tem um monte de coisas, sabe. E essa própria referência da GEN, do Educação Gaia, tudo o que a gente tem assim, né. Tu não precisas inventar a roda na questão de comunidades (trecho de entrevista realizada em campo, em setembro de 2014).

Voltemos ao Casa, que atualmente tem sua sede no México, na ecovila de Huehuecoyotl (ou "velho coiote", em náhuatl), que constitui uma referência na América Latina – sede do Casa e também do Consejo de Visiones de los Guardiones de la Tierra[40]. Essa ecovila surgiu em relação estreita com os movimentos contraculturais do final da década de 1960. Desde a interação de seus membros com os materiais da Internacional Situacionista na França, que inspiraram o seu surgimento, passando pelo encontro com visionários, pintores, arquitetos, documentaristas, escritores, filóso-

---

40. Tema abordado por Cristina Zuñiga (no prelo) em seu capítulo sobre o movimento de ecovilas no México.

fos e poetas, provenientes de distintos países da Europa, pelas vias do movimento anarquista no México e a resistência norte-americana na Califórnia, por núcleos afins na França, Itália, Inglaterra, Holanda, Alemanha até a Suécia, onde se estabeleceu a Bauhaus Situacionista de Drakabygget – um dos centros mais importantes de Arte Radical da Europa na década de 1970. Assim Huehuecoyotl surgiu, em 1982, como ponto culminante das experiências dos Elefantes Iluminados, Família Arco-Íris e Nação Arco-Íris, heranças do movimento *hippie* comunitarista, inspirada pelos movimentos de contracultura de 1968 (BUENFIL, 2012). Após cerca de uma década de sua fundação, parte de seus membros retornou à experiência itinerante, que antecipara a criação de raízes da comunidade: La Caravana Arco-Íris por la Paz. A Caravana percorreu a América Latina, propondo o melhoramento do biorregionalismo, ecovilas e experiências de educação libertária (BUENFIL, 2012). Nas décadas de 1990 e 2000, muitas comunidades alternativas, ecológicas, *New Age* e permaculturais floresceram no Brasil, algumas influenciadas diretamente pelas Caravanas Arco-Íris.

Como linha que se entrelaça à trama dos movimentos de contracultura, as ecovilas começam a aparecer (ainda que com outros nomes – como comunidades intencionais, espirituais etc.) na década de 1960, expressando uma forma de vida alternativa ao capitalismo e à lógica da sociedade de consumo. Mais marcadamente após as décadas de 1980 e 1990 é que assumem a dimensão ecológica como bandeira, talvez porque o "idioma ecológico" tenha como característica uma aparência neutra, nos termos de Toniol e Steil (2016), que o torna passível de abrigar, como se fora um significante vazio, distintos posicionamentos e práticas, mediando debates que não limitam em demasiado o posicionamento dos atores envolvidos.

No Brasil, as ecovilas também estabelecem um campo possível de afinidades políticas e ecológicas com algumas propostas da esquerda, da agroecologia, da reforma agrária, e da agricultura familiar. Em 2012, por exemplo, o governo do Partido dos Trabalhadores (PT), criou a Comissão Nacional de Agroecologia e Produção Orgânica logo após a implantação da Política Nacional de Agroecologia e Produção Orgânica (Pnapo)[41], separando os domínios da agricultura de monocultivo em grandes extensões das pequenas propriedades de produção agroecológica. A comissão, composta por entidades do executivo, bem como entidades da sociedade civil, teve como objetivo promover a participação da sociedade na elaboração do Plano e da Política de Agroecologia. A agroecologia no Brasil é uma trama tecida por muitos fios: comunidades eclesiais de base, organizações não governamentais, assentamentos do MST, pequenas propriedades de cultivo familiar, comunidades alternativas como a Arca Verde. Em suas agendas incluem reflexões acerca da soberania e segurança alimentar, bem como as preocupações acerca do Aquecimento Global e Mudanças Climáticas que envolvem indicadores e políticas internacionais.

Na Escócia, o *idioma ecológico* se encontrava presente nas políticas de incentivo às energias renováveis, nas metas audaciosas com relação à produção de energia limpa no país e nos investimentos em pesquisa. No norte da Escócia há a produção de uma parte significativa de toda a energia renovável da Europa, por meio principalmente de energia eólica (na costa) e das turbinas que captam energia das oscilações das marés. No contexto de comunidades, Findhorn foi uma precursora com relação à geração de energia renovável, ao instalar uma turbina eólica dentro da comunidade no início da década de 1970. Essa foi a primeira turbina eólica da região de *Moray*, onde a ecovila está localizada. Somente na década de 1980 é que as energias renováveis passaram a ter um espaço significativo das políticas de governo, incluindo incentivos, principalmente para eólica e solar. Esse incentivo foi dramaticamente reduzido no Reino Unido pela mão do governo conservador de David Cameron[42].

A relação entre o movimento alternativo e ecológico tem como um ponto de articulação importante a Conferência acerca

---

41. www.secretariadegoverno.gov.br/iniciativas/brasil-agroecologico/co missao-nacional-de-agroecologia-e-producao-organica

42. O *The Guardian* (22/09/2015) anunciou os cortes dramáticos feitos pelo governo com relação à energia limpa e a reação do ex-vice-presidente dos Estados Unidos Al Gore, de crítica severa ao posicionamento do governo conservador do Reino Unido.

da Sociedade Alternativa, em 1971, em Berkeley. A discussão se deu no sentido de pôr um fim aos protestos subterrâneos e adotar estratégias de construção de soluções, de modo que a "nova sociedade" pudesse justamente emergir do modelo criticado (TAVARES, 1983).

Nas últimas décadas, as ecovilas têm sido criadas voluntariamente explicitando o objetivo de "regenerar ambientes sociais e naturais. As dimensões social, ecológica, econômica e cultural da sustentabilidade são integradas em um desenvolvimento sustentável holístico, adaptado a contextos locais" (JOUBERT & DREGGER, 2015). Possuem a intenção de mostrar como podemos seguir rumo à sustentabilidade no século XXI. Mais uma vez, a definição da Global Ecovillage Network, criada em 1995, desenvolvedora de uma espécie de currículo e modelo para ecovilas, traz a sobreposição ou emaranhado das linhas do movimento ecológico e da espiritualidade[43].

A Arca Verde, em seu blog (www.arcaverde.org), expressa essa mesma relação sendo descrita como um ponto de confluência de "talentos, conhecimentos e vibrações positivas na construção de promoção da vida sustentável". Considera-se que sua maior missão é "criar um terreno fértil para que a natureza seja plena em sua abundância e as pessoas empoderadas em seus dons e sua espiritualidade pessoal, realizando novas ideias e tecnologias ecológicas, econômicas e sociais". A comunidade recebe bimestralmente pessoas da região (e de outras partes do país e do mundo) no intuito de compartilhar suas práticas por meio de cursos, vivências e imersão, valorizando "aprender uns com os outros e com os sistemas naturais, trabalhar com arte, amar com liberdade, dedicar a vida à divulgação da permacultura e dos valores da ecologia profunda".

---

43. A relação entre o fenômeno ambiental, o movimento ecológico e a espiritualidade *New Age* foi abordada na pesquisa "Cultivo de si nas paisagens da ecologia e do sagrado", coordenada por Isabel Carvalho, com financiamento do CNPq. As conclusões do estudo apontaram para a presença de práticas religiosas/espirituais – *New Age* – junto às experiências ecológicas, por meio de uma espécie de sensibilidade ecológica que as constitui (sobre isso, cf. CARVALHO & STEIL, 2008).

Na Arca Verde, essa aprendizagem é mediada por uma espiritualidade *New Age*, como adotamos chamar, em que cada um pratica os rituais e técnicas que melhor lhe aprouverem, realizando uma montagem pessoal de técnicas e elementos religiosos e espirituais, em uma "espiritualidade sem religião", como definiria D'Andrea (2000), com uma espécie de reflexividade, porém coletiva, em que novos padrões e propostas vão sendo incorporados facilmente no cotidiano do coletivo, enquanto outros vão sendo abandonados. De certo modo, aproxima-se do que o autor chamou de reflexividade institucional, que promove rupturas em sistemas fechados, contribuindo "para a constituição de identidades abertas", bem como ao incerto e ao provisório, ao gerar regras de conduta mais "contingentes e mutáveis" (D'ANDREA, 2000, p. 23). Preferimos a noção de reflexividade coletiva à noção de reflexividade "institucional", pois faz mais jus à dinamicidade dos processos, que acompanha o igualmente dinâmico fluxo de pessoas pelo espaço geográfico.

A relação entre a dissolução de estruturas rígidas e hierárquicas e uma espiritualidade *bricoleur*[44] encarna os ideais da contracultura, enunciados pelos movimentos *New Age* e Alternativo. Há um profundo respeito à dimensão individual em suas práticas espirituais, em suas escolhas estratégicas nas tomadas de decisão e em seus movimentos com relação ao trabalho, muitas vezes seguindo a autogestão, de inspiração anarquista. Bosca (1994) e Grof e Grof (1989, apud DE LA TORRE CASTELLANOS, 2012), chamam a atenção à visão marcada pelo amor e pela liberdade, que dissolveriam as estruturas institucionais modernas possibilitando a emergência de uma espiritualidade livre.

---

44. A imagem do *bricoleur* aqui é evocada para ilustrar a característica da espiritualidade *New Age* de constituir-se em uma composição de práticas, crenças, objetos, símbolos e ritos que vai sendo realizada ao longo da jornada do praticante, sem fazer referência a uma única doutrina ou instituição. Embora há quem defenda que por este motivo o Movimento *New Age* trata-se de um caldeirão de práticas arbitrariamente utilizadas. Nós propomos olhar para a diversidade de apropriações locais dessas práticas, mas também para as semelhanças e continuidades entre práticas realizadas em diferentes contextos.

Apesar de haver presente este aspecto *bricoleur* na dimensão individual, a combinação de práticas parece ser regida por um movimento ao mesmo tempo coletivo e individual à medida que num dado momento a comunidade adota uma determinada prática influenciada por um de seus membros e, em um movimento de reflexividade (D'ANDREA, 2000), vai transformando e modificando sua maneira de viver a espiritualidade. A busca é concebida como individual, mas a força dos rituais tem a grande influência e presença do elemento coletivo.

A alta rotatividade que caracteriza a população das comunidades pesquisadas, guardadas as diferenças de proporção, parecem desenhar um circuito *new age-ecológico-alternativo*, marcado pela busca de transformação pessoal, assinalada por marcadores espirituais e ecológicos. Assim podemos pensar em uma noção de comunidade como algo que se estende para além das fronteiras do espaço local, das comunidades ecológicas propriamente, passando a ser essa malha que compartilha práticas comuns.

D'Andrea (2009) identificou, ao estudar o universo *New Age*, uma forma de vanguarda baseada na expressividade e na mobilidade. Ele se dedica a examinar os fenômenos de um regime contracultural que incorpora o impacto dos processos de globalização sobre identidades e socialidades. Nas ecovilas estudadas há o fenômeno do nomadismo e circulação pela rede alternativa, composta de distintos (mas nem tanto) lugares, por meio dos quais nossos interlocutores se deslocam em busca de experiências que possam oferecer um modo de vida alternativo – ou complementar – ao *mainstream*, motivados por uma perda de sentido com relação à vida que levavam anteriormente. A busca de expressividade de um *self*, de uma singularidade e de mobilidade por diferentes espaços, caracteriza parte dos anseios de muitos *ecovillagers* que, assim fazendo, estabelecem uma relação estreita de glocalidade (uma experiência global e local ao mesmo tempo).

Magnani (2000), descreve a espiritualidade *New Age* como um fenômeno com aspectos de religiosidade pela presença de ritos e celebrações, sem no entanto verificar a presença de dogmas, hierarquia, culto ou doutrina. A revelação e os preceitos, neste caso, não provêm de uma instância externa e transcendental, mas do íntimo de cada um, de um "eu interior". O autor explicita a possibilidade de que as práticas de autodesenvolvimento voltadas para o "eu interior" poderiam levar a um enclausuramento ou individualismo (hipótese que é corroborada em D'ANDREA, 2000). Se pensarmos nessa hipótese, veremos que ela pode, apenas em certa medida, ser associada à experiência das ecovilas pesquisadas, onde há uma espécie de fusão ou continuidade entre as dimensões associadas ao *interno* e ao *externo*, pois o acesso ao "íntimo de cada um" não está dissociada da relação do sujeito com a natureza (em suas manifestações humanas e não humanas) e seus ensinamentos, como mostraremos ao longo do texto.

A diversidade, abertura e ecletismo tanto com relação aos seus membros quanto com relação às práticas espirituais vividas na Arca Verde também são características do movimento *New Age*. Com relação a este ponto, Amaral (2000) afirma que a Nova Era enfatiza "a 'liberdade da diferença', tanto em termos culturais quanto nos aspectos idiossincráticos das personalidades individuais" (p. 33). Mas ao contrário do que a autora sugere, no sentido de esta busca individual ser levada ao paroxismo, remetendo a percepção de um *Inner-Self*[45] a um "individualismo autossuficiente", nas práticas da Arca Verde, a noção de interdependência[46] aparece com frequência aliada à percepção de que os seres são parte de um todo maior, sendo este reconhecido como Grande Espírito ou Pachamama, o Pai e a Mãe universais, dotados de toda a sabedoria.

Consumos, mercados e políticas – algumas disjunções

A receita financeira das comunidades advém dos cursos, vivências, voluntariados e visitas. Além disso, a dinâmica econômica

---

45. A partir do final da década de 1980, parte dos participantes da rede alternativa mapeada pela autora foi adotando outros rótulos, tais como: nova consciência, autoajuda, espiritualidade feminina, neopaganismo, terapias complementares. No entanto, o lugar central entre estes conceitos continuou sendo ocupado pela noção de um interior sagrado no homem – *self*; ligado harmonicamente à natureza (CAROZZI, 1999).

46. O argumento da interdependência é mais bem explorado quando abordo as práticas de cocriação com a natureza (em seu aspecto humano e não humano).

inclui feiras de trocas e moeda social local. Na Arca Verde, a "verdinha"; em Findhorn, "Ecos". Ricardo, ao me explicar sobre a economia da Arca Verde acrescentou o fato de economizarem muito com a autonomia na produção de alimentos e economia energética (com a roda d'água em lugar de um motor, para bombear a água, por exemplo; ou ainda, o aquecimento das casas no inverno, com os canos dos fogões de alta eficiência). "Todo o dinheiro economizado deve ser contabilizado como lucro", explica ele citando Bil Molison, o "pai da permacultura". "Então nós temos muita abundância, apesar de não termos muito dinheiro em moeda oficial", ele completa.

A organização solidária, baseada em autogestão, bem como a proposta de economia solidária, foram fortes tendências na década de 1990, apesar de um governo federal que intensificou a política de privatização e abertura ao capital financeiro internacional. Estratégias em economia solidária buscam viabilizar empreendimentos solidários e de autogestão. As ecovilas são inspiradas por ideais como esses, que norteiam suas práticas na dimensão econômica, social, ambiental e espiritual. Assemelham-se pela criação de moedas sociais, cooperativas de créditos, tecnologias sociais e construção de redes solidárias interorganizacionais (BENINI, 2011).

Ter uma identidade jurídica também permite à comunidade pleitear verbas e incentivos do governo com projetos de agricultura, por exemplo. Assim, compreendemos que, ao mesmo tempo em que a possibilidade de viver de um "jeito diferente" implica uma série de rupturas em relação ao "sistema", bem como as simpatias com o movimento anarquista, a disposição em formalizar a organização da comunidade por meio da criação de uma pessoa jurídica, apresenta-se como necessidade e disponibilidade em dialogar com a estrutura institucional. Pontos críticos como a questão da aposentadoria, ainda não são algo que a comunidade consiga resolver, de forma que conforme me explica Ricardo, um dos sócios-fundadores, isso está a cargo de cada um.

Onde procuramos rupturas, também encontramos pontes. De certo modo, essa característica demarca uma diferença entre a Arca Verde e os movimentos alternativos impulsionados pelos *hippies* da década de 1960. Não se trata tanto de um modo alternativo que se pretende "fora do sistema", mas como um território articulado a esse sistema, menos antissistema e mais complementar aos modos hegemônicos de operar. Ao mesmo tempo em que valoriza a autonomia pela produção do alimento e redução do dispêndio energético, também estabelece relação com editais, projetos e políticas públicas governamentais. Outro indício de sua interdependência do sistema é que, como dependem significativamente dos cursos realizados, ficam suscetíveis aos movimentos e fluxos da economia no país, ou seja, "do sistema" e, de certo modo, são alimentados por ele.

    O trabalho realizado pela ecovila não alcança somente as pessoas que chegam até lá em busca de seus cursos, mas busca promover a sustentabilidade na região em que está localizada, por meio de parcerias e cooperação com a rede de agricultores e produtores locais, de trocas de produtos, do processo de certificação de orgânicos em uma rede participativa, em que os produtores atestam a qualidade dos produtos uns dos outros (Coletivo Gralha Azul), entre outros. Além disso, as parcerias com cooperativas que possuem uma produção social e ambientalmente justa demonstram uma preocupação com o fomento e o fortalecimento de uma economia alternativa. Aliada a isso está a já mencionada moeda social e o estímulo à lógica das trocas, por meio das feiras de trocas realizadas nos cursos, ou ainda da "economia da dádiva", com a prática do armário coletivo, em que as roupas doadas ficam à disposição de quem precisa. Também é hábito na comunidade que as pessoas circulem as coisas que já não utilizam.

    Além da receita advinda de cursos, voluntariados e vivências, há uma lojinha de produtos da Arca Verde. Entre os produtos comercializados existem roupas de redes como a Justa Trama, que primam por uma produção social e ambientalmente justa, bem como produtos trazidos pelos membros da comunidade de viagens ao exterior (calças, cachimbos, incensos, palo santo, pequenos *souvenires*), cuja venda auxilia no custeio de suas viagens, bem como produtos confeccionados ali mesmo (xampus, sabonetes, cremes, aromas para ambiente, hidratante labial, com base em produtos naturais, incensos de sálvia) e em locais que pertencem à rede de relações da Arca Verde, como comunidades urbanas onde as mulheres também produzem cosméticos naturais ou ainda pasta de dentes ecológica, coletor menstrual de silicone, essências de ervas, filtros dos sonhos etc. Há assim, na Arca Verde, uma combinação de comércio de produtos e de serviços (cursos, vivências, massagem, florais, atendimento de doula). Com relação à tendência mercantil no contexto Nova Era, D'Andrea (2000) mapeia, no seu campo de estudos, certa fetichização de produtos, colocando-se a questão de como os "estilos de vida alternativos resistem, transformam ou são absorvidos pela dinâmica do capitalismo global" (p. 10). A partir do campo de pesquisa, nossa reflexão se dá no sentido de que se, por um lado, essa comercialização de bens e serviços apresenta-se como uma inserção na dinâmica do mercado global, por outro, há uma releitura ou transformação ou hibridização dos processos de troca no momento em que se inserem as perspectivas de economia solidária, economia da dádiva, de apostas na economia local e cooperativa, de moeda social, de feiras de troca e a busca de um comércio ecológico (social e ambientalmente justo).

Outro aspecto importante a ressaltar na vida em comunidade é o compartilhar dos bens comunitários, de forma que o que se torna evidente é seu valor de uso e não de domínio ou propriedade do bem. O carro coletivo transporta os membros da comunidade e também os visitantes que chegam para cursos e vivências. A alternativa ao carro coletivo é a bicicleta, utilizada pelos membros mais aventureiros para chegar até a cidade. Há, ainda, o compartilhamento de espaços comunitários, que igualmente reduzem o impacto e necessidade de consumo, como é o caso da cozinha comunitária, da máquina de lavar comunitária. As práticas inspiradas na lógica da permacultura conferem diversas funções para um elemento, como o fogão a lenha da cozinha comunitária que, enquanto cozinha o almoço, esquenta a água do chuveiro, armazenada em um boiler que a mantém aquecida.

Em Findhorn, a complexa estrutura de geração de postos de trabalho e renda é mediada por um *trust*, uma espécie de fundação. Um dos motivos pelos quais a comunidade é considerada a mais baixa "pegada ecológica" do Reino Unido é a prática de compartilhamento de espaços e utensílios coletivos, tais como cozinha, lavanderia, sala de jantar, utensílios de jardinagem e manutenção.

Muitas ecovilas espalhadas pela Europa foram financiadas desde finais da década de 1980 pela Gaia Trust, uma ONG dinamarquesa, fundada em 1987, com a intenção de "dar suporte à transição para uma futura sociedade mais sustentável e espiritual, por meio de financiamento e iniciativas mais proativas" (www.gaia.org). Gaia Trust obtinha seus fundos de uma companhia, administradora de capital e consultoria, cuja base de negócios consistia em *software* e pesquisa[47] – a Gaia Corp – também operada por Ross Jackson. Há aí uma disjunção que compõe, de modo complexo, o território transnacional das ecovilas. Ao mesmo tempo em que as ecovilas e comunidades afins aparecem como crítica contundente ao modo de vida da sociedade capitalista, pós-industrial, sistema sustentado pela lógica do consumismo, são, em parte, nutridas pelo núcleo desse mesmo sistema – mercado financeiro, por exemplo.

Isso poderia ser interpretado como uma contradição, em que comunidades que se propõem alternativas são financiadas pelo núcleo do *mainstream*. Mas também poderia ser interpretada como uma espécie de "válvula de poder", como refere Hakim Bey em seu livro sobre zonas autônomas temporárias. O autor sugere, com isso, que essa válvula seria um ponto de escoamento dos centros ou monopólios aos territórios alternativos. A imagem que utiliza para exemplificar é a de uma ocupação urbana que necessita de energia elétrica da rede. O autor acrescenta que este seria um movimento para uma rede livre, e não parasítica, "uma nova sociedade emergindo do invólucro da antiga" (p. 15).

Gestão da vida cotidiana e os processos de tomada de decisão

Tanto em uma comunidade como na outra, apesar de em diferentes níveis de complexidade, a gestão dos recursos na vida cotidiana é horizontal e, por isso, as decisões são tomadas em consenso. Em Findhorn esse processo é bem mais complexo e envolve diversas práticas distintas, que estão localizadas em distintos depar-

---

47. http://gaia.org

tamentos e frentes de gestão. Como em uma empresa, os departamentos "especializam" os processos de tomada de decisão: um departamento tratará das finanças, outro dos bens e manutenção, outro da produção de alimentos e outro do bem-estar dos hóspedes. Enfim, há uma estrutura que permanece invisível ao novato até que ele ingresse na fundação como um colaborador. Enquanto em Findhorn os processos de tomada de decisão em comunidade envolvem tecnologias mais complexas, como por exemplo a sociocracia, na Arca Verde, em função do número reduzido de moradores, os processos de construção de consenso acontecem de modo mais direto.

As práticas de construção de consenso têm como princípio de que cada um carrega um "pedacinho" da verdade, que por sua vez se constitui como um mosaico de muitas cores. Alfredo e Marina já não moram na comunidade, mas frequentemente fazem parte dos cursos como focalizadores (facilitadores) e concordam que para aplicar essas metodologias é preciso haver disposição para compartilhar o poder, uma vez que todos são iguais e possuem igual espaço e reconhecimento, deve haver um compromisso com o processo, o que implica habilidade de comunicação. Deve haver um mediador isento para equilibrar as opiniões e participações, cuidando também para que os objetivos do grupo sejam mantidos em foco. Os temas são debatidos, até a tomada de decisão, onde se pode: aprovar (aceitar a ideia), apartar (não aceita, mas não se opõe) ou bloquear (parte da convicção de que a aprovação fere princípios do grupo como um todo). A mediação dos processos de tomada de decisão nessas comunidades é referida como "tecnologias sociais" e não raro recebe um posto nos cursos sobre comunidades e ecovilas. Em um dos cursos que tive a oportunidade de participar junto a essa comunidade, os focalizadores apresentaram as tecnologias utilizadas para mediação de conflitos e promoção de diálogo, que são baseadas no fato de que todas as pessoas têm igual peso e valor na comunidade. Essas tecnologias auxiliam as negociações da fronteira entre a dimensão individual e coletiva da vida em comunidade. Uma de suas particularidades, tanto em Findhorn quanto na Arca Verde, é a valorização dos aspectos emocionais como parte do processo de convívio. Nas duas comunidades, esse momento leva o mesmo nome – a "partilha" (*sharing*).

Para as partilhas, a habilidade de comunicação intrapessoal (reconhecer suas emoções, nomeá-las e administrá-las) é essencial, bem como a comunicação interpessoal, comunicando aos outros o que se sente e pensa, de modo "não violento" (comunicação não violenta). Isso inclui não interromper, não fazer oposição, mas partir do suposto que "ninguém sozinho detém toda a verdade sobre as coisas", conforme explica Alfredo, da Arca Verde.

Uma das bases das tecnologias utilizadas na Arca Verde, conforme apresentado pelos facilitadores em um dos cursos, é o *coaching ontológico*, que coloca a atenção na linguagem – expressão dos pensamentos e emoções. Em uma tarde de oficina houve um espaço para a experiência da comunicação e fluxo das emoções básicas: raiva, medo, tristeza, ternura, erotismo e alegria. O corpo e seus movimentos expressam e comunicam todo o tempo, de modo que os participantes foram convidados a expressar essas diferentes emoções por meio de seus corpos, buscando trazer uma congruência à manifestação da emoção, respiração, disposição corporal e fala. Outra base são os quatro princípios toltecas (antigo povo indígena das Américas Central e do Norte):

> *seja impecável com a sua palavra*, dizendo somente o que você quer dizer; *não leve as coisas para o lado pessoal*, o que os outros dizem ou fazem é projeção da realidade deles; *não faça pressuposições*, tenha a coragem de fazer perguntas e expressar o que você realmente quer; *sempre faça o seu melhor*.

As tecnologias incentivam a abertura de si para o outro, presença de coração e mente e o não julgamento. São várias as possibilidades de tecnologias sociais: fórum, partilha, world café, *dragon dreaming*, *coaching* ontológico, acordos de comunicação dos toltecas, *open space* etc., conforme Afredo apresenta no curso de permacultura, no módulo de tecnologias sociais.

As partilhas consistem em espaços mediadores da dimensão emocional dos conflitos cotidianos da vida em coletividade. Ainda assim, por vezes há momentos em que se prefere não abordar tópicos controversos a fim de evitar, com isso, um conflito. O fato de as opiniões de todos serem igualmente validadas e legitimadas pelo coletivo aumenta, potencialmente, a dimensão do conflito.

Conflitos instalam-se entre diferentes práticas e valores. Há conflito entre a liberdade individual e, ao mesmo tempo, o que cada um interpreta como sendo um valor comum ao grupo, como a valorização da "harmonia com a natureza", por exemplo, além do problema de sua tradução para os casos particulares vividos no cotidiano. Práticas e princípios entram em conflito e sentidos (sempre encarnados) precisam ser negociados constantemente. Assim, o exercício de diálogo constante parece ser a condição para uma postura que traduz referenciais incertos, flexíveis e provisórios.

A pesquisa de campo nessas duas ecovilas, nos remete ao clássico texto de psicologia social de Bader Sawaia[48] (1996), em que a autora sugere a noção de "comunidade" como o rompimento da dicotomia entre coletividade e individualidade, em um fluxo de experiências sociais compartilhadas intersubjetivamente a incentivar a comunicação livre, com a participação de todos, em posição de igual poder nos processos de construção da vida social e dos significados atribuídos a ela. Essa configuração remete a espaços de construção de consenso democrático a partir da igual possibilidade de defesa de interesses pessoais e coletivos. Para a autora, a comunidade acontece a partir da interiorização de valores comunitários, promovendo a síntese, a partir da qual bem-estar coletivo e prazer individual se tornam conciliáveis.

A partir da imersão nas comunidades estudadas, contudo, passamos a pensar o princípio agregador dessas comunidades, menos como uma prévia "interiorização de valores comunitários partilhados" e mais como relações incorporadas, criativas, inventivas e improvisadas, em que os sentidos atribuídos ao mundo são negociados de modo situado, nas práticas vividas e compartilhadas. Em diálogo com o conceito de Birgit Meyer (2009) de formação estética, retomamos a dimensão estética, enfatizando o papel

---

48. Aqui é importante demarcar que as comunidades ecológicas (ecovilas) analisadas neste capítulo são substancialmente diversas daquelas analisadas pela psicologia social comunitária nas décadas de 1970 e 1980. Ecovilas são comunidades que, em sua maioria, são integradas por sujeitos de classe média, principalmente jovens, que adotaram a "simplicidade voluntária", buscando uma vida orientada para a redução do consumismo e da exploração extrema dos recursos naturais.

dos sentidos e das sensações, da materialidade das coisas na construção da imaginação e dos significados acerca do mundo: "Esses processos de formação 'moldam' sujeitos particulares por meio de imaginações compartilhadas que se materializam por meio de formas estéticas incorporadas" (p. 7).

Retomando o trabalho de Sawaia (1996), vemos nas "partilhas" aquilo que a autora considera que seriam ingredientes de uma vida em comunidade: a intimidade, a profundeza emocional, o engajamento moral e o ser humano visto em sua totalidade para além do desempenho de papéis sociais. Em um movimento dialético entre individualidade e coletividade, a comunidade encontra sua força da fusão de elementos que são mais do que racionais: sentimento, pensamento, tradição, intencionalidade etc.

Reflexões finais

Por fim, gostaríamos de resgatar quatro pontos que, neste capítulo, nos parecem contribuir para pensar as questões acerca da política, em sua relação com a espiritualidade *New Age* no contexto das ecovilas. O primeiro deles diz respeito ao histórico da formação das comunidades e sua relação com os movimentos de contracultura. O segundo ponto diz respeito à formação de um território transnacional, um território-rede, que se estabelece pela identificação volátil de práticas, nas quais os aspectos da espiritualidade, da ecologia e da política aparecem entrelaçados. O terceiro ponto a ser destacado é a questão do senso de coletividade construído a partir de relações materiais, incorporadas a partir de experiências sensoriais compartilhadas, mais do que introjeções prévias de ideais comuns. Por fim, o quarto ponto a ser sublinhado tem relação com o espaço criado pelas "partilhas", tanto por serem espaços de simetria e por consistirem em espaços em que há a valorização da dimensão emocional dos sujeitos envolvidos nos processos de tomada de decisão.

Quanto ao território-rede constituído pelas ecovilas, este concorre para a ressignificação do que seja o laço comunitário num lugar ao mesmo tempo local e multissituado, constituído por uma dinâmica de permanências e trânsitos de pessoas que vivem na comunidade. As lealdades que se constroem nesse contexto se dão pela combinação de diferentes experiências partilhadas, e pela busca de uma "sensibilidade unitária". Essa formação de um "novo nós" vem ao encontro do que sugere D'Andrea com relação aos "nômades globais", que em muitos pontos se assemelham com nossos interlocutores, ao identificá-los com o movimento de diáspora em uma inversão interessante em que a diáspora passa a ser entendida não como criada por um vínculo comum com a "terra natal"; mas, ao contrário, a diáspora como criadora de um mito de singularidade da "terra natal" comum. A partir dessa inversão é possível pensar os nômades (ou mesmo os *ecovillagers*) como membros de um movimento de diáspora negativa, uma vez que todos são "desertores" de uma mesma "terra natal" indesejada, ou "o sistema", "a cidade" etc. A partir disso há um processo de "múltiplas desterritorializações e rearticulações de identidades, sem o privilégio de raça, tradição, classe, gênero, sexualidade", mas que parecem se unir em torno de seu ímpeto contra-hegemônico.

Quanto à relação das ecovilas com a contracultura, ela se revela na identidade volátil ou nômade, que se constrói a partir de caminhos traçados à moda *bricoleur*, por circuitos alternativos, se contrapõe às identidades nacionais estáveis. De certo modo, o processo de "deserção" desses sujeitos, citado por D'Andrea, pode se relacionar ao processo de declínio da soberania dos estados, tanto interna quanto externa, diagnosticado por Wallernstein (2002). Para o autor, o que motiva essa curva descendente é menos as transformações econômicas no cenário mundial e mais uma transformação na geocultura, associada à perda de esperança por parte da população, uma perda de fé nas melhorias graduais que acarreta uma deslegitimação do Estado em suas funções. Defende que a soberania dos estados é um dos pilares do sistema-mundo capitalista e que, portanto, a crise da soberania dos estados seria igualmente uma crise do sistema capitalista.

Sobre o sentido de coletividade, a experiência de ser com o outro nas práticas materiais de vida e trabalho, bem como a expressão de emoções que emergem no tempo-espaço das ecovilas geram uma determinada atmosfera comum. Isso possui um forte potencial agregador em cenários de nomadismo e trânsito. Inspiradas pela proposta de Meyer (2009) acerca da formação estética, sugerimos que é justamente a possibilidade de compartilhar experiências, de conviver, que colabora para a construção de um território existencial partilhado, menos por um ideal abstrato e mais por uma experiência corpórea, em um ambiente mediado por cores, luzes, música, temperatura etc.; menos por identidades nacionais e mais por identificações contingentes que se dão através das fronteiras.

Assim, consideramos as ecovilas como espaços de implicação integral dos sujeitos com a gestão da vida na coletividade, incluindo de forma central a sua dimensão emocional. Portadoras da promessa ética de considerar respeitosa e profundamente a dimensão das emoções humanas, as ecovilas se apresentam como potência alternativa, caminho para uma radical transformação das relações sociais. Ao colocarem o foco sobre as relações humanas, a comunicação e a partilha, as comunidades da Arca Verde e Findhorn exercem esta ética fundamentada nas emoções e na aceitação, que se traduz em cuidado, com o Outro (seja ele humano ou não), ainda que isso exija um trabalho constante das pessoas sobre elas mesmas. É nesse contexto em que a escuta profunda faz parte dos exercícios que tornam a convivência possível.

Referências

ALMEIDA, J.C. (1994). *Nova Era e fé cristã*. São Paulo: Loyola.

AMARAL, L. (2000). *Carnaval da alma*: comunidade, essência e sincretismo na Nova Era. Petrópolis: Vozes.

BENINI, É. (2011). "Sistema orgânico do trabalho: uma perspectiva de trabalho associado a partir da práxis da economia solidária". In: BENINI, É.; FARIA, M.S.; NOVAES, H.T. & DAGNINO, R. (orgs.). *Gestão pública da sociedade*: fundamentos e políticas públicas de economia solidária. São Paulo: Outras Expressões.

BIRMAN, J. (2015). "A espiritualidade política na Modernidade: A leitura de Foucault sobre as transformações políticas no Irã". *Revista Epos*, vol. 6, n. 2, dez.

BUENFIL, A. (2012). *Huehuecoyotl*: raíces al viento. Morelos: Servicios Graficos de Morelos.

CARAVITA, R.I. (2012). *"Somos todos um"*: vida e imanência no movimento comunitário alternativo. Campinas: Unicamp [Dissertação de mestrado em Antropologia Social].

CAROZZI, M.J. (1999). *Nova Era no Mercosul*. Petrópolis: Vozes.

CARVALHO, I.C.M. & STEIL, C.A. (2008). "A sacralização da natureza e a 'naturalização' do sagrado: aportes teóricos para a compreensão dos entrecruzamentos entre saúde, ecologia e espiritualidade". *Ambiente & Sociedade*, vol. XI, n. 2, jul.-dez., p. 289-305.

COMUNELLO, L.N. (2017). *Aprendizagem e espiritualidade em ecovilas*: quando "o universo todo ensina". Porto Alegre: PUC-RS [Tese de doutorado em Educação].

D'ANDREA, A. (2009). *Global Nomads*: Techno and New Age as Transnational Countercultures in Ibiza and Goa. Nova York: Routledge.

_____ (2000). *O self perfeito e a Nova Era*: individualismo e reflexividade em religiosidades pós-tradicionais. São Paulo: Loyola.

DE LA TORRE CASTELLANOS, R. (2012). *Religiosidades nómadas*: creencias y prácticas heterodoxas en Guadalajara. Cidade do México: Ciesas.

GEN [Global Ecovillage Network] (s.d.). *Ecovillages* [Disponível em: https://ecovillage.org – Acesso: out./2016].

GENNARI, A.M. (2011). "Globalização, Estado, neoliberalismo e desigualdade social no Brasil". In: BENINI, É.; FARIA, M.S.; NOVAES, H.T. & DAGNINO, R. (orgs.). *Gestão pública da sociedade*: fundamentos e políticas públicas de economia solidária. São Paulo: Outras Expressões.

JOUBERT, K. & DREGGER, L. (2015). *Ecovillage*: 1001 modos de curar o planeta. Devon: Triarchy.

MAGNANI, J.G.C. (2000). *O Brasil da Nova Era*. Rio de Janeiro: Zahar.

_____ (1999). *Mystica Urbe*: um estudo antropológico sobre o circuito neoesotérico na metrópole. São Paulo: Studio Nobel.

MATURANA, H. & VARELLA, F. (2001). *A árvore do conhecimento*: as bases biológicas da compreensão humana. São Paulo: Palas Athena.

MEYER, B. (org.) (2009). *Aesthetic Formations*: media, religion, and the senses. Nova York: Palgrave Macmillian.

MONTERO, M. (2009). "¿Para qué psicología política?" *Psicologia Política*, vol. 9, n. 18, jul.-dez., p. 199-213.

RANCIÈRE, J. (2011). *Momentos políticos*. Madri: Clave Intelectual.

_____ (2006). "Política, identificación, subjetivación". In: *Política, policía, democracia*. Santiago: LOM.

SAWAIA, B. (1996). "Comunidade: a apropriação científica de um conceito tão antigo quanto a humanidade". In: CAMPOS, R.H.F. (org.). *Psicologia social comunitária*: da solidariedade à autonomia. Petrópolis: Vozes.

TAVARES, C.A.P. (1983). *O que são comunidades alternativas*. São Paulo: Brasiliense [Primeiros Passos].

TONIOL, R. & STEIL, C. (2016). *Nos rastros da natureza*: a conversão da experiência rural em ecológica a partir de uma política de Estado. Curitiba: Appris.

VETETO, J. & LOCKYER, J. (2008). "Environmental Anthropology Engaging Permaculture: moving theory and practice forward sustainability". *Culture and agriculture*, vol. 30, n. 1.

WALLERSTEIN, I. (2002). "Estados? Soberania? Os dilemas dos capitalistas numa era de transição". In: WALLERSTEIN, I. *O fim do mundo como o concebemos*. Rio de Janeiro: Revan, cap. 4.

14
O ENSINO DA PSICOLOGIA POLÍTICA COMO PRÁTICA TRANSFORMADORA

Alessandro Soares da Silva
Mariana Luzia Aron

Introdução

Ao olharmos para a história da psicologia política nos deparamos com o campo pouco estudado em programas de pós-graduação e praticamente não ensinado. Falar de psicologia e de política de maneira associada, combinada, ainda hoje tem, para muitos, o tom de heresia, de pecado, de algo impensável. Fato é que a impossibilidade da associação dos termos "psicologia" e "política" encontra suas raízes na história da ciência.

Quando olhamos para a história da emergência da lógica disciplinar fica claro que a consolidação do pensamento hegemônico depende da criação taxativa de fronteiras, de limites, muros e muralhas que garantem autoridade sobre um suposto saber e "pacificam" as disputas entre pretensos donos de quinhões do conhecimento. Pensar as fronteiras disciplinares, um fenômeno próprio do século XIX, nos recorda a divisão da África pelas potências europeias. Era comum que partes de famílias, nações, culturas, fossem esquartejadas pelas linhas da dominação. Não só na África, mas também na Ásia e outras partes do mundo, onde as grandes potências decidiram dividir entre si as riquezas de lugares que não lhes pertenciam.

Não obstante a força do que estamos a dizer pode parecer injusta, visto que foi por meio do conhecimento disciplinar que se construiu o progresso da ciência; que se descobriram novas formas de proteção à vida, mas também de extermínio. A lógica disciplinar permite a divisão estratégica da realidade, sendo que a própria realidade passa a depender, em seu existir, da parte dela própria a partir da qual alguém imagina contemplar o todo. E, não poucas vezes, a porção se converte num suposto todo, ou ao menos em uma parte que determina o que outras partes podem ser na constituição do que deveria ser o todo.

É certo dizer que a lógica do conhecimento organizado por meio de disciplinas é um recurso didático que permite aprofundar elementos que conjuntamente permitem como que radiografar aspectos, particularidades de algo que é muito maior: o conhecimento. Mas essa não é a única lógica do conhecimento. Se a disciplinaridade nos permite olhar mais de perto parcelas da realidade, por outro lado, tornar a reuni-las e integrá-las nos conduz ao que se tem chamado interdisciplinaridade. Curiosamente o parcelar o conhecimento provocou a sensação de que as partes são, elas próprias, o todo.

Quem sabe se, por isso, a reunião de certas partes da realidade pareça algo tão esdrúxulo, algo gerador de estranhamento. E não se trata do estranhamento filosófico. Trata-se de um estranhamento de quem vê na diferença um defeito, um senão. É nessa chave que associar psicologia e política soa nos ouvidos de muitos como algo indevido, inadequado e até mesmo forçoso. Entendemos que as partes se chamam, anseiam umas pelas outras. Desejam encontrar-se.

Nesse processo de atração, história, direito, política e economia, filosofia e psicologia social, sociologia e pedagogia se encontraram e desencontraram no tempo, gerando diferentes possibilidades de dar vida às reuniões nem sempre compreendidas, mas nem por isso menos importantes, menos relevantes. Desses encontros emergiram, na história do conhecimento, diferentes possibilidades de se pensar o significado para "psicologia política". Também se gerou espaço para desvelar que questões, perguntas, problemas, podem ser enfrentados a partir de cada uma dessas possibilidades de entendimento sobre o que seria a psicologia política.

Psicologia política é um campo interdisciplinar que se utiliza de um leque variado de teorias e métodos sociais para analisar o universo da política e o comportamento de pessoas e grupos nesse mundo referenciado pelo Estado. O campo examina o papel do pensamento humano, emoções, fatores históricos e sociais como determinantes do comportamento político.

O campo da psicologia política conta com uma rica tradição de pesquisa e teorização. A partir dela se pode estudar, por exemplo, como as pessoas formulam significados e interpretações políticas partindo de suas experiências e dos meios sociopolíticos, e como esses significados são vinculados às diferentes formas de participação política. No Brasil, os principais temas de análise do campo são consciência política, cultura política, socialização política, mecanismos de dominação, conflito intergrupal, comportamento eleitoral, participação em ações coletivas, preconceito e discriminação, memória política, políticas públicas, relações de poder, de raça e de gênero, orientação sexual e seus desdobramentos, movimentos sociais e ações de massas, lideranças e grupos políticos, meios de comunicação e mediação das tecnologias de informação no processo de engajamento político.

É, portanto, mister entendermos quais são os múltiplos fatores que determinam o comportamento político e como os acontecimentos afetam o pensamento político de indivíduos e grupos. Assim, a delimitação do campo da psicologia política só teria sentido se isso fosse o equivalente a compreendê-la como uma área interdisciplinar das ciências sociais com a perspectiva de aplicar as abordagens teóricas prevalentes na psicologia social, na sociologia, na política, no direito e na história para a compreensão dos fenômenos políticos.

Os temas que se examinam no campo psicopolítico são analisados com referência a algumas perguntas centrais: qual a relação entre política e dimensões psicossociais da realidade? Quais são os processos de conscientização sobre a política no cotidiano dos indivíduos e suas consequências? O que leva as pessoas a se engajarem em práticas políticas comprometidas com mudanças sociais?

1 A psicologia política

A relação estabelecida com a ciência é uma relação de poder e, neste sentido, a psicologia política compartilha das "incertezas das ciências sociais" (LE BON, 1921 [1910]). Pretende-se abordar uma análise do poder implicada na figura do rei como proposto por Maquiavel (1977) em *O príncipe*, passando pela reordenação do poder para as ciências sociais a partir da obra de Foucault quando propõe o "poder sem o rei" e demonstra suas relações assimétricas nas sociedades modernas, implicado em toda e qualquer relação.

São muitas as contribuições que os estudiosos da psicologia política propõem para o enfrentamento de diversos problemas contemporâneos. No entanto, encontramos poucas contribuições sobre a história da psicologia política e um número muito menor de artigos que abordam superficialmente os temas do ensino e da pesquisa. Essa realidade nos chamou a atenção, pois conhecer a história do ensino da psicologia política é importante porque a partir dela se revelam os caminhos da história do conhecimento, as relações de poder próprias deste campo de saber e os desafios para o futuro dos campos de pesquisa e de atuação profissional.

Segundo autores como Silva (2015) e Sabucedo e Casal (2000), a psicologia política é um campo de conhecimento interdisciplinar. A pretensão de abarcar a política contida na psicologia tanto quanto a psicologia contida na política, e que percorre caminhos não ortodoxos, multidisciplinares, dispondo-se a compor com tantos campos do saber e com todos os matizes imagináveis, faz da psicologia política um campo fértil a ser ainda desenvolvido no meio acadêmico e em franco crescimento no Brasil e na América Latina. Entretanto esta é uma das possibilidades de discussão da psicologia política que se produz em torno dos saberes psicológicos relacionados ao político.

Se observarmos as considerações de Le Bon (1910), a psicologia política se desprende dos processos de governança que aproximam e distanciam governantes e governados, tanto sob a ótica da institucionalidade quanto sob a ótica da produção de vínculos entre as partes. Por isso que, para ele, o outro nome possível da psicologia política seria *sciencia do governo*.

Convém recordar que, no Brasil, os escritos mais antigos sobre psicologia política remontam ao ano de 1908 e são da autoria de Alberto de Carvalho e de Victor de Britto e terminam por abrir um campo que contará com as contribuições de José Francisco de Oliveira Viana e de Lourenço Filho (SILVA, 2016). No entanto, para Silva (2015), Gustave Le Bon é considerado como o autor que põe em destaque a psicologia política com sua obra *Psichologie politique et defense social* (1921 [1910]). Antes dele houve outros autores que nomearam suas obras com o termo "psicologia política" mas ele foi o autor que maior reconhecimento obteve, sendo sua obra traduzida para o russo, o inglês, o francês, o chinês, o italiano, o espanhol e o português. Nela, Le Bon recorda que:

> após dez anos quase exclusivamente consagrados às experiências de física, de que originou o meu livro sobre a Evolução da Matéria, essas investigações se tornaram demasiado custosas para que fossem prosseguidas. Tive, pois, que as abandonar e resignei-me a voltar a antigos estudos. Desejoso de aplicar à política princípios expostos em várias dentre as minhas obras anteriores, pedi ao Professor Ribot, meu eminente amigo, que me indicasse tratados de psicologia política recentemente publicados. A sua resposta me informou que eles não existiam. A minha estupefação foi a mesma que tive, 15 anos antes, quando, querendo empreender o estudo da psicologia das multidões, eu me certifiquei de que nenhum escrito aparecera sobre esse assunto. Não significa isso que as dissertações políticas tenham faltado. São, ao contrário, abundantes desde Aristóteles e Platão, mas os seus autores foram, as mais das vezes, teóricos que, alheios às realidades do seu tempo, conheciam apenas o homem quimérico produzido por sonhos. A psicologia e a arte de governar nada têm a pedir-lhes (1921, p. 11).

Convém destacar, na citação acima, que Le Bon atribui a si mesmo protagonismo tanto no campo da psicologia das multidões quanto da psicologia política. Entretanto, é sabido que as contribuições de autores como Gabriel Tarde e Scopio Sighele no campo das multidões são anteriores, assim como obras que se intitulavam psicologia política já haviam aparecido com anterioridade, sendo a mais antiga conhecida a do historiador alemão Adolf Bastian (1860). Na América do Sul destacamos a obra do sociólogo argentino Agustín Álvarez, de 1894. Apesar disso, a novidade do trabalho de Le Bon está no fato de que ele envida esforços para determinar pressupostos teórico-metodológicos para a psicologia política, a qual é associada à instrumentalidade do exercício de governo de quem está no poder e suas relações com aqueles que são governados.

Outro elemento que merece ser enfatizado é o fato de que os textos de psicologia política surgem 35 anos antes dos chamados textos clássicos de psicologia social. Habitualmente, indicam-se como marcos da psicologia social textos de 1895, da lavra de William McDougall e de Gustave Le Bon. Esse apontamento é relevante porque, comumente, se entende a psicologia política como a aplicação de conceitos psicossociais a fenômenos políticos. Considerando que essa é uma possibilidade concreta de produzir conhecimento em psicologia política, ela não pode ser entendida como a única forma de se fazer psicologia política, exatamente porque esta última é anterior à primeira.

Desse modo, fundamenta-se também o interesse e a importância de se compreender o ensino da psicologia política em países como Estados Unidos, Espanha, França, Israel, Itália, Alemanha, Inglaterra, Irlanda, Brasil, Argentina, Colômbia, México e Canadá (COSTA, 2012; BRUSSINO et al., 2010). O modo como isso ocorre influencia a construção da subjetividade e da consciência política tanto de quem ensina quanto de quem estuda e influirá nos modos como os profissionais poderão vir a intervir na sociedade. Por esse motivo é que desejamos apontar, neste texto, como algumas experiências de ensino podem ser relevantes para a formação crítica de profissionais, como propunha Ignacio Martín-Baró (1998).

Em 1965 a Universidade Federal de Minas Gerais inaugura o ensino de psicologia política no curso de Ciências Sociais e na década de 1970 aparecem, no Brasil, psicólogos sociais comprometidos com o fortalecimento comunitário durante o regime militar (SILVA, 2012ab; 2015). A atuação de intelectuais como Silvia Lane, Leoncio Camino, Salvador Sandoval e Pedrinho Guareschi foi fundamental para a emergência de uma prática libertadora inspirada em Martín-Baró, bem como para o surgimento de uma nova fase da psicologia política no país (SILVA, 2012b). No que concerne ao ensino da psicologia política, as atuações de Salvador Sandoval e Leoncio Camino foram particularmente estratégicas e desaguaram na formação da maior parte dos pesquisadores e profissionais que fazem hoje psicologia política no Brasil.

A Psicologia Política, enquanto disciplina acadêmica, tem sido incorporada timidamente às malhas curriculares da psicologia e das ciências sociais brasileiras tanto na graduação como na pós-graduação (SILVA, 2012ab; HUR; SANDOVAL & DANTAS, 2014). No âmbito das ciências sociais aplicadas poderíamos agregar também o chamado "Campo de Públicas", pois a disciplina é ministrada na graduação de Gestão de Políticas Públicas da Universidade de São Paulo e na graduação de Administração da Universidade Federal do Espírito Santo. De todos os modos, a presença da Psicologia Política em cursos de Administração e Gestão Pública é mais frequente na Europa e nos Estados Unidos da América.

Ao identificarmos a presença de uma disciplina sobre Psicologia Política nestas grades em 2017, nos deparamos com quatro situações: (a) disciplinas em que o campo da Psicologia Política figura no título da disciplina; (b) disciplinas em cujo título os termos "psicologia" e "política" e "psicologia" e "participação" encontram-se separados por uma vírgula ou aproximados por um "e" nas quais a expressão "psicologia política" está presente nas ementas; (c) disciplinas de Comportamento Político como sinônimo de Psicologia Política e, por fim, (d) disciplinas nas quais psicologia política é uma das componentes da ementa do curso e/ou dos conteúdos programáticos que serão desenvolvidos, sendo exemplos desse tipo algumas disciplinas intituladas Psicologia Social, Psicologia Comunitária, Memória Social e ainda Ação Pública e Mudança Social.

Em nossa busca nos deparamos com o fato de que algumas instituições deixaram de oferecer Psicologia Política como disciplina após reformas curriculares. Esse é o caso dos cursos de Psicologia ofertados pela UFMG (Universidade Federal de Minas Gerais) e UFBA (Universidade Federal da Bahia), por exemplo. Por outro lado, descobrimos que instituições como a Ufac (Universidade Federal do Acre) e a Uninove (Universidade Nove de Julho) aderem ao campo, sendo que a primeira cria uma disciplina obrigatória de Psicologia Política e a segunda passa a ofertar formação profissional a partir da criação da possibilidade de estágio básico e profissionalizante em Psicologia Política. No caso das ciências sociais, destacamos as experiências da UnB (Universidade de Brasília) e da UFPI (Universidade Federal do Piauí). Abaixo apresentamos uma tabela com cursos e instituições que ministram Psicologia Política na graduação:

Instituição	Disciplina	Obrigatória ou Optativa	Curso
Uerj	Psicologia Política	Optativa	Psicologia
UFRJ	Psicologia Política – Psicologia	Optativa	Psicologia
USP	Psicologia Política e Políticas Públicas	Optativa	Gestão de Políticas Públicas
UnB	Psicologia Política	Optativa	Ciências Políticas
UnB	Tópicos em Psicologia Social: Psicologia Política	Optativa	Psicologia
UFBA	Introdução à Psicologia Política	Optativa	Psicologia
UFPB	Psicologia Política	Optativa	Psicologia
UFMG	Psicologia Política I	Optativa	Psicologia
UFPI	Psicologia Política	Optativa	Ciências Políticas
Ufac	Psicologia Política	Obrigatória	Psicologia
UEPB	Psicologia, participação política e movimentos	Obrigatória	Psicologia
Unimep	Psicologia das ações coletivas	Obrigatória	Psicologia
Faculdades Athenas	Psicologia e política	Optativa	Psicologia

No que tange à formação em Psicologia Política na pós-graduação *stricto sensu* encontramos com maior frequência no Brasil disciplinas em programas de Psicologia (Social), mas também em programas de Ciências Políticas e de Administração. No nível de mestrado e doutorado ela é ofertada em programas de Psicologia Social em instituições como a Pontifícia Universidade Católica de São Paulo (PUC-SP), a Universidade de São Paulo (USP) e a Universidade Federal de Minas Gerais (UFMG). A matéria também é lecionada no Programa de Administração da Universidade Federal do Espírito Santo e no mestrado em Mudança Social e Participação Política da Universidade de São Paulo. Na UnB ela é ministrada com Comportamento Político.

No mundo vemos que a Psicologia Política compõe as grades curriculares tanto da Psicologia quanto das Ciências Sociais. A título de exemplo, no caso da pós-graduação, podemos observar o quadro abaixo:

Programas específicos de Psicologia Política

	Universidade	Oferta o que	Departamento	País
1	George Washington University	Msc. Political Psychology	Esia	Estados Unidos
2	Stony Brook University	Master and PhD in Political Psychology	DCP	Estados Unidos
3	University of California – Irvine	Master and PhD in Political Psychology	DCP	Estados Unidos
4	University of Minnesota	PhD Minor in Political Psychology	Múltiplos	Estados Unidos
5	IDC Herzliya	The Program in Political Psychology and Decision Making	DRI	Israel
6	Instituto Universitário de Lisboa	Mestrado em Psicologia Política	Dpso	Portugal
7	University of Kent	Msc in Political Psychology		Reino Unido
8	Bournemouth University	M.A. in Political Psychology	DCP	Reino Unido
9	Granfield University	Phd in Political Psychology	DSM	Reino Unido
10	Queen's University Belfast	MSc in Political Psychology	Dpsi	Reino Unido
11	University of Birmingham	PhD e Mcs in Political Psychology of International Relations		Reino Unido
12	International University for Graduate Studies	MSc in Organization and Political Psychology	Dpso	São Cristóvão e Nevis

Programas de Ciências Políticas com áreas de concentração em Psicologia Política

	Universidade	Oferta o que	Departamento	País
1	Universitat Pompeo Fabra	Doctorado en Ciencias Políticas y Sociales	Dcps	Espanha
2	Columbia University	MSc and PhD in Political Science Program	DCP	Estados Unidos
3	University of California – Berkeley	Master and PhD in Political Behavior	DCP	Estados Unidos
4	The Ohio State University	Politics PhD		Estados Unidos
5	Lewis-Clark State College	Minor in Political Psychology	DCS	Estados Unidos
6	The University of Arizona	PhD em Political Science	SGPP	Estados Unidos
7	National Pedagogical University	Mestrado em Psicologia Política e Tecnologias sociolegais		Ucrânia
8	Lund University	PhD em Political Science	DCP	Suécia
9	University of Surrey	Politics PhD	DCP	Reino Unido

Programas de Psicologia com áreas de concentração em Psicologia Política

	Universidade	Oferta o que	Deptartamento	País
1	Universidade do Porto	Mestrado em Temas de Psicologia com especialização em Psicologia Política e da Cidadania	Dpsi	Portugal
2	Universidade Agostinho Neto	Mestrado em Psicologia Social	DCS	Angola
3	Universidad Central de Venezuela	Maestría em Psicología Social	Dpso	Venezuela

Como se pode ver, a formação no âmbito da América Latina ainda é incipiente e tem crescido a partir da criação da Associação Brasileira de Psicologia Política (ABPP) em 2000 e da Associação Ibero-latinoamericana de Psicologia Política (Ailpp) em 2011 (SILVA, 2012ab). Hoje há projetos contundentes de criação de espaços formativos tanto na graduação quanto em especializações (*lato sensu*), mestrado e doutorado (*stricto sensu*) na Argentina, Bolívia, Brasil, Chile e Colômbia, os quais devem começar a funcionar a partir de 2019, como é o caso de um doutorado em Constituição na Universidad de Tarapacá no Chile.

No caso das especializações, a Universidade de São Paulo, Brasil, mantém uma desde o ano de 2010 e a Universidad Mayor de San Andrés, Bolívia, inicia sua primeira promoção de um diplomado em 2019 com vistas à promoção de um mestrado em Psicologia Política na sequência. Na Universidad de Buenos Aires é ofertado, há muitos anos, um curso de especialização em Psicologia Política e Econômica. Destarte, claro está que as formações possíveis apontam para encontros interdisciplinares cuja relação homem-sociedade-Estado é central, bem como práticas de governo e governança em seus mais distintos matizes.

Ao discutirmos o ensino da chamada *sciencia do governo* ou Psicologia Política (LE BON, 1921 [1910]), podemos refletir também acerca da consciência política. Esta permite analisar processos de decisão no campo da participação (SANDOVAL, 2001; 2015; SILVA, 2001). A partir de sete dimensões analíticas – identidade coletiva; crenças e valores societais; interesses antagônicos; eficácia política; sentimentos de injustiça; vontade de agir coletivamente e metas de ação coletiva – é possível entender as implicações que a experiência cotidiana na esfera política tem sobre as formas de ações individuais e coletivas. Entender tais processos é fundamental quando se deseja formar profissionais críticos e com compromisso social e político (MARTÍN-BARÓ, 2014). Esta, inclusive, pode ser uma das características destacadas no ensino e na pesquisa da psicologia política, visto que o exercício do governo e a interação com ele dependem de formas de posicionar-se no mundo tanto como coletivo quanto como sujeito particular.

Na América Latina a ciência política pouco se apropriou da psicologia política, por considerá-la, equivocadamente, um processo de *psicologização* dos processos políticos, tendo então se desenvolvido mais vivamente no seio da Psicologia Social, da Psicologia Comunitária e da Psicologia Social Comunitária (FREITAS, 2001; RODRIGUEZ KAUTH, 2001; MONTERO, 2010; SANDOVAL; DANTAS & ANSARA, 2014). A partir do giro ontológico iniciado por Martín-Baró na década de 1970 e dos quadros autoritários impostos por regimes totalitários na América Latina, as práticas de diversos profissionais, entre eles os psicólogos sociais, passam a ter um papel relevante na problematização das realidades sociais marcadas por um suposto fatalismo próprio da América Latina (MARTÍN-BARÓ, 1988; 2001; DANTAS, 2015).

No caso da Argentina, encontramos uma exceção inspiradora, pois, como mostram Brussino, Rabbia e Imhoff (2010), a psicologia política compõe a malha curricular de diversos cursos de ciências sociais. Entretanto, a psicologia política também encontra resistência na Psicologia, pois ela é ministrada em apenas 4 dos 40 cursos existentes no país. Mesmo parecendo pouco, 4 equivale a 10% dos cursos na Argentina. Já no Brasil essa porcentagem se dilui. Ao olharmos a cidade de São Paulo, por exemplo, ela é ofertada como optativa apenas na graduação de Psicologia da PUC-SP e na graduação de Gestão de Políticas Públicas da USP. Enquanto a Argentina tem em todo seu território 40 cursos de Psicologia, o Brasil tem 427 instituições de Ensino Superior. No Estado de São Paulo são 81 cursos e na capital paulistana são 18 instituições, sendo que em algumas delas se oferta o curso em diversas de suas unidades. Com isso a cidade conta com cerca de 30 cursos de Psicologia em funcionamento. Destes, apenas a PUC-SP oferece a disciplina Psicologia Política como optativa e outras 4 instituições a abordam dentro de disciplinas como Psicologia Social e Psicologia Comunitária. Como veremos, uma experiência inovadora se dá em algumas unidades da Universidade Nove de Julho. Esta não tem a disciplina, mas oferece uma oportunidade de Estágio Supervisionado em Psicologia Política desde 2015.

2 A psicologia política como campo de saber e de atuação profissional

É recorrente ouvir de interlocutores alguma expressão de espanto quando dizemos que estudamos psicologia política ou somos psicólogos políticos. Como dissemos antes, parece que o mundo da política e do político deveria ser um domínio exclusivo da Ciência Política, assim como os aspectos subjetivos do ser humano, um domínio reservado apenas à Psicologia. Mesclá-los beira o estranho em uma realidade fragmentada.

Essas falácias não raro conduzem a leituras equivocadas sobre a psicologia política e tornam-se, não poucas vezes, impeditivas para o reconhecimento do profissional psicólogo político. Num mundo onde a determinação formativa representa poder, a psicologia política surge trazendo incômodos: Quem legitimamente deveria encarregar-se da formação profissional desse sujeito tão plural e diverso chamado psicólogo político? Seria da alçada da Psicologia fazê-lo ou das ciências sociais? Ou seria um campo próprio que exigiria uma formação específica? Curiosamente, parece que não há, hoje, espaço para se pensar uma formação própria e que inscrever-se-ia num cenário moderno, marcado por uma tessitura social complexa. Quem sabe esse seja o futuro, como já ocorre em algumas instituições estadunidenses e inglesas.

O profissional psicólogo político não é um especialista do campo psi, mas um especialista resultado da interdisciplinaridade e pode ter suas origens em diversos campos formativos, o que lhe possibilita uma variabilidade de configurações. Isso lhe permite uma outra postura hermenêutica, distinta daquelas que resultam de olhares disciplinares. Esse outro tipo de postura abre espaço para a produção de respostas complexas para os problemas do mundo, os quais são respondidos fragilmente, pois são respostas derivadas de fragmentos da realidade. Os fenômenos sociais e políticos são mais complexos do que o que permite explicar uma leitura disciplinar. Eles pedem explicações nas quais campos interdisciplinares podem alcançar maior êxito. Esse é o ponto de impulsão do que chamamos aqui psicologia política.

A criação da Associação Brasileira de Psicologia Política (ABPP) e da Associação Ibero-latinoamericana de Psicologia Política (Ailpp) aponta para o fortalecimento dessa perspectiva interdisciplinar, já que ela busca congregar profissionais advindos de múltiplas áreas de saber, e que se dedicam a estudar e a intervir em fenômenos políticos em suas dimensões subjetivas. Inicialmente a Ailpp nasce em 2011 a partir do esforço de 26 grupos de pesquisa que procuram ampliar o campo psicopolítico e veem no ensino um espaço estratégico para alcançar esse objetivo (SILVA, 2012; SANDOVAL; DANTAS & ANSARA, 2014). Essa é uma real possibilidade de fortalecer a investigação nos países da América Latina e de promover a troca de saberes entre os pares.

No que tange o Brasil, destacamos como importante a criação, em 1986, do Núcleo de Estudos em Psicologia Política e Movimentos Sociais da PUC-SP, coordenado pelo Professor Salvador Sandoval e vinculado ao Programa de Estudos Pós-graduados em Psicologia Social. Sandoval foi contratado por Silvia Lane para ministrar naquele programa a disciplina de Comportamento Político. Essa iniciativa, associada aos esforços do grupo de Leoncio Camino na Universidade Federal da Paraíba, gerou as condições necessárias para que, em 1989, se criasse o grupo de trabalho em Psicologia dos Movimentos Sociais e que seria o embrião da ABPP criada em 10 de dezembro de 2000 (SILVA, 2012). Segundo Leoncio Camino (2001), então presidente da ABPP:

> O grupo de trabalho em Comportamento Político não deveria limitar-se a ser um espaço de debates sobre psicologia política nos encontros da Anpepp, mas deveria converter-se realmente num fórum que tanto facilite o intercâmbio científico quanto ajude a expansão do ensino e pesquisa na área de psicologia política. Essas ideias foram debatidas no I Seminário Nacional de Psicologia Política que se realizou em São Paulo de 29 a 31 de maio de 2000 (p. 6).

Passados 16 anos da mensagem da ABPP escrita por Leoncio Camino para o primeiro número da *Revista Psicologia Política*, percebemos que ampliar e consolidar o ensino de psicologia política segue sendo um desafio, tanto para pesquisadores quanto para as instituições que representam o campo psicopolítico. Assim, segue atual a ideia que Camino (2001) utiliza para concluir esse texto: "Finalmente, pretende-se com a criação da Sociedade Brasileira de Psicologia Política, trabalhar na expansão do ensino de psicologia política nos cursos de graduação" (p. 6). Quem sabe, sistematizar o ensino de psicologia política no Brasil e na América Latina seja uma importante contribuição para o campo e que poderá desvelar a relevância dos saberes próprios da psicologia política e que permitem àqueles que os conhecem as ferramentas adequadas para novas formas de ser e estar no campo do político e da política em um mundo em constante transformação.

Os países da América Latina têm como característica comum, para além da proximidade linguística, o fato de terem sido colonizados e o modo como se deram estes processos, o tipo de colonização – de exploração e dominação – os golpes militares e o autoritarismo que se perpetua nas relações sociais cotidianas, sejam elas familiares, conjugais, institucionais (MELLO, 2001). Sem dúvida esse autoritarismo se faz presente nas tramas da educação formal e nas relações entre Estado e cidadãos.

O desenvolvimento da psicologia política no Brasil contribui para a democratização da sociedade e de suas instituições políticas. Desde a colonização temos relações políticas e sociais autoritárias e, após o fim da ditadura civil-militar, a democratização, que desafia a sociedade como um todo. Destaca-se o papel das instituições de educação formal que aparelham o corpo técnico do país, bem como dos intelectuais que preparam também as lideranças políticas. O Estado como regulador das relações humanas em suas diversas facetas estabelece inclusive as diretrizes curriculares via Ministério da Educação e Cultura. Desta feita, vale a pena uma análise do porquê de disciplinas relacionadas ao campo da política, que rege a vida de todos os cidadãos e cidadãs, serem praticamente exclusivas a cursos de Ciências Sociais.

É bem verdade que responder a esse tipo de pergunta não é uma tarefa fácil, sobretudo quando não se quer lançar mão de repertórios simplórios. Todavia, suspeitamos que esse suposto monopólio da política, do político e da reflexão política por parte das ciências sociais seja justificado pelos mesmos motivos pelos quais muitas vezes se pensa que o único campo de saber legítimo para pensar, opinar, determinar os sentidos e significados da subjetividade, do eu e da psique seja a psicologia. Construiu-se um muro para proteger interesses de comunidades científicas; produziram-se justificações racionais que salvaguardam fazeres e posições de determinadas comunidades de saber. Protegeu-se saber e exercício profissional. De um lado do muro encontramos a comunidade das ciências sociais guardiã da política e do político; e, do outro, a comunidade guardiã do eu, do sujeito e do subjetivo. Dessa forma, proibiu-se, coibiu-se a emergência desse encontro de saberes oriundos de diferentes comunidades. As comunidades das ciências sociais e da psicologia ocupam, por assim dizer, diferentes feudos.

Pensar psicologia política passa a ser um desafio maior do que pensar antropologia política ou sociologia política, visto que antropologia ou sociologia política estão do mesmo lado da fronteira. Há, portanto, uma falsa naturalidade de certos encontros. No caso da antropologia política e da sociologia política é claro que "política" é o qualificador do geral: antropologia e sociologia são a grande área recortada pelo político. Psicologia política também poderia ser vista a partir dessa posição. De fato ela é, visto que é, para muitos, a aplicação de saberes psicológicos ao campo do político. Nessa forma de ler a psicologia política, ela seria, melhor dizendo, uma *psicologia da política*. Em nossa leitura não se trata apenas disso, já que não entendemos o subjetivo como primazia da psicologia e nem o político como algo exclusivo das ciências sociais. Mas nas divisões dos feudos científicos derivados da lógica disciplinar, falar de psicologia política como algo necessário e próprio da lógica interdisciplinar ainda gera estranhamento, o que impacta na capacidade de crescer deste campo de saber não apenas no Brasil, mas no mundo.

Do ponto de vista da história da ciência, a psicologia política estabeleceu-se como campo sistemático de investigação nos Estados Unidos na primeira metade do século XX. Isso se deu a partir de contribuições de cientistas políticos como Charles Merriam e Harold Lasswell (SABUCEDO, 1996; DORNA, 1998; SILVA, 2012a). Na Europa ela teve, principalmente, a contribuição de pensadores franceses para estabelecer-se como um campo de estudos sistemáticos. Ambas as tradições corroboraram fortemente para o desenvolvimento e consolidação da psicologia política no mundo e influenciaram a emergência desta na América Latina, a qual fará um giro crítico, como dito, a partir da influência de Martín-Baró na década de 1970.

A disciplina de Psicologia Política foi oferecida pela primeira vez na história em um curso de pós-graduação em Ciências Políticas nos Estados Unidos em 1969 na Universidade de Yale (STRALEN, 2008). No Brasil ela foi oferecida pela primeira vez como disciplina da graduação de Ciências Sociais da UFMG em 1965, por um professor estadunidense, porém ela se desenvolveu de modo mais significativo no final da década de 1970 a partir de intervenções sociais e comunitárias (COSTA, 2008; HUR; SANDOVAL & DANTAS, 2014).

Sua institucionalização se consolidou nas décadas de 1980 e 1990 enquanto disciplina ofertada na pós-graduação a partir da fundação do Laboratório de Comportamento Político da UFPb e do Núcleo de Psicologia Política e Movimentos Sociais da PUC--SP. Esses dois grupos, coordenados por Leoncio Camino e por Salvador Sandoval, foram a principal matriz formativa de psicólogos políticos brasileiros e atuaram de modo combinado, se retroalimentando e conduzindo à fundação, no dia 10 de dezembro de 2000, da Fundação Escola de Sociologia e Política (Fesp), da Associação Brasileira de Psicologia Política (SILVA, 2012ab).

Em território brasileiro como precursores da psicologia política temos, cronologicamente, Victor de Britto, Nascimento Moraes, Oliveira Viana e Lourenço Filho. Esses autores conformam uma primeira fase da psicologia política e que não guarda laços com a fase seguinte (SILVA, 2016).

Na década de 1960, a emergência da ditadura civil-militar fez com que alguns intelectuais preocupados com a retomada democrática também se convertessem em militantes em prol da democracia. Entre eles encontramos alguns que são responsáveis pela retomada da psicologia política brasileira. Essa geração como que "reabilita" (DORNA, 2004) a psicologia política e destacamos os nomes de Fabio Wanderley, Antonio Gomes Penna, Salvador Sandoval, Leoncio Camino, Vanessa Andrade Barros, Cornelis Johannes van Stralen, Silvia Lane, Pedrinho Guareschi, Elizabeth Bonfim, Maria Alice Vanzolini Leme, Angela Maria Pires Caniato e Lucia Rabello de Castro. Uma ação importante de algumas dessas personalidades foi a criação do grupo de trabalho em Psicologia dos Movimentos Sociais em 1989, pela Anpepp (Associação Nacional de Pesquisa e Pós-graduação em Psicologia). Esses nomes tiveram e têm um papel importante na formação das novas gerações de psicólogos políticos.

Numa primeira geração formada por estes precursores destacamos Louise Lhullier, Joseli Bastos, Ana Raquel Torres, Fernando Ponte de Souza, Cícero Pereira, Maria de Fátima Quintal de Freitas, Telma Regina de Paula Souza e Marco Aurélio M. Prado.

Representam uma segunda geração Alessandro Soares da Silva, Soraia Ansara, Marcia Palassi, Betânia Diniz Gonçalves, Giseli Paim Costa e Marcos Mesquita.

Uma terceira geração é composta por pesquisadores que ou foram formados pelos precursores citados ou são resultado do processo de disseminação da psicologia política, sendo eles próprios agentes que buscaram formar-se no campo e aproximaram-se dos espaços formativos: Domenico Hur, Fernando Lacerda Júnior, Aline Hernandez, Bruna Dantas, Frederico Machado e Frederico Alves Costa.

Nesse sentido, vale destacar as instituições que, em algum momento, ofereceram (ou seguem oferecendo) algum tipo de formação em psicologia política, seja ela em graduação ou em pós-graduação. Na América Latina podemos encontrar diferentes espaços (in)formativos – com níveis distintos de profundidade e de desenvolvimento – nas seguintes instituições:

País	Instituição	Sigla	País	Instituição	Sigla
Brasil	(Pontifícia) Universidade Católica de Goiás	PUC-GO	Argentina	Universidad de Belgrano	UB
Brasil	Pontifícia Universidade Católica de Minas Gerais	PUC-MG	Argentina	Universidad de Buenos Aires	UBA
Brasil	Pontifícia Universidade Católica do Rio Grande do Sul	PUC-RS	Argentina	Universidad Nacional de Quilmes	UNQ
Brasil	Pontifícia Universidade Católica de São Paulo	PUC-SP	Argentina	Universidad Nacional de Cordoba	UNC
Brasil	Universidade Anhanguera	Anhanguera	Argentina	Universidad Nacional de San Juan	UNSJ
Brasil	Universidade de Brasília	UnB	Argentina	Universidad Nacional de San Luis	UNSL

País	Instituição	Sigla	País	Instituição	Sigla
Brasil	Universidade Estácio de Sá	Estácio	Argentina	Universidad Kenedy	UK
Brasil	Universidade Estadual de Maringá	UEM	Argentina	Universidad Nacional del Sur	UNS
Brasil	Universidade Estadual da Paraíba	UEPb	Bolívia	Universidad Mayor san Andrés	Umsa
Brasil	Universidade Estadual do Rio de Grande do Sul	UERGS	Chile	Pontificia Universidad Católica de Chile	PUC Chile
Brasil	Universidade Estadual do Rio de Janeiro	Uerj	Chile	Universidad Alberto Hurtado	UAK
Brasil	Universidade Federal do Acre	Ufac	Chile	Universidad Andrés Bello	UAB
Brasil	Universidade Federal de Alagoas	Ufal	Chile	Universidad de Santiago de Chile	Usach
Brasil	Universidade Federal do Amazonas	Ufam	Chile	Universidad de Chile	Uchile
Brasil	Universidade Federal da Bahia	UFBA	Chile	Universidad Católica del Norte	UCN
Brasil	Universidade Federal do Ceará	UFC	Chile	Universidad de Valparaíso	UV
Brasil	Universidade Federal de Goiás	UFG	Chile	Universidad La Serena	Userena
Brasil	Universidade Federal do Mato Grosso	UFMT	Chile	Universidad de Tarapacá	UTA
Brasil	Universidade Federal de Minas Gerais	UFMG	Colômbia	Pontificia Universidad Javeriana	Javeriana
Brasil	Universidade Federal do Pará	UFPA	Colômbia	Pontificia Universidad Bolivariana	PUB
Brasil	Universidade Federal da Paraíba	UFPb	Colômbia	Universidad del Valle	Univalle
Brasil	Universidade Federal do Paraná	UFPR	Colômbia	Universidad Piloto de Colombia	UPC

Brasil	Universidade Federal de Pelotas	UFPel	Colômbia	Universidad Tecnológica de Pereira	UTP
Brasil	Universidade Federal do Piauí	UFPI	Colômbia	Universidad Santo Tomás	UST
Brasil	Universidade Federal do Rio de Janeiro	UFRJ	Colômbia	Universidad Politécnica Grancolombiana	Poli
Brasil	Universidade Federal do Rio Grande do Norte	UFRN	Colômbia	Universidad San Buenaventura	USB
Brasil	Universidade Federal do Rio Grande do Sul	UFRGS	Costa Rica	Universidad de Costa Rica	UCR
Brasil	Universidade Federal de Santa Catarina	UFSC	Costa Rica	Universidad Nacional de Costa Rica	UNA
Brasil	Universidade Federal de Sergipe	UFS	México	Universidad Autónoma do Metropolitana	UAM
Brasil	Universidade Metodista de Piracicaba	Unimep	México	Universidad Nacional Autónoma de México	Unam
Brasil	Universidade Nove de Julho	Uninove	Peru	Pontificia Universidad Católica del Perú	PUCP
Brasil	Universidade de São Paulo	USP	Peru	Universidad Nacional Mayor de san Marcos	UNSM
			Venezuela	Universidad Central de Venezuela	UCV

Mais do que uma mera lista de instituições nas quais podemos encontrar disciplinas de Psicologia Política, esta se constitui como uma primeira pista para encontrarmos grupos e equipes de trabalho em Psicologia Política, materiais de cunho pedagógico ou investigações que nos permitirão estabelecer quais são os caminhos que a psicologia política tomou naquela instituição e em cada um desses países. Desde que a psicologia política surgiu, foram muitos os caminhos que culminaram em distintas formas de pensar e fazer nesse campo.

A formação profissional em diversas carreiras depende de um conjunto de práticas preestabelecidas nos planos político-pedagógicos de cada carreira. No caso da graduação em Psicologia há uma gama significativa de possibilidades. Entretanto a psicologia política não figurava até agora. Dizemos isso porque, no segundo semestre de 2015, foi oferecido um Estágio em Psicologia Política, na Universidade Nove de Julho, na cidade de São Paulo. Tal intento foi exitoso, o que gerou oferta e realização deste no primeiro semestre de 2016 e vem ocorrendo até o presente momento. É importante dizer que essa foi a primeira experiência de que se teve notícias e que revelou uma alta demanda reprimida, o que levou a instituição a abrir um segundo estágio para dar continuidade à formação dos alunos.

Destarte, estudar o ensino da psicologia política abre espaço para que estudantes de graduação e pós-graduação possam adquirir instrumentos conceituais e práticos que lhes possibilitem fazer leituras da história de determinada nação, compreender o presente e quiçá modificá-lo, no que diz respeito à formação política de seus cidadãos e cidadãs, bem como à participação e ação na esfera pública. Quais as potencialidades que o ensino de Psicologia Política poderia ter se estivesse adequadamente implementado no país?

Essa é uma questão relevante porque entendemos que a contribuição desse campo disciplinar abre espaço para a discussão de elementos fundamentais do comportamento político que afetam diretamente o exercício do poder e a relação dos sujeitos com este. Assim, o ensino de Psicologia Política poderia trazer contribuições para uma nova geração de gestores públicos, mas também para a formação de uma nova geração de cidadãos e de profissionais para quem a política e o político não constituem dimensões da vida humana, das quais devem se afastar, pois estas estariam delegadas aos políticos profissionais. O ensino da psicologia política abre portas para um novo modo de atuar no mundo. Nesse sentido, vemos crescer a demanda por espaços tanto na graduação quanto na pós-graduação, nos quais se pode formar-se, ao mesmo tempo em que se reflete sobre o momento político em que se encontra o país.

Acontecimentos como os ocorridos em junho de 2013 no Brasil passam a compor o conjunto de questões com as quais docentes se deparam em sala de aula. Nem sempre suas disciplinas são esse espaço ideal para uma discussão aprofundada sobre participação política, tomada de decisão, políticas públicas, corrupção e consciência política (GOHN, 2014; RICHTER; ORTOLANO & GIACOMINI, 2014). Situação similar poderia ser a ocorrida no segundo semestre do ano de 2015, quando estudantes do ensino público médio encabeçaram o movimento que ficou conhecido como #*NãoFechemMinhaEscola*, contra a reorganização escolar das escolas estaduais de São Paulo, que previa o fechamento de diversas salas de aula. Mais uma vez a psicologia política poderia contribuir para a análise de fenômenos políticos que são parte do cotidiano, mas que nem sempre encontram na formação universitária espaços adequados para análises que superem o limite de uma ou outra aula. A nosso ver, a psicologia política pode ser um espaço no qual seus conteúdos poderiam ser tratados a partir da metodologia do ensino baseado em problemas.

Contudo, faz-se interessante averiguar os caminhos adotados em diferentes cursos e instituições, desenhando assim um quadro analítico que nos permita entender historicamente, metodologicamente e epistemologicamente as escolhas possíveis para o ensino disciplinar da Psicologia Política, assim como as peculiaridades de seu ensino quando esta se encontra inserida em curso de natureza diversa, como é o caso da Psicologia, das Ciências Sociais ou da Gestão de Políticas Públicas.

Parece que uma transformação na forma de participação política está em curso. Gohn (2014) afirma que boa parte dos jovens participantes de manifestações populares recentes não se identifica com as formas organizativas que estão postas em nossa recente democracia, tradicionalmente muito distantes do povo de quem se deveria estar a serviço.

Tais fatos implicam pensar a socialização política de crianças e jovens, desde os grêmios nas escolas, sejam elas públicas ou privadas, e os centros acadêmicos nas faculdades. Tais iniciativas preparam o jovem para o exercício cotidiano da cidadania em forma de política. E, ao contrário do que pode parecer à população em geral, política é uma seara muito mais ampla do que partidarismo (AZEVEDO, 2012).

Faz-se necessário, portanto, abordar a socialização política, pois não é possível cobrar participação se não há uma introdução ao tema. Cidadania não se faz apenas com o voto no dia das eleições, ela está atrelada à ideia de participação, participação política e popular (COSTA, 2008). E a ação ou participação política se dá de diversas formas.

Moraes e colaboradores (2010) afirmam a relevância dos processos de socialização política na constituição da subjetividade e, portanto, também da identidade dos jovens e suas implicações:

> descrições de acontecimentos importantes na formação política dos sujeitos. Estão datados tanto eventos antigos quanto eventos mais próximos e atuais. Seus diálogos, motivações e interações com familiares, amigos, professores, militantes e representantes dos partidos políticos também aparecem como componentes significantes (p. 93-94).

Há muitas implicações sobre a escolha do ensino ou do não ensino de Psicologia Política. A possibilidade do conhecimento amedronta quem está no poder, e sua ausência mantém os menos poderosos com medo e em silêncio, impedindo o fluxo crítico do saber.

3 O estágio como oportunidade formativa em psicologia política

A formação profissional prevê períodos de práticas para a aplicação do conhecimento apreendido por estudantes. Habitualmente, esses espaços formativos são demasiados técnicos e instrumentais. A dimensão política pouco ou nada compõe os elementos-base, orientadores da experiência que a prática do estágio permite. Com a expansão do campo da psicologia política está começando um processo de crítica mais intenso a perspectivas neutras ou a perspectivas nas quais o social contém de maneira difusa o político sendo, um e outro, confundidos como espécies de sinônimos, constituindo discursos tautológicos nos quais tudo é social e tudo é político sem que uma coisa e outra sejam diferenciáveis.

Certo é que uma lógica binária que separa aspectos psicológicos dos aspectos políticos orienta a maior parte das grades dos cursos de Psicologia. Todavia, surge uma brecha nessa dinâmica a partir dos esforços da Professora Mariana Luzia Aron de inovar no âmbito dos estágios ao propor à Uninove a criação de estágios básicos e profissionais em Psicologia Política. Essa ideia lhe ocorreu a partir de sua participação na disciplina de Doutorado em Psicologia Política na USP no ano de 2015. Essa experiência, que passamos a relatar, ainda que embrionária, pode marcar uma tendência que poderá aproximar a formação de psicólogos de leituras mais interdisciplinares em que temas como o poder podem compor, sem escamoteios, a formação profissional e superar certas visões psicologizantes do cotidiano.

3.1 Estágio básico em psicologia política na graduação de Psicologia

A ideia de oferecer uma proposta de estágio em Psicologia se deu após a participação em uma mesa sobre a formação crítica em Psicologia, durante o I Encontro Sul-americano de Psicologia Política, em junho de 2015. O debate que essa mesa gerou aprofundou dúvidas e questões acerca do ensino da Psicologia Política, sobretudo quando o que mais se observa é a sua ausência nas grades curriculares dos cursos de Psicologia, a não menção da psicologia política como espaço de exercício profissional e a ausência de estudos sobre o ensino da Psicologia Política enquanto campo de saber e de prática profissional.

Motivada e mobilizada pelo VII Simpósio Brasileiro de Psicologia Política ocorrido no município de Goiânia em outubro de 2014 e pelo I Encontro Sul-americano de Psicologia Política, este na cidade de São Paulo em junho de 2015, em agosto deste mesmo ano, a Professora Mariana Luzia Aron ofereceu pela primeira vez o estágio básico em Psicologia Política para estudantes de graduação em Psicologia da Universidade Nove de Julho. É relevante destacar que o objetivo pedagógico de um estágio básico no plano político-pedagógico da Uninove é a preparação para as práticas profissionais a serem desenvolvidas posteriormente a partir das áreas de exercício profissional. Assim, cada estudante deve realizar práticas nas áreas clínica, institucional e organizacional. No caso da proposição de estágio básico em psicologia política, abre-se uma possibilidade formativa que transforma a capacidade analítica das dimensões políticas presentes no cotidiano do exercício profissional e supera-se, ao menos em parte, a dicotomia entre psicologia e política. O estágio básico, portanto, permite um outro olhar para a construção social da realidade, seja daqueles com quem esses futuros profissionais trabalharão, seja em relação às suas próprias vidas.

A escolha dos discentes é livre dentre os temas propostos pelos docentes e, surpreendentemente, a procura por esse tema foi maior que o número de vagas oferecido (respeitando-se a proporcionalidade entre temas e estudantes), tendo ocorrido sorteio para que alguns saíssem e escolhessem outra proposta. Ao menos duas hipóteses para tentar compreender tal interesse: (a) a efervescência política em que o Brasil tem estado, principalmente após as jornadas de junho de 2013, 21 anos após a última grande movimentação política (Fora Collor, em 1992); (b) um tema diferente para a psicologia no geral e distante, para não dizer alheio a ela.

No decorrer do estágio foram realizadas leituras iniciais introdutórias de autores como Salvador Sandoval, Maritza Montero, Alessandro Soares da Silva e Gisele Paim da Costa a fim de embasar a escolha de cada um dos estagiários por temas nos quais se aprofundariam. Nas discussões semanais emergiam debates entusiasmados de pessoas que nesse momento se preparam para serem profissionais na área de Psicologia e que desvelavam sua consciência política e a apropriação e participação nesse espaço, tão próximo e tão distante, por vezes desconhecido e quase sempre repelido – a Política no interstício com a Psicologia. Foi possível perceber nesse processo o empoderamento de estudantes, muitas vezes descrentes de si mesmos, ao mesmo tempo em que se sentiam desafiados a aprender e compreender o mundo que os cerca por meio de suas relações políticas.

Oportunamente o grupo de estágio recebeu a visita do Professor Alessandro Soares da Silva em um dos encontros e do

Professor Salvador Sandoval em outro, fato que fortaleceu a autoestima dos estudantes – que muitas vezes se percebem com menor valor social em relação a alunas e alunos de instituições tradicionais – e a potencialidade da psicologia política. Cada estudante era incentivado a escolher um tema sobre o qual iria se aprofundar e apresentá-lo aos demais colegas. Os temas mais recorrentes têm sido aqueles que abordam a questão do poder, da formação apolítica dos estudantes, corrupção e autoimagem dos brasileiros, compreensão de direita e esquerda atualmente, religião e política, questões raciais, homofobia, imigração, questões indígenas, violência, mídia e movimentos sociais.

3.2 Estágio profissional em psicologia política na graduação de Psicologia

A partir de agosto de 2016 passou-se a ser oferecida também a modalidade de estágio profissionalizante, envolvendo atuação prática. Tal proposta se dá numa unidade básica de saúde da Zona Norte da cidade de São Paulo. Inicialmente eram propostos dois grupos, sendo um voltado à população, cujo objetivo era discutir as relações de poder entre os usuários e suas questões de saúde. No outro grupo, discutíamos as relações de poder presentes no cotidiano de trabalho dos profissionais de saúde.

O grupo de profissionais muitas vezes não ocorria, pois aparentemente há uma compreensão de que trabalhar com os profissionais não é trabalhar com saúde, espaço que estaria reservado somente à assistência. E seguindo a lógica organizacional, as gestoras desses trabalhadores não os liberavam para discutir questões de saúde, provavelmente entendendo que isso traria mais benefícios a eles do que a população atendida.

A proposta de realizar encontros semanais em que se discutia os vínculos entre relações de poder e saúde/adoecimento surgiu por compreender que há uma potência nos próprios indivíduos e que ali podiam se fortalecer e empoderar para os enfrentamentos necessários à vida cotidiana, que naturalmente implica atritos e conflitos. Cada encontro durava cerca de uma hora e meia e emergiam temas como violência doméstica, sexual e escolar. Era bonito presenciar as pessoas se apoiando mutuamente e, mais do que isso, cada indivíduo ter legitimadas suas vivências, aprender com os demais e tomar consciência de suas potencialidades.

Em cada um dos encontros semanais um estagiário coordenava o grupo com o apoio e intervenções da supervisora, bem como a possibilidade de interferências de outros colegas. O fato de ser um grupo aberto fazia com que os estagiários lidassem com a incerteza das histórias que estavam por vir, o que, sob o ponto de vista da formação profissional traz a maturidade para lidar com situações reais e não casos previamente conhecidos e estudados nos livros. Nessa esteira, recordamos o que já nos ensinava Martín-Baró quando nos provocava, ao questionar:

> Em que consiste, então, essa nova colocação teórica e prática do trabalho psicológico conscientizador? Em nossa opinião, não se trata de abarcar exclusivamente uma área de trabalho, mas de se fixar um horizonte para o *que fazer* profissional, qualquer que seja a área em que se trabalhe. Por isso, as perguntas críticas que os psicólogos devem se formular a respeito do caráter de sua atividade e, portanto, a respeito do papel que está desempenhando na sociedade, não devem centrar-se tanto no onde, mas no *a partir de quem*; não tanto em como se está realizando algo quanto em *benefício de quem*; e, assim, não tanto sobre o tipo de atividade que se pratica (clínica, escolar, industrial, comunitária ou outra), mas sobre quais são as *consequências históricas concretas* que essa atividade está produzindo (MARTÍN-BARÓ, 1997, p. 21-22).

Certo é que esse estágio articula aspectos macro e microssociais e transforma perspectivas tradicionais de ensino, pesquisa e intervenção de psicólogos e psicólogas. Estágios de psicologia política têm potencial de transformar diferentes práticas profissionais e potencializar a dimensão humana de distintas atividades desde seu nascimento: o ensino e as primeiras experiências que moldarão o futuro de quem delas fará seu meio de subsistir. A experiência recente, a partir de estágios básicos e profissionais em psicologia política, tem apontado para uma janela de oportunidade que aprofunda o caráter interdisciplinar do fazer psi e poderia ser um caminho formativo com maior incidência no modo como profissionais atuam no mundo, na sociedade, sem se furtar a pensar, debater e transformar a esfera política do existir humano.

Considerações finais

Como se pôde observar ao longo deste texto a questão do ensino da psicologia política ainda é um tema em aberto e que exige mais estudos. Com eles poderemos estabelecer mais claramente seu alcance e seus potenciais formativos e de intervenção. A partir das experiências que embasam este texto, é visível que o ensino da psicologia política tem influído no modo como os estudantes percebem seu campo de ação profissional e intelectual.

Numa análise subjetiva é possível perceber um aumento do envolvimento dos estudantes de graduação em Psicologia com temas da nossa realidade social e suas relações com o poder, apropriando-se ao mesmo tempo desse espaço acadêmico e de vida. Em cursos de outras áreas cresce o interesse sobre essa interface disciplinar a que se refere a psicologia política. Há, assim, campo fértil para a ampliação da oferta de disciplinas de psicologia política não só na psicologia, mas em diferentes campos das ciências sociais e sociais aplicadas.

Num momento histórico de crise política e do recrudescimento dos ideais conservadores – em todo o mundo, mas especialmente no Brasil – em que se observam tentativas de impor, por força de lei, uma pretensa "desideologização" da ciência e da sociedade, limitando o ensino da política como conteúdo em escolas fundamentais e de Ensino Médio, pretende-se, com o ensino da psicologia política, demonstrar a necessidade da política como prática social capaz de contribuir para o processo de empoderamento e exercício da cidadania. Mais uma vez entendemos que o seu ensino tem um potencial transformador e emancipador como entendia Martín-Baró (2014) e pode auxiliar no equilíbrio da balança da justiça em tempos sombrios como os que vivenciamos nesse momento histórico presente.

Nesse contexto, entende-se que o ensino da psicologia política poderá fornecer uma ferramenta importante para a compreensão do mundo atual, trazendo à luz processos históricos que nos forjaram como nação e que, mesmo ocultados pelas ideologias dominantes, pode-se (re)conhecer que fizeram parte da própria história da psicologia e das ciências sociais brasileiras.

Sem nenhuma pretensão de ser este um texto conclusivo, o que destacamos são elementos que demonstram tanto a relevância do ensino de psicologia política para uma formação crítica e transformadora quanto a necessidade de estudos que se dediquem a entender as diferentes formas pedagógicas e metodológicas de se concretizar sua oferta. Para esse texto, por exemplo, não foi possível realizar um estudo comparativo acerca dos conteúdos, métodos e técnicas, objetivos e competências que as diferentes disciplinas ofertadas em cada instituição preconizam. Tal estudo poderia revelar diferentes compreensões do campo e distintos pontos de partida que complexificariam ainda mais essa realidade interdisciplinar da psicologia política.

Há muito para se estudar: aspectos históricos, teóricos, epistemológicos e metodológicos da psicologia política ainda são parte de uma agenda incipiente e desafiadora. Contribuirá imensamente para o desenvolvimento do campo o incremento do oferecimento de espaços qualificados de formação em psicologia política em graduações e pós-graduações *lato* e *stricto sensu*. Papel semelhante já têm cumprido as associações e encontros científicos, bem como o crescente surgimento de oferta de material investigativo e didático de psicologia política em espanhol e português.

A ampliação da comunidade científica em torno da psicologia política é uma pauta estratégica que nos permitirá consolidar ensino, pesquisa e intervenção psicopolítica. Pensar sobre o tema, como foi o intuito deste capítulo, é um fazer necessário para que a psicologia política possa unir sua dimensão científica com sua dimensão transformadora que lhe permite incidir mais fortemente na mudança da realidade social.

Referências

AZEVEDO, L.R. (2012). "Um estudo sobre a consciência política de jovens universitários". *Eccom*, vol. 3, n. 6, jul./dez.

BATISTA, I.D.E. (2016). *O ensino da psicologia social comunitária nos cursos de graduação em psicologia nas instituições de educação superior do Sul do Brasil*: concepções teóricas. Curitiba: Universidade Tuiuti do Paraná [Dissertação de mestrado em Psicologia].

BRUSSINO, S.; RABBIA, H.H. & IMHOFF, D. (2010). "Psicología política en Argentina: un recorrido por la historia de una disciplina emergente". *Revista Psicologia Política*, 10 (20), p. 199-213.

CAMINO, L. (2001). SBPP. *Revista Psicologia Política*, vol. 1, n. 1, jan.-jun.

CARVALHO, A. (1908). *Leis inconstitucionais e reacionárias*: esboço de psychologia política a propósito das leis supressivas do jury e da lei n. 1785 de 28 de novembro de 1907.

DANTAS, B.S.A. (2015). "Contribuições teóricas ao estudo psicopolítico da ideologia". *Teoría y Crítica de la Psicología* 6, p. 77-101.

DORNA, A. (1998). *Fondements de la Psychologie Politique*. Paris: PUF.

DORNA, A. & MONTERO, M. (1993). "Psicologia política: Una disciplina en la encruzijada". *Revista Latino-americana de Psicologia*, 25 (1).

GOHN, M.G. (2014). "A sociedade brasileira em movimento: vozes das ruas e seus ecos políticos e sociais". *Caderno CRH*, vol. 27, n. 71, mai.-ago., p. 431-441.

HUR, D.U.; SANDOVAL, S.A.M. & DANTAS, B.S.A. (2014). "Psicologia política, teorias e sociedade em transformação". In: HUR, D.U.; SANDOVAL, S.A.M. & DANTAS, B.S.A. (orgs.). *Psicologia Política*: temas atuais de investigação. Campinas: Alínea.

LE BON, G. (1921 [1910]). *Psychologia Politica e a Defesa Social*. Rio de Janeiro: Garnier.

MAQUIAVEL, N. (1977). *O príncipe*. São Paulo: Paz e Terra.

MARTÍN-BARÓ, I. (2001). *Acción e ideología*: psicología social desde Centroamérica. San Salvador: UCA.

_____ (1998). "El latino indolente". In: BLANCO, A. & DE LA CORTE, L. (orgs.). *Psicología de la Liberación*. Madri: Trotta, p. 73-101.

MAY, T. (2005). *Pesquisa social*. Porto Alegre: Artmed.

MELLO, S.L. (2001). "A violência urbana e a exclusão dos jovens". In: SAWAIA, B. (org.). *As artimanhas da exclusão*: análise psicossocial e ética da desigualdade social. Petrópolis: Vozes.

MINAYO, M.C. *Pesquisa social*. Petrópolis: Vozes.

MONTERO, M. (2010). "Fortalecimiento de la ciudadanía y transformación social: área de encuentro entre la psicología política y la psicología comunitaria". *Psykhe*, 19, p. 51-63.

MORAES, L.G. et al. (2010). "Juventude e representações sociais de participação política". *Revista Electrónica de Psicología Política*, año 8, n. 23.

ORLANDI, E. (2005). *Análise de discurso*. Campinas: Pontes.

POLO, L.; GODOY, J.C.; IMHOFF, D. & BRUSSINO, S. (2014). "Following the tracks of an emerging area: bibliometric analysis of Latin American Political Psychology in the 2000-2010 period". *Universitas Psychologica*, 13 (5), p. 2.047-2.057.

RICHTER, E.P.; ORTOLANO, F. & GIACOMINI, A. (2014). "Junho político: massa e multidão nas ruas brasileiras". *Psicologia Política*, 14 (29), p. 71-86.

RODRIGUEZ KAUTH, A. (2008). "Investigación y enseñanza en psicología política". *Revista Electrónica de Psicología Política*, año 6, n. 17, p. 1-11.

_____ (2001). "La psicología social y la psicología política latinoamericana: ayer y hoy". *Psicología Política*, n. 22, p. 41-52.

SANDOVAL, S.A.M. (2015). "A psicologia política da crise do movimento sindical brasileiro dos anos 1990: uma análise da consciência política num momento de desmobilização". In: SILVA, A.S. & CORRÊA, F. (orgs.). *No interstício das disciplinaridades*: A psicologia política. Curitiba: Prismas.

SANDOVAL, S.A.M.; DANTAS, B.S.A. & ANSARA, S. (2014). "Considerações históricas sobre a psicologia política". In: SANDOVAL, S.A.M.; DANTAS, B.S.A. & ANSARA, S. (orgs.). *Psicologia política*: temas atuais de investigação. Campinas: Alínea.

SILVA, A.S. (2016). "Tarde, Sighele, Pareto, Mosca, Michels e Ortega y Gasset e a psicologia política nascente: notas historiográficas de um campo interdisciplinar". In: MAGAÑA, I.; DORNA, A. & TORRES, I. (orgs.). *Contribuciones a la Psicología Política en América Latina*: contextos y escenarios actuales. Santiago: RIL.

_____ (2015). "A psicologia política: ser/estar nos interstícios das disciplinaridades". In: SILVA, A.S. & CORRÊA, F. (orgs.). *No interstício das disciplinaridades*: A psicologia política. Curitiba: Prismas.

_____ (2012a). *Psicologia política, movimentos sociais e política pública*. São Paulo: Universidade de São Paulo [Tese de livre-docência].

_____ (2012b). "A psicologia política no Brasil: lembranças e percursos sobre a constituição de um campo interdisciplinar". *Psicologia Política*, 12 (25), p. 409-425.

_____ (2001). "Consciência e participação política: uma abordagem Psicopolítica". *Interações*, vol. VI, n. 12, p. 69-90.

SPINK, P. (1999). "Análise de documentos de domínio público". In: SPINK, M.J.P. (org.). *Práticas discursivas e produção de sentidos no cotidiano, aproximações teóricas e metodológicas.* São Paulo: Cortez.

STRALEN, C.J. (2008). "Apresentação". In: COSTA, G.P. *Cidadania e participação* – Impactos da política social num enfoque psicopolítico. Curitiba: Juruá.

SOBRE OS/AS AUTORES/AS

Alessandro Soares da Silva

Filósofo e doutor em Psicologia Social pela Pontifícia Universidade Católica de São Paulo; professor-associado da Universidade de São Paulo; cofundador da Associação Brasileira de Psicologia Política e da Asociación Ibero-latinoamericana de Psicología Política.

E-mail: alessoares@usp.br

Aline Reis Calvo Hernandez

Psicóloga e doutora em Psicologia Social e Metodologia pela Universidad Autónoma de Madrid; professora da Faculdade de Educação da Universidade Federal do Rio Grande do Sul; líder do grupo de pesquisa Psicologia Política, Educação, Memórias e Histórias do Presente (Polemhis); vice-coordenadora do GT Psicologia Política da Associação Nacional de Pesquisadores em Psicologia (Anpepp).

E-mail: alinehernandez@hotmail.com

André Luiz Guerra da Silva

Mestre e doutorando em Psicologia Social e Institucional pelo Programa de Pós-graduação em Psicologia Social e Institucional da Universidade Federal do Rio Grande do Sul.

E-mail: andreguerras@gmail.com

Ângelo Brandelli Costa

Psicólogo e doutor em Psicologia pela Universidade Federal do Rio Grande do Sul; professor do Programa de Pós-graduação em Psicologia da Pontifícia Universidade Católica do Rio Grande do Sul; coordenador do grupo de pesquisa Preconceito, Vulnerabilidade e Processos Psicossociais; conselheiro titular do Conselho Regional de Psicologia do Rio Grande do Sul.

E-mail: angelo.costa@pucrs.br

Conceição Firmina Seixas Silva

Psicóloga e doutora pela Universidade Federal do Rio de Janeiro; professora-adjunta da Faculdade de Educação da Universidade do Estado do Rio de Janeiro; líder dos grupos de pesquisa Território dos Estudos da Infância (TEI) e Espaço de Pesquisas e Práticas sobre Infância (Eppi); editora associada da *Revista Psicologia Política*.

E-mail: conceicaofseixas@gmail.com

Dolores Miranda Gierbolini

Ph.D. pela Temple University de Philadelphia; professora catedrática da Universidad de Puerto Rico; pesquisa desenvolvimento comunitário, comunidades sustentáveis, movimentos sociais, política social, subjetivações políticas, cidadania crítica e mudança social.

E-mail: dolores.miranda@upr.edu

Fellipe Coelho Lima

Psicólogo e doutor em Psicologia pela Universidade Federal do Rio Grande do Norte; professor-adjunto do Departamento de Psicologia da Universidade Federal do Rio Grande do Norte; membro do Grupo de Estudos e Pesquisa sobre o Trabalho (Gepet/UFRN) e do Grupo de Pesquisas Marxismo & Educação (GPM&E/UFRN).

E-mail: fellipecoelholima@gmail.com

Frederico Alves Costa

Psicólogo e doutor em Psicologia pela Universidade Federal de Minas Gerais; professor-adjunto no Instituto de Psicologia e no Programa de Pós-graduação em Psicologia da Universidade Federal de Alagoas; presidente eleito da Associação Brasileira de Psicologia Política (ABPP) para o biênio 2019-2020; membro do GT História Social da Psicologia da Anpepp.

E-mail: fredericoalvescosta@gmail.com

Frederico Viana Machado

Psicólogo e doutor em Psicologia pela Universidade Federal de Minas Gerais; professor do Programa de Pós-Graduação e do Bacharelado em Saúde Coletiva da Universidade Federal do Rio Grande do Sul; editor da *Revista Psicologia Política*; vice-presidente regional-sul da Associação Brasileira de Psicologia Política (biênio 2015-2016); editor-chefe da *Revista Psicologia Política* (2016-2020); coordenador do Laboratório de Políticas Públicas, Ações Coletivas e Saúde (Lappacs/UFRGS).

E-mail: phedrvm@gmail.com

Isabel Cristina de Moura Carvalho

Psicóloga e doutora em Educação; professora visitante no Programa de Pós-Graduação em Educação da Unifesp e bolsista de produtividade do CNPq.

E-mail: isacrismoura@gmail.com

Isabel Maria Farias Fernandes de Oliveira

Psicóloga e doutora em Psicologia Clínica pela Universidade de São Paulo; atualmente, professora-associada III da Universidade Federal do Rio Grande do Norte e do Programa de Pós-Graduação em Psicologia; coordenadora do grupo de pesquisas Marxismo & Educação (Diretório CNPq). Foi membro da diretoria da Anpepp na gestão 2010-2012.

E-mail: fernandes.isa@gmail.com

Lucia Rabello de Castro

Psicóloga e doutora em Psicologia pela Universidade de Londres; professora titular do Instituto de Psicologia da Universidade Federal do Rio de Janeiro e do Programa de Pós-Graduação em Psicologia; membro fundador do Núcleo Interdisciplinar de Pesquisa na Infância e Adolescência Contemporâneas (Nipiac/UFRJ); coordenadora-geral desse mesmo núcleo (1995-2011) e atual coordenadora científica.

E-mail: lrcastro@infolink.com.br

Luciele Nardi Comunello

Psicóloga e Doutora em Educação. Docente no Curso de Psicologia das Faculdades Integradas de Taquara (Faccat) e professora colaboradora do mestrado em Ambiente e Sustentabilidade da Universidade Estadual do Rio Grande do Sul.

E-mail: lelicomunello@gmail.com

Sayak Valencia Triana

Também conhecida como Margarita Valencia Triana; doutora em Filosofía, Teoria Crítica e Feminista pela Universidad Complutense de Madri; professora titular no Departamento de Estudios Culturales del Colegio de la Frontera Norte, Sede Tijuana, México.

Maria Aparecida Cunha Malagrino Veiga

Doutoranda no Programa de Mestrado e Doutorado em Psicologia Social na Pontifícia Universidade Católica de São Paulo; integrante do Núcleo de Pesquisa em Psicologia Política e Movimentos Sociais (Nupmos/PUC-SP); Integrante do grupo pesquisa em Psicologia Política, Políticas Públicas e Multiculturalismo (Gepsipolim/USP).

E-mail: malagrino.4x4@gmail.com

Mariana Luzia Aron

Psicóloga e doutoranda em Psicologia Social pelo Instituto de Psicologia da Universidade de São Paulo; professora da Universidade Presbiteriana Mackenzie; vice-presidente regional sudeste da Associação Brasileira de Psicologia Política (ABPP); membro do Grupo de Trabalho de Psicologia Política da Anpepp.

E-mail: marianaaron@hotmail.com

Marlene Neves Strey

Psicóloga com doutorado e pós-doutorado em Psicologia Social. Coordenou por mais de 20 anos o Grupo de Pesquisa Relações de Gênero da Pontifícia Universidade Católica do Rio Grande do Sul. Pesquisadora do CNPq com pesquisas, estudos e publicações orientados pelas teorias de gênero feministas.

E-mail: marlene.strey@gmail.com

Nathalia Amaral Pereira de Souza

Psicóloga e mestre em Psicologia com ênfase em Psicologia Social pelo Programa de Pós-Graduação em Psicologia pela Pontifícia Universidade Católica do Rio Grande do Sul; colaboradora do Grupo de Pesquisa Preconceito, Vulnerabilidade e Processos Psicossociais na mesma universidade.

E-mail: nathalia.apsouza@gmail.com

Pedrinho Arcides Guareschi

Pós-doutor em Ciências Sociais na Universidade de Wisconsin e em Ciências Sociais na Universidade de Cambridge; professor convidado do Programa de Pós-Graduação em Psicologia Social e Institucional da Universidade Federal do Rio Grande do Sul; coordenador do Grupo de Pesquisa Ideologia, Comunicação e Representações Sociais.

E-mail: pedrinho.guareschi@ufrgs.br

Salvador Antonio Mirelles Sandoval

Graduado em Latin American Studies e mestre em Ciência Política na University of Texas em El Paso; mestre e doutor em Ciência Política pela University of Michigan em Ann Arbor. Atualmente é professor titular da Pontifícia Universidade Católica de São Paulo, no Programa de Pós-Graduação em Psicologia Social; ex-presidente da Associação Brasileira de Psicologia Política (ABPP) e fundador da *Revista Psicologia Política*; membro fundador da Asociación Ibero-Latino-Americana de Psicologia Política em 2011.

E-mail: sams.1910@gmail.com

Valéria Barcellos da Silva

Cantora, preta e trans que faz questão de ser reconhecida assim; ativista LGBTQI+ e artista da cena cultural de Porto Alegre e do Rio de Janeiro.

E-mail: valeriahouston@hotmail.com

COLEÇÃO PSICOLOGIA SOCIAL

– *Psicologia social contemporânea*
Vários autores

– *As raízes da psicologia social moderna*
Robert M. Farr

– *Paradigmas em psicologia social*
Regina Helena de Freitas Campos e
Pedrinho Guareschi (orgs.)

– *Psicologia social comunitária*
Regina Helena de Freitas Campos e outros

– *Textos em representações sociais*
Pedrinho Guareschi e Sandra Jovchelovitch

– *As artimanhas da exclusão*
Bader Sawaia (org.)

– *Psicologia social do racismo*
Iray Carone e Maria Aparecida Silva
Bento (orgs.)

– *Psicologia social e saúde*
Mary Jane P. Spink

– *Representações sociais*
Serge Moscovici

– *Subjetividade e constituição do sujeito em Vygotsky*
Susana Inês Molon

– *O social na psicologia e a psicologia social*
Fernando González Rey

– *Argumentando e pensando*
Michael Billig

– *Políticas públicas e assistência social*
Lílian Rodrigues da Cruz e Neuza
Guareschi (orgs.)

– *A invenção da sociedade*
Serge Moscovici

– *Psicologia das minorias ativas*
Serge Moscovici

– *Inventando nossos selfs*
Nikolas Rose

– *A psicanálise, sua imagem e seu público*
Serge Moscovici

– *O psicólogo e as políticas públicas de assistência social*
Lílian Rodrigues da Cruz e Neuza
Guareschi (orgs.)

– *Psicologia social nos estudos culturais*
Neuza Guareschi e Michel Euclides
Bruschi (orgs.)

– *Envelhecendo com apetite pela vida*
Sueli Souza dos Santos e Sergio Antonio
Carlos (orgs.)

– *A análise institucional*
René Lourau

– *Psicologia social da comida*
Denise Amon

– *Loucura e representações sociais*
Denise Jodelet

– *As representações sociais nas sociedades em mudança*
Jorge Correia Jesuíno, Felismina R.P.
Mendes e Manuel José Lopes (orgs.)

– *Grupos, organizações e instituições*
Georges Lapassade

– *A psicologia social da comunicação*
Derek Hook, Bradley Franks e Martin W.
Bauer (orgs.)

– *Crítica e libertação na psicologia*
Ignacio Martín-Baró

– *Psicologia social do trabalho*
Maria Chalfin Coutinho, Marcia Hespanhol
Bernardo e Leny Santo (orgs.)

– *Psicologia e assistência social*
Lílian Rodrigues da Cruz, Neuza Guareschi
e Bruna Moraes Battistelli (orgs.)

– *Psicologia política marginal*
Aline Reis Calvo Hernandez e Pedrinho
Guareschi (orgs.)

LEIA TAMBÉM:

Avaliação psicológica

Aspectos teóricos e práticos

Manuela Ramos Caldas Lins e Juliane Callegaro Borsa
(Organizadoras)

O livro *Avaliação psicológica: aspectos teóricos e práticos* visa discutir questões básicas que permeiam o processo de avaliação psicológica de maneira simples, direta e com linguagem acessível. Foi escrito por renomados autores brasileiros e apresenta informações condizentes com a realidade da área no país, podendo ser usado integralmente em sala de aula, tanto na graduação como na pós-graduação. Com esta obra pretende-se auxiliar psicólogos e estudantes de Psicologia no desenvolvimento das competências e habilidades que caracterizam a formação do profissional que deseja atuar nessa área, minimizando as dúvidas e tornando clara a aplicabilidade da avaliação psicológica em diferentes contextos e campos de inserção.

CULTURAL

Administração
Antropologia
Biografias
Comunicação
Dinâmicas e Jogos
Ecologia e Meio Ambiente
Educação e Pedagogia
Filosofia
História
Letras e Literatura
Obras de referência
Política
Psicologia
Saúde e Nutrição
Serviço Social e Trabalho
Sociologia

CATEQUÉTICO PASTORAL

Catequese
 Geral
 Crisma
 Primeira Eucaristia

Pastoral
 Geral
 Sacramental
 Familiar
 Social
 Ensino Religioso Escolar

TEOLÓGICO ESPIRITUAL

Biografias
Devocionários
Espiritualidade e Mística
Espiritualidade Mariana
Franciscanismo
Autoconhecimento
Liturgia
Obras de referência
Sagrada Escritura e Livros Apócrifos

Teologia
 Bíblica
 Histórica
 Prática
 Sistemática

REVISTAS

Concilium
Estudos Bíblicos
Grande Sinal
REB (Revista Eclesiástica Brasileira)

VOZES NOBILIS

Uma linha editorial especial, com importantes autores, alto valor agregado e qualidade superior.

VOZES DE BOLSO

Obras clássicas de Ciências Humanas em formato de bolso.

PRODUTOS SAZONAIS

Folhinha do Sagrado Coração de Jesus
Calendário de mesa do Sagrado Coração de Jesus
Agenda do Sagrado Coração de Jesus
Almanaque Santo Antônio
Agendinha
Diário Vozes
Meditações para o dia a dia
Encontro diário com Deus
Guia Litúrgico

CADASTRE-SE
www.vozes.com.br

EDITORA VOZES LTDA.
Rua Frei Luís, 100 – Centro – Cep 25689-900 – Petrópolis, RJ
Tel.: (24) 2233-9000 – Fax: (24) 2231-4676 – E-mail: vendas@vozes.com.br

UNIDADES NO BRASIL: Belo Horizonte, MG – Brasília, DF – Campinas, SP – Cuiabá, MT
Curitiba, PR – Fortaleza, CE – Goiânia, GO – Juiz de Fora, MG
Manaus, AM – Petrópolis, RJ – Porto Alegre, RS – Recife, PE – Rio de Janeiro, RJ
Salvador, BA – São Paulo, SP